催眠的藝術
The Art of Hypnosis

賴柏諭　著

目 錄

序

　　21 世紀是一個翻天覆地的時代，在科學技術不斷進步之下，很多既有的生活模式正在改變，人類的生活節奏亦以前所未有的速度不斷加快，本世紀雖然為我們帶來很多新的機遇，可是卻同時製造了很多生活壓力的問題。世界衛生組織的最新資料顯示，到了 2020 年抑鬱症會成為次於癌症的人類第二大殺手。香港方面，根據 2015 年政府委託本港兩間大學進行普查公佈的結果，約有一百萬人出現焦慮抑鬱等精神問題，亦即每七個香港人中便有一人精神不健康。當代人類面對極大的壓力，在科學技術不斷提升的同時，人類的意識亦必須要同時進行提升，把內在龐大的潛能開發出來，才能夠有效應對時代的挑戰。

　　這本書為你提供一種提升意識的方法。在閱讀的過程，你會發現在你內在原來有一種巨大和充滿智慧的能力，等待你把它開發出來，催眠就是其中把這種能力開發出來的重要方法。事實上，催眠治療已經在西方國家盛行了頗長的一段時間，而且發展愈來愈快，涉及層面愈來愈廣。早於 1958 年，美國醫學會（American Medical Association）和美國精神病學會（American Psychiatric Association）已通過批准專業治療師使用催眠來治療的法規，同年英國醫學會（British Medical Association）亦接納採用催眠作為治療方法之一。催眠治療之所以這樣受到重視，除了因為的確能夠帶來實質治療效果之外，還因為在上一個世紀中葉到本世紀這段時間，大量有關催眠的科學研究實驗已經客觀地證實了催眠治療的效果。我會在第三章「催眠的科學研究」中描述其中一小部份最新研究結果。催眠治療已經成為本世紀一種極為重要的治療工具，過去有些從事心理治療以及醫療的專業人士，由於對催眠治療的一知半

解，曾公開表示催眠的可信性不大，這種不負責任的行為實在令人感到非常遺憾和可惜。我很高興能夠透過這本書向大眾詳細解釋催眠治療的原理以及涉及的種種技術。我的目的就是使你能夠對催眠有一個正確的認識，以及如何透過這種神奇的工具幫助自己以及更多人。

由於當代人類面對前所未有的壓力，人類對於提升身心靈健康乃至尋找存在的意義亦相應地出現極大的渴求。我有幸在這麼多年的心理治療以及培訓過程之中，接觸到東方不同靈性體系的修行方法，發覺它們配合西方心理治療一併運用會產生很大的療癒作用，這亦是西方心理學的最新發展——超個人心理學（Transpersonal Psychology）的方向。我沿着這條整合的路線，逐漸發展出整合靈性心理學（Integral Spiritual Psychology）及以超個人心理學為本的催眠治療方法。本書在最後的章節亦會為你介紹這些方法的理論和特色，讓你有一個較全面的了解。不是心理治療師才有資格看這本書，只要有一顆單純助人的心，你便擁有所有資格。只要你有這個心，我就願意與你分享我所知道的一切。

賴柏諭
2018 年於香港

通往奇蹟的隧道

「假如你不十分相信上帝這是因為你更加相信你的問題。」

——喬·貝爾（美國催眠醫師考試局主席）

催眠使人感到神秘和驚訝已經是人所共知的事實。所有神秘的東西都會使人感到着迷，就好像你聽到那些曾經在地球上發生過的事情一樣。可是，你還是會問：催眠究竟是如何能夠釋放你的潛能？看看以下一些有關催眠的事實：

一位催眠師在數十位學員面前，把一位肥胖的女學員導入深層的催眠狀態，使她的身體成為一塊堅硬的鋼板，她正筆直地站在講台的中央。然後，兩名強壯的男學員把她的身體水平放在兩張一早準備好的椅子上，女學員的肩部放在其中一張椅子上，她的兩隻腳板放在另一張椅子上，整個身體是懸空的，而且非常挺直，就好像一塊鋼板一樣。過了幾分鐘之後，催眠師把這位女學員帶回清醒的狀態，女學員告訴所有現場的學員，剛才的過程就好像做夢一樣，她完全沒有用力就可以把身體支撐起來。後來，催眠師叫這位學員在清醒的狀態下用意識去支撐身體，不到半分鐘這位學員感到非常吃力，身體立即墮了下來。

以上的現象在催眠術語中稱為「身體僵硬」（Full Body Captalapse），亦即是被催眠者進入深層催眠狀態，所表現的其中一種在意識範圍以外的能力。

另一位學員失眠超過四年，每一個晚上睡到兩三點便再也睡不着。催眠師把她導入中度催眠狀態之後，引導她回想過去人生中一些愉快的經驗。她回想起一個已經遺忘了多年的往事，她想起童年時與玩伴在一起嬉戲的愉快時光。催眠師看見她面上露出微笑，然後告訴她的潛意識，這種愉快的感覺會在睡眠的時候繼續陪伴她，使她在整個晚上都會睡得很好。整個催眠的過程做了四十分鐘，以下是這位學員的回應：

導師及各位同學您們好！

首先要向導師道謝！因為我好幸運能參加這個催眠班，亦好幸運地被選中做催眠治療示範，現在我的睡眠已有改善。

在此同大家分享催眠課程後的三晚睡眠情況：

——第一晚：我依然約於凌晨 3 點左右醒了，於是我想，不如與潛意識溝通，我便心中說着：「我要信任潛意識，多謝潛意識，潛意識會幫助我的⋯⋯重複⋯⋯」大約 2 － 3 分鐘後，我便睡着了，直至天亮。

——第二晚：除了中間去過洗手間外，一直睡到天亮，還做了一個夢。

——第三晚：與第一晚相似，約醒了兩次，但都能在幾分鐘後睡着。

潛意識的力量真神奇！

催眠對於治療失眠是很有效果的，對於很多在晚上睡不着的人，他們都有個共同的特徵，就是承受很大的生活壓力。當我們處於壓力狀態的時候，身體內的正交感神經系統（Sympathetic Nervous System）長期處於啟動的狀態，身體會釋放出壓力荷爾蒙，例如腎上腺素使我們感到緊張。當我們長期處於這種緊張狀態的時候，便會出現各種症狀，例如疲累、頭痛、心跳、失眠、焦慮、煩躁等問題。催眠可以有效活化副交感神經系統（Parasympathetic Nervous System），減低正交感神經系統的運作，使我們感到身心放鬆及平靜，因而提升睡眠的質素。

在另一個有關催眠的有趣練習中，其中一位學員坐在椅子上，另外四位學員站在他的身邊。在示範的時候，催眠師告訴椅子上的學員，他是一個很輕的氣球正在向上飄浮，其他四位學員用食指很容易就把被催眠了的學員提起在半空中。那位被提起的學員的重量大概是 180 磅的男學員，而提起他的四位全是女學員。全場所有學

員見到這個現象都感到非常震驚。

以上是一些被我邀請做催眠示範的學員，他們都能夠體會到潛意識的驚人力量。

催眠的而且確能夠做到很多效果。在催眠狀態中，當催眠師發出一些特別設計的指令，在不違反被催眠者的意願之下，被催眠者的潛意識會完全依照催眠師的說話而行動。

法國催眠大師貝恩海姆（Bernheim）曾做過一個有趣的催眠實驗：被催眠者進入催眠狀態之後，貝恩暗示他說：「你看見在對面的床上坐著一位女士，她手中拿著一些梅要送給你吃，當從催眠狀態醒過來之後，可以走到床前與她握手道謝，並且接過梅吃下去。」被催眠者醒過來之後，突然走到沒有人的床前，向那位女士說：「多謝你太太。」然後握著她的手，接過幻想中的梅然後吃了起來。

催眠現象雖然奇特，可是催眠最終目的並不是要表現催眠師的能力，而是開啟每一個人的潛能，使每一個人生活得更好。我之所以在課堂中做出各種示範，目的就是要學員相信潛意識的力量。可惜催眠在過去被傳媒甚至被一些所謂權威人士作出很多不負責任的誤導，我最近就看過一篇報章有關一個西醫的訪問，他說催眠對於治療失眠並沒有甚麼實質的幫助，看完那篇報道之後我笑了。

現在，你準備好進入奇妙的催眠世界中嗎？要了解催眠就必須了解催眠的歷史。

▌催眠歷史的簡介

催眠治療在人類歷史中很早便已出現。在公元前五百年，希臘有一種叫做「睡眠廟」（Sleep Temple）的地方，是專門為了治療精神病患者而設的。祭師透過宗教儀式引導病患者進入恍惚的狀態

（一種近似催眠的狀態），他用某些咒語企圖趕走邪靈。這種過程與現代的催眠治療有點近似。當然，現代的催眠治療是很科學的，並不涉及甚麼邪靈的概念。

很多遠古的文化都有巫師負責醫治病人。在進行治療之前，這些巫師都會把自己關在不會被外界騷擾的山洞、森林或者密室之中，然後透過擊鼓、唱誦咒語、跳舞等儀式把自己帶入某個空間（亦即是催眠狀態）之中，把病人的靈魂帶回給病人。

中國的文化也有很多類似催眠的儀式，例如，在民間道壇常見的乩童、神打、問米等帶有神秘色彩的活動中，當事人都是在出神的狀態下做出各種超乎尋常的效果，這種狀態亦與催眠狀態有點類似。

比較近代的催眠歷史可追溯至 18 世紀的麥斯梅（FranzAnton Mesmer）。Mesmer 是奧地利的一位醫學博士，麥斯梅經過多年的研究，深信有機生物體包括人及動物均有一種磁場在流動。他把他的理論叫做「動物磁力學」（The Theory of Animal Magnetism）。他認為人所以生病，是因為身體內的磁場因為某些原因導致混亂。在治療的過程中，他會把磁石放在病人的身體某個位置，企圖透過磁石的磁場回復病人身體磁力的正常流動。結果很多病人都奇蹟地痊癒。麥斯梅因此而變得名聲大噪。有一次，竟然有三千名病人慕名而來求診。麥斯梅在一間房間中放了很多磁棒。然後告訴病人用特別的方式握着這些磁棒。很多人在這次治療的過程中亦得到治癒。令人更加震驚的是，他用這些磁棒使庭院裏的樹「磁化」，告訴病人這些是帶有磁力的樹木，然後指示病人擁抱那些樹木，他們的病亦奇蹟地醫好了。其實麥斯梅之所以能夠醫好病人，只不過是病人的心理作用而已，其中最重要的因素，就是他成功地改變了病人的信念。你會在以後的章節中了解信念如何影響生理及心理的運作。

到了 19 世紀中，英國的外科醫生占士・畢特（James Braid）首次對催眠現象作了科學性的解釋。他認為病患之所以痊癒，只因

為治療師引導病人進入了一種類似睡眠的狀態，他借用了希臘文「Hypno」（即睡眠的意思）一詞改為「Hypnosis」即是催眠這個術語一直沿用至今。他發現催眠是一套很有威力的工具，因此，只可以運用在醫療有關的事情上。

心理學始祖佛洛伊德（Sigmund Freud, 1856-1939）亦曾經對催眠及潛意識進行過研究並奠定了精神分析（Psychonalysis）的重要基礎。雖然佛洛伊德並不強調及不支持催眠在心理治療上的應用，可是他在治療病人的過程中，也運用了某些催眠的技巧，例如，接觸病人的前額使病人進入高度集中的狀態，引導病人進行想像練習，以及使病人把全身的肌肉放鬆等。

在 1845 年印度醫生占士‧晏士打（James Esdaile）首次替病人進行催眠麻醉，使病人在無痛的狀態下接收手術。他的著作《催眠在醫學及手術的應用》(*Hypnosis in Medicine and Surgery*) 記載了 73 個無痛的成功手術個案以及 18 個透過催眠成功治癒的病例，包括腰痛、坐骨神經痛及癱瘓等。

由於催眠確實能夠成功幫助很多病人痊癒，英國醫學協會在 1891 年對催眠作了以下的評論：「作為一種治療的途徑，催眠經常對於減輕痛楚、幫助睡眠、以及緩和很多功能性的疾病帶來很好的治療效果。」（As a therapeutic agent, hypnotism is frequently effective in relieving pain, procuring sleep and alleviating many functional alinments.）此協會並於 1955 年正式授權所有醫學院教授催眠的技巧。在同年的 5 月，美國心理學家威廉士‧拜仁（William J. Bryan）成立了美國第一間催眠學院叫做「美國催眠學院」（American Institute of Hypnosis），正式向醫生及牙醫教授催眠技巧。直至現在，美國已經有超過 7500 位醫生、物理治療師、牙醫透過學到的催眠技巧經常幫助病人。根據統計數字，美國在 1960 年已經有 44,000 個手術曾經使用催眠麻醉病人。到了 1961 年，數字增加到 68,000 個。無可否認催眠已經成為了現代醫護人員不可缺少的有效工具。

甚麼是催眠？

「事實證明催眠是一種具有多種治療用途……的真實現象」
　　　　　　　　　　　　　　　　　　——《科學美國雜誌》

要了解催眠，最好就是從催眠大師的有關催眠的定義了解催眠。讓我們來看看兩位近代大師的定義：

「一種加強了集中力以及接受能力的狀態，對於一個意見或一套意見增強了反應能力。」
「A state of intensified attention and receptiveness, and an increased responsiveness to an idea or to a set of ideas.」
　　　　　　　　　　　　——米爾頓・艾克森（Milton H. Erickson）

「催眠是批判意識被繞過同時選擇性思想被建立的一種狀態。」
「Hypnosis is a state of mind in which the critical faculty of the human is bypassed, and selective thinking established.」
　　　　　　　　　　　　　　——大衛・艾爾曼（Dave Elman）

你決定學習催眠便不得不認識這兩位大師的背景，這樣你會更了解催眠、對催眠更有信心。

米爾頓・艾克森（1901-1980）是美國臨床催眠協會（American Society of Clinical Hypnosis）的創辦人，他是一位正統的精神科醫師，擁有極高的心理治療天份，他很多催眠治療能力都是憑自己發展出來的。他是 20 世紀催眠界的領導人物，從事催眠治療超過六十年，一生致力研究及教授催眠，被譽為「現代醫療催眠之父」。他亦是第一個在美國國會對議員演講催眠的催眠師。他的貢獻可跟佛洛伊德並駕齊驅：佛洛伊德是理論大師，而艾克森

則是治療實務的大師。艾克森出生於一個貧窮的農家，到了四歲才懂得說話。艾克森的一生被各種疾病困擾，17歲罹患嚴重的小兒麻痺症，在醫院的床上無法移動。他的醫生已向他的家人斷言，他已沒有希望而且很快會死去。但艾克森有着令人驚奇的生命力。憑着自己堅強的求生意志以及對生命的無比熱誠，透過自我催眠逐步恢復健康，甚至能夠行走。他的晚年承受脊椎扭曲、肌肉萎縮、關節炎、肺氣腫的折磨。然而，當病人來到他的面前，看到的卻是一位熱愛生命的治療師，他永遠精神奕奕、精力充沛，而且經常說笑。他是一位生命的戰士，對生命抱有非常正面的態度，常常強調他面對的痛苦可以幫助他更有效解決當事人的問題，以及紓緩他們的痛楚。

大衛・艾爾曼（1900-1967）為古典催眠學派的代表，本身沒有任何醫學背景，但追隨他的學生都是普通科醫生、精神科醫生、牙醫、護理人員等專業人士。艾爾曼的父親在他八歲的時候，罹患癌症而痛苦不堪。直至一位舞台催眠師拜訪艾爾曼的家，並在短短的時間內有效止住了父親的楚痛。艾爾曼被這過程及奇蹟般的效果深深吸引，在年輕的時候便決定學習催眠。他曾經以作曲及長時間在電台主持與催眠有關的節目為生，卻吸引了大批專業醫護人員要他開辦催眠課程。他發展出「艾爾曼引導法」（Elman Induction），能夠在短時間內引發深度催眠的技巧。著作《有催眠治療》（*Hypnotherapy*）一書，被稱為「催眠聖經」。

直到21世紀的今天為止，沒有兩位催眠大師對於催眠的定義是一樣的。就算艾克森以及艾爾曼的定義也不一樣。不過，根據兩位大師的定義，我們可以把催眠理解成為一套工具，透過這套工具可以繞過當事人負責理性分析的的意識（艾爾曼稱之為 Critical Faculty），直接與對方的潛意識溝通，使對方比較容易接受催眠師的建議，從而帶來各種各樣治療的效果。因此要明白催眠的原理，必先要明白人類心靈的運作。

意識與潛意識

「你的意識很聰明，可是你的潛意識比你的意識聰明很多很多……」
——米爾頓‧艾克森（Milton H. Erickson）

　　人類心靈的運作最基本可以分為七個層次：即是眼識、耳識、鼻識、舌識、身識（身體感覺）。舉個例子，你看見前面有一朵玫瑰花，你便意識到玫瑰花的存在。你聽到海浪的聲音，你便意識到前面有一個沙灘，其他三識亦是同一道理。所有動物都具備這些基本的意識。那麼，如果從腦神經學的角度去理解，這五識是在頭腦內甚麼地方出現的呢？人類五官所接收的外界信息，會首先傳送到丘腦（Thalamus），然後丘腦會把接收到的信息輸送到頭腦的不同區域，形成該種意識。

　　人類與動物最大的分別，就是人類擁有比動物更高一個層次的意識（Conscious Mind）。意識指的是控制我們理性行為的心智，包括邏輯分析、未來計劃、時間管理、判斷等等。意識的中心位於頭腦的前額葉區域（Pre-fontal Cortext）。

　　這個區域亦負責控制衝動以及集中能力。某些身心症狀例如抑鬱症（Depression）、躁狂症（Mania）、精神分裂症（Schizophrenia）、多動症（Attention Deficit Disorder）等，就是因為前額葉受損或功能出現問題。人類的各種情緒亦必須經過前額葉，才能夠感受得到以及表達出來。

　　比六識更深層次的叫做「潛意識」（Unconscious Mind）。「潛意識」指的就是意識範圍以外的功能。例如，控制體溫、體重、情緒反應、血糖水平、應激反應（Fight or Flight）、行為習慣、控制睡眠、發夢、直覺、第六感、創意靈感……等。從腦神經學的角度理解，潛意識的結構比意識複雜得多。我們可以從腦神經學專家保羅‧麥連（Paul McLean）的三層腦理論了解潛意識。他認為從

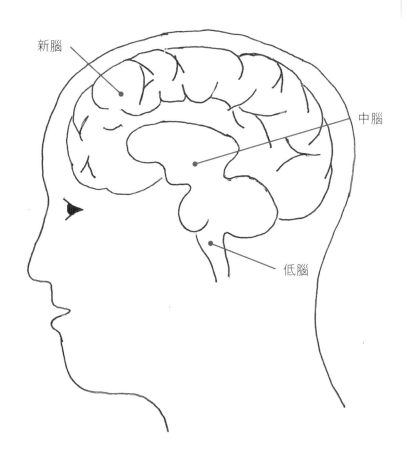

人體頭腦的橫切面構造

新腦

中腦

低腦

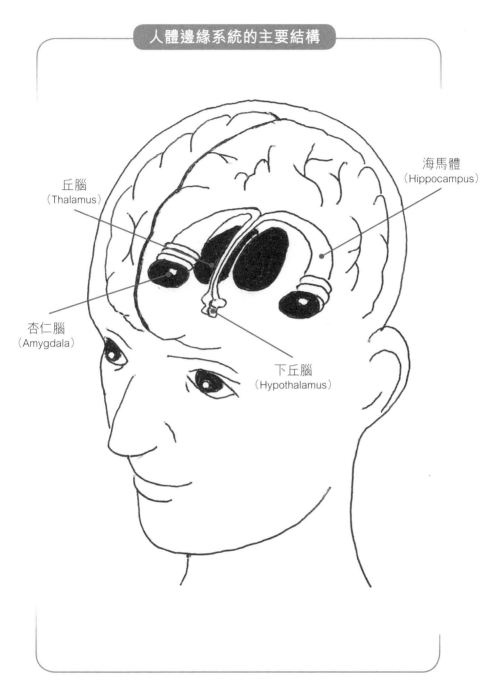

人體邊緣系統的主要結構

丘腦
（Thalamus）

海馬體
（Hippocampus）

杏仁腦
（Amygdala）

下丘腦
（Hypothalamus）

人類進化的角度看，今天人類的腦可以分為三層：低腦、中腦和新腦。

（1）低腦

低腦包括中腦、腦幹和延髓。低腦負責維持種種的生存基本功能，例如呼吸、心跳、血壓、接收環境的信息等。這部份的腦是頭腦中最原始的部份。

（2）中腦

中腦就是腦神經學家所指的邊緣系統（Limbic System）的全部。這部份亦稱為「哺乳腦」，是由爬蟲類進化到哺乳類的過程中發展出來的。這部份是各種情緒產生的中心。邊緣系統主要包括丘腦（Thalamus）、下丘腦（Hypothalamus）、腦下垂體（Pituitary Gland）、海馬體（Hippocampus）、杏仁核（Amygdala）。丘腦負責接收外界的資料（例如看見的事物），再傳送至腦各適當的部位作進一部的處理。下丘腦及垂體不斷地調節身體各部份，以維持最佳的狀態去適應環境。海馬體是負責長期記憶的主要部份。杏仁核是負責處理情緒的中心。邊緣系統與腦裏的所有其他部份及身體所有部份，都有直接聯繫及影響，這裏就是潛意識中心所在。

（3）新腦

新腦包圍着中腦，佔了頭腦的大部份，就像椰子的外殼一樣。這層外殼就是大腦皮質（Cerebral Cortex）由錯綜複雜的神經網絡構成。大腦皮質儲存了一生所有的知識和學習，這麼龐大的資訊就像電腦的硬碟（Hard Disk）內的檔案一樣需要協調，協調的中心就是在前額附近的前額葉（Frontal Cortex），這裏等同於電腦的中央處理器（Central Processing Unit）。

以上有關頭腦的結構是從垂直切面加以分析的。現在，讓我們從橫切面進一步分析潛意識的運作及結構。人類的頭腦可以分為左右腦。在 60 年代，諾貝爾獎得主加州理工大學教授羅杰・史配利（Roger Sperry）在為癲癇症病人進行分腦手術的過程中，發現及研究出左右腦各有不同的功能。左腦負責處理數字、語言、邏輯分析、推理等功能。左腦亦可以被理解成為意識的世界。右腦負責圖像處理、想像力、創意、直覺、夢境、靈感、音樂感、空間感等抽象的事物。一般來說，右腦就是潛意識的世界。這是一種大致的分類。可是近年有關腦的研究發現，左腦亦同時擁有右腦的部份功能，右腦亦擁有左腦的部份功能。順帶一說，人類的教育系統特別是東方的教育，很注重訓練理性，即是左腦的功能。因此，絕大部份人右腦的龐大功能仍然沒有發揮出來，這是相當可惜的。在急速變化的 21 世紀今天，開啟右腦的功能才能夠把自己、公司、組織維持高度競爭能力。

現在，你對於人類頭腦的結構應該有了基礎的了解。我們再來探討潛意識的特性。潛意識的運作非常複雜，與意識的運作是完全不同的。大體上來說，潛意識具有以下七種重要的特性：

1）潛意識是行為習慣的儲存倉。

意識的運作佔人類心靈運作小於 5%。潛意識佔超過 95%。以下的冰山比喻能夠說明意識與潛意識的關係：

海面上見到的冰山一角是我們的意識。海面下佔最大部份而表面上不能看見的是潛意識。意識與潛意識之間的運作是非常巧妙的。例如一個小朋友學習如何刷牙，在最初的時間，他要刻意地跟從正確的刷牙動作。但一旦當他純熟地掌握刷牙的動作後，刷牙動作的自動執行程式就會在潛意識中建立起來。下一次他便不再需要思考，自動地便能夠依照正確的動作。這樣，意識便能夠騰空更多時間去學習其他新的事物。想像有一個人，如果他每天起床後都要

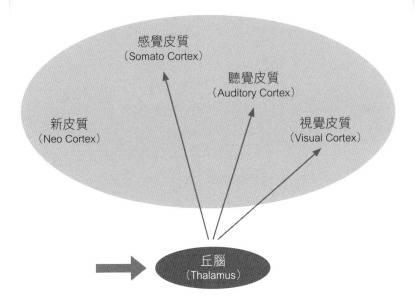

來自皮膚、耳朵及眼睛的神經脈沖

感覺皮質
（Somato Cortex）

聽覺皮質
（Auditory Cortex）

視覺皮質
（Visual Cortex）

新皮質
（Neo Cortex）

丘腦
（Thalamus）

丘腦對於感官功能的作用

　　來自皮膚、耳朵、眼睛的神經脈沖會首先傳送到丘腦的不同部份，然後再經由這些部份傳送至新皮質的各個感官皮質，最終成為感覺、聲音和圖像。

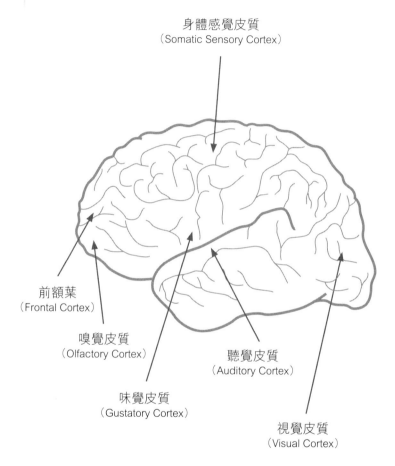

六識在中央神經系統的位置分佈圖

身體感覺皮質
（Somatic Sensory Cortex）

前額葉
（Frontal Cortex）

嗅覺皮質
（Olfactory Cortex）

味覺皮質
（Gustatory Cortex）

聽覺皮質
（Auditory Cortex）

視覺皮質
（Visual Cortex）

重新學習刷牙，會有怎樣的後果？

讓我再用另一個例子解釋潛意識的運作。舉減肥為例，當一個朱古力狂熱者理性上決定不再進食朱古力，但他發覺總是控制不了自己的行為，總是忍不住要食。到頭來又責備自己。事實上，他並不需要責備自己，因為他沒有注意到，在決定放棄朱古力的過程中，他只是運用 5% 意識的力量或者更小。他並沒有改變潛意識中有關食朱古力行為的程式。所以當他看見朱古力的時候，這個進食朱古力的行為程式又會再次被啟動起來。

但是催眠可以改寫這些程式。當一個人進入催眠狀態之後，負責理性分析，批判的意識之門就會打開。催眠師可以巧妙地進入潛意識安裝新的行為程式。例如減少進食朱古力，取而代之的是新鮮的水果、蔬菜。一旦新的行為程式被安裝，以及強化之後，當事人的行為就會完全改變過來。

2）潛意識具有驚人的學習能力。

你可能會為以下這個曾經發生過的真實個案而感到驚訝。在 1956 年有一套在美國上演的電影叫做《野宴》（*Picnic*），有人在這套影電影做過手腳，在影片播放的過程中，爆谷以及可口可樂的影像曾經在極短的時間內斷斷續續出現，由於每次出現的時間太短，觀眾幾乎無法意識到這些片段的出現。事實上，這套影片播放的過程就是催眠的過程。結果，電影院內的爆谷及可口可樂的銷售量暴增了 56%。這套電影就是透過暗示（Suggestion）繞過觀眾意識的分析判斷機制，使觀眾的潛意識在不知不覺之間直接接收那些信息。可是，由於後來有觀眾得知被愚弄，美國政府於是立例禁止電影中出現這些操控性的廣告。

我曾經為很多人做催眠瘦身。很多人聽見催眠可以瘦都認為無法置信。其實原理再簡單不過，我只是巧妙地進入對方的潛意識世界修改那些貪吃的程式罷了。曾經有一位當事人，她非常喜愛食朱

古力。我把她帶進一個深層的催眠狀態，然後輸入一些特別的催眠指令。當她回復清醒狀態的時候，她告訴我在催眠狀態中已聽不到我的說話。可是過了幾個星期之後，她告訴我已經沒有任何食朱古力的衝動。在那次催眠治療的過程中，她的潛意識其實在另一個層次接收我的說話。她的潛意識在很短的時間已經學習到如何改變飲食行為習慣。

市面上有一種叫做「潛信息」的音樂光碟，表面上你只聽到一些舒服的音樂，可是在音樂的背後，加入了各種正面的暗示，例如加強自信心、減輕壓力等，只要你連續聽這些音樂一段時間，你便會在不知不覺中改變。從以上種種例子可以知道人類的潛意識能夠在意識沒有覺察的情況下，以其獨有的方式接收外界信息，從而帶來改變。催眠的其中一個目的就是要製造出這樣的效果。

3）潛意識並不懂得分辨真假。

在醫學上有一個叫做「安慰劑效應」（或者叫做白藥效應）的概念（Placebo Effect），就是醫生告訴病人開一些「特效藥」給他食，這些特效藥其實是再普通不過的藥，由於病人的潛意識完全相信醫生的說話，因此這些特效藥都會有很好的療效。英國最權威的醫學期刊《新英倫醫學期刊》（*New England Journal of Medicine*）在 2002 年曾經報道過一個安慰劑效應的個案。一組患有嚴重膝部痛症的病人被安排進行膝部切換手術。主理的醫生 Dr. Bruce Mosely 期望透過這個手術證明安慰劑效應的影響。病人被分為三組：第一組的病人被切去損壞了的軟骨組織，第二組病人被移去導致發炎的組織。第三組病人要進行一組「假」的手術：這些病人被麻醉後，醫生假扮進行真的手術，病人的膝蓋的而且確被切開，可是醫生並沒有進行第一組及第二組的手術。四十分鐘之後，Dr. Bruce Mosely 再次縫合被切開的組織。三組病人在完成手術後，同樣要接受物理治療。過了一段時間之後，令人震驚的是第三

組病人的康復程度，竟然與第一組及第二組的病人完全一模一樣！第三組的病人甚至可以走路以及打籃球，他們甚至不知道自己進行過假的手術。（Bruce Lipton, 2005a）

美國政府健康及人民服務部門（United States Department of Health and Human Services）在 1999 年有一份報告指出，半數患有嚴重抑鬱症的病人在服用了安慰劑（藥丸內完全沒有治療抑鬱症的成份）之後，他們的病情好轉了 32%。（Bruce Lipton, 2005b）

哈佛大學的亨利·畢其爾博士（Dr. Henry Beecher）亦曾經做過另一個有趣的研究。他以一百個醫學院學生作為研究對象，把他們分為兩組，每組各 50 人。第一組每人被給予紅色膠囊的興奮劑；第二組被分配了藍色膠囊的鎮靜劑。畢博士在分派藥丸之前，事實上暗中把兩種藥粉對調。結果，吃了紅色藥丸的學生一如其料地出現興奮的現象；而吃了藍色藥丸的學生則表現平靜。這些研究結果都反映了只要當潛意識完全相信，是足以有效影響生理機能運作的（Mind over Body）。藥物是否有效，藥性固然重要，但是病人所把持的信念更加舉足輕重，甚至比藥物更重要。

既然潛意識不會分析信息的真假，故此催眠其中一個最重要的任務，就是要改變病人的信念。我曾經有一個有趣的臨床案例。有一位做行政工作的女士找我幫助她處理右邊背痛的問題，她的背痛已經有好幾個月，原因可能是與她緊張的工作有關。我把他帶進催眠狀態之後，引導她與她的潛意識溝通，她的潛意識告訴她背部的肌肉就好像那些很緊的、纏繞得很緊的纖維一樣。後來我引導他想像這些肌肉到一些柔順劑，想像那些纖維慢慢變得柔順鬆軟。整個催眠治療過程只用了 20 分鐘。第二天那位女士告訴我，當她早上醒來的時候，竟然發現幾個月的背痛已經完全消失，而且直到現在，已經過了一年的時間，她的背痛再沒有出現過。

潛意識的力量被武術應用在許多情境中。空手道教練山姆·布羅斯基在一場表演中，要用拳頭一舉擊破九塊一吋厚的磚頭。

布羅斯基對着疊在地板的九塊磚頭，採取半跪的姿勢。他先在磚塊上做好兩條假的通路，然後深呼吸。只聽到一聲「嘎！」（吐氣聲），他就用拳頭擊向磚塊；除了最底下的二塊以外，其他上面的七塊都碎裂了。在一陣熱烈的喝彩聲之後，我注意到布羅斯基的臉色變成蒼白，他就把課交給助教代理了。

山姆・布羅斯基沮喪地檢查他的手。他的手明顯地受了傷。而且痛苦不堪，但離開時卻一點也沒有表現出來，只説最好去看看醫生。

經醫生檢查後，發現他右手關節的小骨頭很多都碎掉了。醫生決定開刀。手術後，他的手用線縫合起來，醫生告訴他，必須經過十五到十八週的時間，才會開始癒合，至於要部份使用的手，可能要一年才會完全康複。

曾在韓國和日本研究武藝的布羅斯基，相信治療的關鍵在於心。他出院的那個晚上，手用石膏綁着，回家之後，他就閉起眼睛躺在床上，開始自我催眠。他想像他的手就是建築工地。

下面就是他的故事：「當我躺在床上的時候，我想像吹了一聲口哨，我觀想一群小人帶着灰泥水泥和焊接工具，爬進石膏，重建我的手。那些人穿着不同顏色的衣服，戴着頭盔，襯衫上甚至印有標語。我努力觀想他們的穿着、工具和設備，把痛苦都忘了，後來就睡着了。

第三天早晨醒來的時候，我又想像吹了哨子，似乎那群值夜班的小人忙了一個晚上，把我手上碎骨頭都接好了。

此後的三個半星期，每晚在我入睡之前，我都聽到吹哨子的聲音，也看到那些小人在修補我的手。

「過了兩個星期，我又去看醫生，他拿掉石膏，觀察癒合的情形説：『好得很！』但我的關節卻凝固了，我的手會僵硬。他把我的手放在吊腕裏，送我回家。

「從那晚以後，在我睡覺之前我又觀想那群人在修補我的手。

但這次他們的設備改變了，他們的工具是銼刀、油、石灰和潤滑材料，他們在我的關節上銼光和磨平。七個星期後，我又去看醫生，他說這是一項奇蹟。他原先估計治療過程需要一年時間，卻在十星期之內完成了。」

布羅斯基在他的手痊癒六個月後，成功地在學生面前表演手劈磚頭的功夫。^(註一)

日本催眠師藤本上雄先生曾經在他的著作《催眠術》一書中記載了一件有趣的事情：他有一個同學，有一次到瑞士旅行，當他走到山上去的時候，感覺到很口渴，他於是就在一個湖的旁邊用手捧水喝。當他喝完水之後，突然看見湖邊有一個法語寫着的告示板其中有一個字是「poisson」這個字與英文的「poison」很相似，他就以為這個湖的湖水有毒，他於是整個人都覺得不對勁，感到頭暈眼花，面色蒼白，甚致嘔吐。他到了一間旅館之後，他向老闆敍述整個過程。老闆聽完之後，便大笑起來，說那個告示是不准捕魚的意思，聽完老闆的話之後，他的病馬上就好了。

我經常與我的潛意識溝通，這是我支取那無限潛能的方法。例如每當我口部生痱滋的時候，我便會想像向那些痱滋注入橙色的充滿維他命 C 的光，並想像那些痱滋慢慢消失，我每天都用這樣的方式與我的身體溝通。自從用了這個方法之後，我發現口腔康復的時間比以前快了接近一倍！我經常教導其他人使用這個方法，結果他們亦有相當顯著的效果，這使他們感到非常震驚及興奮。

4）潛意識控制基本的生理功能。

所有最基本的生理功能，例如體溫控制、血液循環、消化過程、睡眠、免疫能力……都是由潛意識控制的。這些功能每天 24 小時不停運作，由你出世到現在從未間斷。這些功能看似無法控制，可是根據最新的科學研究發現，透過催眠與潛意識溝通，某些生理功能是可以被改變的。美國一份學術期刊（*Journal of Consulting* and Clinical Psychology）曾報道美國俄亥俄州立大學由三位專家組成的研究小組，有關催眠能夠提升身體免疫能力的研究報告。這三位專家包括心理及精神病學教授 Janice Kiecolt Glaserl、牙周病學教授 Phillip Marucha 以及分子病毒學教授 Ronald Glaser。他們曾以 33 位醫科及牙科學生作為研究對象。33 位學生被分為兩組。A組學生被教授自我催眠技巧，並在準備學期考試的高壓時間經常練習自我催眠。B組學生是對照組並沒有教授自我催眠。在兩組學生考試開始前三日，每組抽取血液樣本化驗。結果 A 組學生的 T 白血細胞活躍率（用以量度免疫力的指標）平均上升了 8%，而 B 組則平均下降了 33%。另外，研究亦發現愈經常練習催眠技巧的學生，他們的免疫反應愈好。

這個研究顯示，當人長期身處壓力的環境，免疫力會下降。催眠不但能夠減輕壓力，而且能夠有效提升身體免疫機能。因此對於生活緊張的都市人來說，催眠是平衡身心系統的有效工具。

你可能曾經聽説過在西藏有些高僧，他們已經修煉到可以在非常寒冷的晚上穿着很少的衣服而睡覺，可是他們並不會着涼。這些高僧已經開啟了潛意識的深層能力，可是到了 21 世紀的今天，科學仍然是沒法解釋這些奇特的現象。

5）潛意識是情緒及記憶的儲存倉庫。

每個人一生所發生的大大小小各種事情的詳情，以及該件事情引發的情緒，都是儲存在潛意識中的。那些帶有情緒的事件被稱為「印記」（Imprint）或者叫做「顯著情緒事件」（Significant Emotion Event S.E.E.）。約瑟夫・迪杜克斯（Joseph LeDoux）他是紐約大學神經科學中心的專家，是第一個從腦神經學的角度解釋情緒是儲存在潛意識中的。在他的著作《情緒化的腦》（The Emotional Brain）中指出邊緣系統中的杏仁核（Amygdala）是儲存情緒的中心。這個中心在每一個人出世以後就立即開始運作。我曾

經有一位學員在小時候被一隻飛甲由突然襲擊，很不幸地，那隻甲由飛在他的臉上，這次事件為他製造了非常驚恐的情緒。在他長大以後，無論他在很遠的地方看見一隻飛甲由，也會比一般人感到更大的驚慌。雖然那事件發生在他很小的時候，可是那次帶有驚恐情緒的記憶，深深地烙印在杏仁核中。杏仁核受到的刺激愈強烈，記憶愈是深刻。這些印記其實是保護我們生命的重要依據。這個機制可以使我們假如再一次碰到類似的情境例如看見火，我們便會立即受條件反射的影響而避開，從而減少了再受傷的機會。這亦是人類能夠在危險的生存環境中，一代一代把生命延續下去的生存機制。這種條件反射可以從腦神經學的角度去解釋。約瑟夫·迪杜克斯曾經做過一個有關老鼠的研究，他首先破壞了實驗的老鼠頭腦中的聽覺皮質，使老鼠無法聽到聲音，然後在老鼠的耳邊發出一種特別的聲音，同事在老鼠周圍施加電擊。這個過程重複數次，老鼠的頭腦已經無法辨認這些聲音，可是研究發現，就算沒有施加電擊，老鼠仍然表現出恐懼，這已經證明老鼠的潛意識很快便學習到這些聲音會對生命構成威脅。從神經學的分析，那數次的電擊已經把恐懼的情緒烙印在杏仁核中，當老鼠再次聽到聲音的時候，聲音直接從耳朵經丘腦（Thalamus）傳到杏仁核，然後直接控制心跳加速、血壓升高、肌肉收緊等準備逃跑的動作。這個過程完全不需要回想過去比較短期的經驗，而是一種快速的條件反射，所涉及到的神經路徑非常短（Short Way），從而加快了反應的時間大大增加了保全生命的機會。以一個人看見前面有蛇做例子，另外一條較長的路徑（Long Way）就是神經脈沖經由丘腦傳送到後腦的視丘位置，那個人便會看見前面有一條蛇，然後再考慮決定怎樣反應。這就能夠解釋為甚麼情緒反應總是凌駕在理性思考上，因為它涉及的神經路徑較短，以致潛意識能夠在最短時間之內反應以保護生命安全。

　　以上是有關潛意識儲存情緒的機制，至於那次經驗的細節（不涉及情緒的部份）例如地點、時間、受傷的部位……等則透過海馬

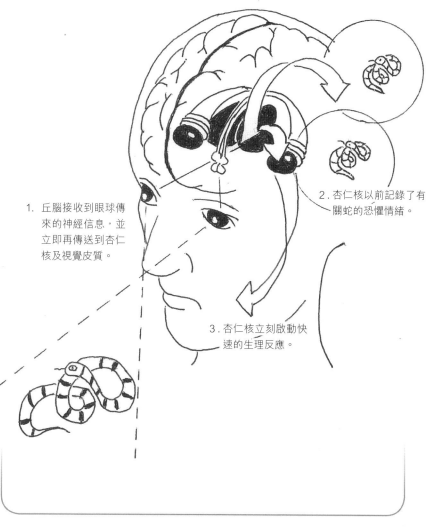

4. 蛇的信息由丘腦傳送到視覺皮質而形成了視覺影像。

1. 丘腦接收到眼球傳來的神經信息，並立即再傳送到杏仁核及視覺皮質。

2. 杏仁核以前記錄了有關蛇的恐懼情緒。

3. 杏仁核立刻啟動快速的生理反應。

體（Hippocampus）連結大腦的皮質（Cortex）網絡儲存成為長期記憶。這裏值得一提的是，絕大部份的人並不能夠記得起三歲以前所發生過的所有事情，原因是在三歲以前海馬體並沒有完全發展成熟，可是，由於杏仁核在人類出世的時候已經開始運作，因此，在三歲以前所發生事情的情緒記憶（Emotional Memories）一直儲存在杏仁核中。假如這些事情的情緒記憶是很強烈，甚至一直影響那個人的一生。我們是可以透過催眠把那些情緒記憶浮現出來，然後加以處理。有時候，當事人會看見一些三歲以前的景象，記認海馬體還沒有成熟，這些景象是從何而來的呢？到了現在，腦神經學家仍然未有一致的答案。

杏仁核就像一個非常醒目的守衛，負責嚴密檢視外來的信息。他會在極短的時間比較所接收到的信息以及過去的經驗，從而作出反應。可是，在某些情況之下，這個守衛會表現得比較神經過敏。就算外來的信息或事情與過去的經驗有一點點的類似，他便會立即採取行動。我有一個當事人，在她還是嬰孩的時候，她的家人曾經有一次把她獨自留在家中，以為她睡在床上應該沒有甚麼問題。過了一段時間之後，嬰孩從床上中蘇醒，發現家中一個人也沒有，突然感到非常恐懼，這就是她的杏仁核在工作。當她長大了之後，每當一個人獨處的時候，便感覺到一種莫名的恐懼和不安，這就是她的杏仁核在工作。值得高興的是，催眠可以改寫杏仁核中那些沒有效果的印記。我把她帶入催眠狀態之後，引導她回想那次在嬰兒床上的情境，並想像她的母親重新把她抱在懷中，感受那份安全的感覺。結果，她獨處的恐懼感明顯地消失了。

透過催眠技術，你甚至可以把帶有強烈正面情緒的未來成功景象烙印在潛意識中，潛意識是不會分辨真假的，這些虛擬的正面印記會在不知不覺之中改變你的行為，一步一步地引領你成功。以下是一些例子：

1. 前蘇聯國家田徑隊在準備參加 1980 年奧運會之前，把練習隊伍分為四組：A 組 100% 時間採用傳統訓練。B 組 75% 傳統訓練及 25% 做觀想訓練（Visualization Training）。C 組 50% 傳統訓練及 50% 觀想訓練。D 組 25% 傳統訓練及 75% 觀想訓練。結果 D 組取得最多金牌數目。

2. 《美國研究季報》（*Research Quarterly*）曾刊載一項「想像投籃」的研究成果。一群籃球技術很高的高中生被均分為三組：
   - 第一組學生連續廿天練習投籃廿分鐘。
   - 第二組學生連續廿天不做任何練習。
   - 第三組學生連續廿天每天只「想像」投籃廿分鐘且每次都命中。

   廿日後三組學生被測試投籃命中率。結果第一組進步 24% 第二組全無進步。第三組進步了 23%。

   第一組及第三組學生建立了有關投籃的神經管道（Neural Pathway）。所以成功是輕而易舉的事。

3. 美國陸軍少校占士・勒斯密（James Nesmeth）在假日會與朋友一起玩高爾夫球運動，他的球技只是一般。在一次比賽中，他需要九十多桿才能把球打入洞。由於某些原因他停止高爾夫球運動達七年之久。七年後，當他再次比賽的時候，他竟然只用了七十四桿就能夠把球打入洞。七年內，他連高爾夫球也沒有機會看一眼。事實是七年前，他被送往越南開戰。但他不幸地成為北越戰俘，七年內他被關在一個黑暗的密室中，他完全與外界隔絕。他知道這樣下去必定會精神錯亂。在開始的數月中，他一直在默默祈禱，希望有一天會得到釋放。每天的其他時間（約四小時）他開始在腦中想

像在最舒服的高爾夫球場上打球。他每次都會想像每一個細節，例如他看見自己穿上運動衣，看見自己每一個細微的動作，嗅到清新的草味，看見自己用十八桿就能夠把球打入洞。他還想像在不同的天氣之下，例如陽光普照的夏日早上，以及寒冷的冬天打球，一個星期七天，每天四小時他從不間斷地練習。從腦神經學的角度來說，他在頭腦中建立了一束強而有力的「打高爾夫球神經鏈」。這束神經鏈跟他真正在運動場上練習所建立的並沒有分別。

以上例子充份表示，潛意識是你無限潛能所在的空間，絕大部份的人只是用了意識的一小部份能力，實在是相當可惜的。事實上，在現今各方面的卓越人士包括運動員、商業領袖、太空人、培訓專家……都不斷地想像未來成功力的景象，透過潛意識的巨大威力幫助他們達到非凡的成功。你也可以和透過這樣的方式使用你的頭腦，你會發現更容易、更有效達到效果，甚至實現心中的夢想。有人說 21 世紀是夢想家的樂園，指的就是這個意思。你不必每天過着無可奈何的生活，你亦可以使你的人生起飛。

你已經了解到情緒起源於杏仁核，可是，我們是否對情緒毫無控制的能力呢？當然不是，上天的設計是非常完美的，如果把杏仁核比喻為小朋友，則前額葉（Frontal Cortex）就是小朋友的父母，負責監管他的行為。神經心理學家曾經研究過一些前額葉受傷的病人，發現右前額葉負責處理恐懼，左前額葉則負責調節不愉快的情緒。總括來說，前額葉能夠消減情緒以及控制我們因為情緒而引發的不恰當行為，使我們以一種較為理性的態度處理當下所發生的事情。根據過往的研究顯示，前額葉在 0-11 歲還沒有完全發展成熟，但根據較新的研究發現，有很多人到了二三十歲前額葉才發展成熟。這就能夠解釋為甚麼很多青少年，甚至很多成年人都是很衝動而且經常情緒化的。

6）潛意識擁有如太陽的能量，催眠是放大鏡可以集中太陽的能量於一點上。

《心不能二用，要把身和心的一切力量專注在一個特定目標上。》
——一位武術大師

　　心理學家 Mihaly Csikszentmihalyi 在他所著的 *The Psychology of Optimal Experience* 一書中指出人類透過五官攝入外界資訊，每秒多達二百萬 bit（借用電腦術語）。如果我們把所有的信息都處理，你的腦子就會好像一個充滿過多空氣的氣球一樣爆炸。人類的潛意識很聰明，會透過最基本的刪減（Deletion）機制自動篩選大腦可以處理的資訊量，一般來說只剩下九項至五項的資訊。例如，當你現在閱讀這本書的時候，你只會注意到本書的內容，至於其他環境的一切你已經完全忘記。你的潛意識已經在你意識覺察範圍之外進行了刪減的過程。催眠的過程就是刻意引導當事人的意識及潛意識專注在催眠的內容（Selection Attention Yapko Trancework P.153）這就是催眠師在開始的時候把當事人帶入催眠狀態的過程——導入過程（Induction）。然後催眠師便可以利用潛意識的龐大學習能力輸入催眠建議（Suggestion）使當事人的心靈完全專注在催眠師，刻意引導的方向上從而帶來改變。對於一般的城市人來說，思緒常常非常雜亂，心力散漫，潛意識的龐大力量因此虛耗浪費，這實在非常可惜。可是你可以不斷透過催眠、禪定等的訓練加強自己的集中能力，隨時隨地能夠控制自己的心念集中於一點上，你便能夠開啟你的念力，隨時成就一切普通人嘆為稀有的神蹟，從而幫助眾生脫離苦難，成就幸福完滿的人生。

7) 潛意識有自己一套解決問題的邏輯。

意識的運作是邏輯的、線性的、跟隨步驟的。例如，你想與太太在週末的晚上享受一頓美味的自助餐，你首先要做的就是打電話去餐廳預留位置。到了週末的黃昏，你和太太一起乘搭地下鐵到了那間餐廳，向侍應講出你的名稱，享受一頓美味的晚餐，付錢，然後離去。潛意識的運作可是完全超越這樣的方式的。在人類的歷史當中，很多偉大的發現就是運用了潛意識的能力。以下可以舉一些例子：

1. 19 世紀德國科學家凱庫爾（Kekule）對於苯的原子結構想來想去也找不到答案。後來，有一天這位科學家在壁爐前睡着了，在夢中他看見了一條不斷顫動着的蛇，蛇身是蜷曲的，而且張開了嘴咬着自己的尾巴。這位科學家得到了潛意識的啟發，再度研究之下竟然發現苯的原子結構是環狀的，最後整理出苯分子的環狀結構 C_6H_6。

2. 天才音樂家莫札特曾經說過，他並不需要思考如何創作音樂，因為那些美妙的樂章會在適當時候出現在他的腦中。他曾經說過：「當我單獨一人完全集中精神，或者在夜晚無法睡眠的時候，正是靈感最豐沛的時間。我不知道它們從何而來，也不能強迫他們的出現，我並非陸續地聽到一個個音符，而是所有音符同時在腦中閃現。」

3. 《金銀島》的作者有一個很特別的習慣，就是在每晚臨睡前給自己的潛意識一個要求或指示，他發現在夢境中得到很多靈感，成為他創作文學的豐富資源。

4. 美國作家愛默生曾經說過,當他閱讀自己的作品的時候,往往能夠激發起熱情,他認為作品裏蘊含許多超越思想範圍的東西。

　　我還記得多年前,在我決心要成為培訓師及治療師前的時候,我對自己的身份定位有點迷惘,我不知道我應該要是一個怎樣的人(商人、學者、企業家?……)來做哪一行才是正確的。直至一天晚上,我在一張黃色的紙仔上面寫了這個問題,然後放在枕頭的下面。如果我在夢中看見自己穿着了和尚袍,光着頭,變成了一個和尚正在打坐。我從來沒有看見過自己的這個樣子,我知道潛意識已經指引了我的方向,就是不要執着於名利、金錢和成功,要把注意力放在智慧與慈悲的追求上。再這麼多年來,我一直用這個身份來幹這一行,我相信我的潛意識,而且效果很好呢。

　　你也可能曾經有過這樣的經驗,你曾經為了某個問題百思不得其解,或者因為這個問題而感到非常煩擾,後來在某種舒服的場合,例如泡熱水浴,或者行沙灘,或者在家中沒有事情做的時候,答案就會自然出現在腦中。其實你的潛意識是一部超級電腦,你平時有關那個問題的所思所想,全部記錄在這部超級電腦中,當時機到的時候,這部超級電腦便會計算出最好的答案,然後告訴你。

　　以上七點可以算是對潛意識在功能性方面作了很概括的描述。催眠就是運用潛意識的這些特性帶來各種改變效果。然而,潛意識的運作絕不止於功能性的層面,比功能性更深層的涉及靈性的層面,這個層次涉的領域更加遼闊,古今中外無數宗教都企圖探討這個層次的運作。佛家把這個層次稱為佛性、阿賴耶識、本來面目,印度教稱之為梵天,西方宗教稱之為神,新時代文化稱為高我……這個層次已經遠遠超越了本書所探討的內容。因此,我不打算在這裏再詳細描述。

一般人對催眠的誤解

由於過往的一些不實報道，令一般人對催眠治療會有不同程度的誤解。以下我列舉一些誤解，並且糾正這些誤解：

誤解一：當事人會失去控制。

事實上，催眠只不過是一個放鬆的狀態，有點類似浸在熱水浴中的感覺，又或者躺在沙灘下享受着海邊吹來的微風一樣。所以，在整個催眠治療的過程中，當事人能夠在任何時候終止過程，並返回意識狀態。

誤解二：催眠令當事人做出一些違反他意願的事。

無數研究證明，假設當事人不願意改變的話，無論催眠治療師用盡甚麼方法，也不能違反他的意願而改變他。所以，控制權總是在當事人的手中。

誤解三：當事人可能不再蘇醒。

如果當事人本身已經很疲倦，他可能會在催眠過程中進入睡眠狀態。這是沒有問題的，過一會當他休息足夠之後，他會自然地睡醒，然後感到比催眠前精神煥發。一般來說，有足夠經驗的催眠治療師，當觀察到當事人很疲倦的時候，會建議當事人約見下一次。因為，通常來講，最有效的催眠狀態不是深度催眠狀態或睡眠狀態，而是中度或輕度的催眠狀態。

誤解四：只有意志薄弱的人才會被催眠。

任何人都可以進入催眠狀態。因為催眠狀態本身就是一種與生俱來的，自然的狀態。我們每日都會進入，進出很多催眠狀態，例如：非常專注地閱讀一本書，浸在熱水浴中，在電影銀幕前看着鐵達尼號下沉，或者與愛侶在黃昏夕陽斜照下漫步沙灘等，都是一些輕度的催眠狀態。每當你很放鬆而同時專注的時候，你便處於催眠狀態。在這個狀態之中，腦電波形成阿爾法波。這就是人類學習能力，創意最強的時候，好的催眠治療師會運用巧妙的語言技巧把當事人帶到這個狀態，然後做治療的工作。有些較為理性邏輯的人，的確難進入催眠狀態。但這並不表示他們不能催眠，這表示催眠治療師需要依靠敏銳的觀察力，與當事人建立更深的信任關係，以及高層次的語言模式等，幫助對方進入催眠狀態。優秀的催眠治療師均擁有這些能力。

誤解五：催眠是危險的。

催眠治療大師亦是 American Council of Hypnotist Examiners 的主席 Gil Boyne 的評語「在接近四十年以及超過 40,000 小時的催眠治療經驗之中，我從沒有見過或聽過催眠帶來甚麼害處。」

誤解六：催眠只不過是自欺欺人。

當一個人被公司裁走，他安慰自己說，半年內一定會中六合彩，所以不用擔心，這樣的心態，相信你也會同意是自欺欺人。因為這樣的信念是薄弱的，在現實世界中，確實難以彰顯出來。但催眠並不是這樣，富有經驗的催眠治療師會因應當事人的實際需要，為他設計出適合當事人的催眠指令，而這些指令是會透過當事人新的行為而彰顯出來。

甚麼是催眠狀態？

「一個人必須成為和諧，才能和無垠的存在一起和諧脈動。」

——奧修

　　一匹馬之所以能夠在賽事中勝出，馬匹的狀態起着了舉足輕重的影響。因此，練馬師其中一個最重要的責任就是在馬匹比賽之前把牠訓練到最好的狀態。同樣，催眠師要幫助當事人改變，其中一個最重要的責任就是把當事人帶進一個適當的催眠狀態（Hypnotic Trance）。很多人聽到催眠狀態便會感到好奇甚至感到有點神秘，但事實上，催眠狀態一點也不神秘，催眠狀態是一個很自然的現象，你可知道你每天都進出進入很多不同的催眠狀態呢？例如，當你在家中看着最喜歡的那一套懸疑電視連續劇，到了大結局最緊張刺激的時刻，你完全忘記了一切，甚至你的家人叫你吃飯你也聽不到，你已經進入了一個入神的輕度的催眠狀態。芝加哥心理學教授米海利‧齊深米哈力（Mihaly Csikszentmihalyi）曾經用二十年的時間研究各種領域中達至顛峰成就的人士，發現他們都能夠全神貫注達到忘我的境界，他把這樣一種狀態叫做神馳（Flow）。國際頂尖華人音樂神童楊楊在接受訪問的時候曾經説過，當他正在演奏鋼琴的時候，他的手並不是在演奏鋼琴，而是他的手已經變成了鋼琴的一部份，他甚至能在演奏的過程看見樂章所描述的美麗大自然景色。1994 年冬季奧運滑雪金牌得主黛安‧史丹羅塔（Diane Roffe Steinrotter）形容比賽的時候「當時已渾然忘我，彷彿自己已化身為一匹瀑布」。楊楊及黛安‧史丹羅塔事實上已經進入了催眠狀態，當你正在催眠狀態的時候，潛意識的種種神奇力量就會得以發揮出來。在這種狀態之中，大腦皮質（Cortext）的活動量會減少，整個神經系統好像進入了自動導航系統一樣，正在以最顛峰的狀態運作。

　　想像在黃昏，你正在一個很美麗的沙灘上散步，你看見周圍非常美麗的風景，你經驗很柔和的海浪聲音，你呼吸着最清新的空

氣，你暫時忘掉了所有煩惱，你完全集中在享受非常舒服的感覺，這亦是一個輕度的催眠狀態。因此，催眠狀態是一個放鬆同時高度集中的狀態，催眠師擁有特別的能力可以為當事人製造出這樣的狀態，目的就是引發潛意識的能力使當事人改變。催眠狀態還有以下一些重要的特性：

1）催眠狀態提供一個適當的環境引發潛意識的能力

正如上一章所述，潛意識擁有很多特別的能力，這些能力都是天生的，是上天給予我們的厚禮。催眠狀態提供當事人一個特別的環境，使潛意識天生的能力重新浮現出來。催眠治療大師米爾頓‧艾克森對於催眠狀態有以下的評論：

「What are the behaviors you can perform under hypnosis? There really is no behavior you can carry out in the hypnotized state that you cannot carry out in the ordinary, everyday waking state. The advantage with hypnosis is that you can control, direct, and prolong that behavior that just pops up in ordinary, everyday life. Perhaps the best example is amnesia. If I were to ask any one of you to forget some item, you would have very great difficulty doing so in your ordinary, waking state. But how many times have you been introduced to a person, been told the person's name, repeated the name, shook hands with the full resolution of remembering that name you have been told; and yet the moment you drop the hand you forget the name？ Instant forgetting is as easy in the state. And so you make use of hypnosis to ask people to function as they do in ordinary, everyday life but to do so at a given time, and for a given length of time. You ask them to use experiential learnings and capacities in ways of which they were formerly unaware... Most of us don't knows what we are capable of doing. （Gilligan, S.G., 1987）

「在催眠狀態之中你可以做些甚麼呢？在日常生活當中你不能夠做出來的行為在催眠狀態之中你亦不能夠做出來。催眠的好處就是你能夠控制、指引以及延長在日常生活出現的那些行為。或者最好的例子就是失憶。如果我要告訴你去忘記某些事情，你將會在清醒的意識下很難做到。但是你曾經試過有多少次被介紹一位新的朋友，被告訴那位朋友的名字，你重複他的名字，與他握手企圖去記住他的名字，可是當你放開手的時候，你已經忘掉了他的名字？在催眠狀態中，即時忘記就等同於在清醒狀態中忘記一樣的容易。因為這樣你利用催眠狀態在某一時間以及某段時間幫助人們做出他們在日常生活中所做出的行為。你邀請他們運用他們仍然沒有覺察到的能力以及經驗到的學習……我們大多數都不知道我們有能力做些甚麼。」

現在，當你正在全神貫注看着這本書的時候，你可能正坐在一張椅子上面，又或者你的身體正在靠着牆，你的潛意識已經發揮了一種叫做「失憶」（Amnesia）的能力，我正在想，在看書的過程中你並沒有注意到椅子、椅背或牆帶給你身體的反作用力，或者壓力……可是你現在已經注意到這份感覺了。其實這份感覺一直都存在，只是你的潛意識沒有注意到，或者忘記了。失憶其實是潛意識一種了不起的能力，你們卻常常被教導沒有記性是不好的，不要大頭蝦，可是我卻經常利用失憶這種能力來幫助當事人忘記對事物的恐懼或者焦慮感。你會在以後的章節中找到幾個有關處理恐懼症的個案。

每一個人已經擁有足夠使自己成功快樂的資源，米爾頓・艾克森說過類似充滿智慧的說話：

「Your conscious mind is very intelligent... but your unconscious is a lot smarter... and so I'm not asking you to learn any new skills... I'm only asking you to be willing to utilize the skills you already have, but do not yet fully know about.」

「你的意識很聰明⋯⋯但你的潛意識更聰明得多⋯⋯所以我並不是要你學習新的技能⋯⋯我只是邀請你願意利用你已經有的但是仍然未能覺察到的能力。」

很多人對催眠師有一個誤解，以為催眠師的責任就是要改變當事人，或者提供當事人一些解決的方案，我可是要告訴你，催眠師並沒有能力改變任何一個人，催眠師的責任只不過是為當事人提供一個合適的環境，即是催眠狀態，透過與當事人的潛意識合作，邀請潛意識已經有的各種能力為當事人提供更多的選擇和出路。潛意識不但擁有很多能力，而且擁有很多資源（Resources）。甚麼是資源呢？在你過去的人生中所發生的大大小小各種事情及經驗都是儲存在潛意識中，其中可能有一些經驗使你覺得自豪的，或者你曾經成功克服某個挑戰，或者你曾經擁有過非常暢快的假期，或者你曾經遇見你的偶像，又或者你很喜愛某種運動⋯⋯這些所有都是你的資源，因為當你回想這些事情的時候，你的潛意識便會發生變化，其中一個最明顯的改變就是心理及生理狀態上的改變。試試以下的練習：

閉上你的雙眼，把注意力放在呼吸上面，深呼吸幾次，然後容許自己慢慢平靜下來⋯⋯現在，回想過去一次使你感到愉快的經驗，有甚麼事物使你感到愉快呢？注意你所看到的影像，你聽到的聲音，以及內心那份愉快的感覺，好好享受一下這次經驗帶給你的美好感受⋯⋯

怎樣？覺得不錯吧！僅僅回想一件開心愉快的事情，就會立即改變你內心的狀態，你的神經系統甚至會分泌出一些好的神經傳遞物質（Neuro-transmitter），例如血清素（Serotonin）等使你感到愉快。對於一位出色的催眠師來說，它能夠巧妙地運用當事人潛意識中的這些美好回憶，結合當事人的問題症狀而為他帶來改變。想像有很大的風吹過湖面上，湖面即時起了許多波浪，你看不見湖的底部有甚麼東西，可是當強風停止之後，湖面回復平靜，你透過清澈的湖水看見裏面有很多色彩繽紛的石頭，有很多魚兒在游泳，有很多茂盛的水草……催眠狀態就是能夠使我們看到及提取潛意識中的許許多多寶貴資源。

一個好的催眠狀態就像好的土壤，而催眠師的暗示就好像在泥土中放下了種籽以及灌溉這片泥土，種籽在泥土中便會自然地慢慢開始發芽生長。

2）催眠狀態是人類意識的一種自然狀態，有不同深淺程度的差別

人類的意識狀態由最淺的清醒至最深的睡眠分開不同的層級，學習催眠就必須了解這些狀態的特點：

1. 清醒狀態（Alert）

這是絕大部份人白天所處的狀態，所有意識的活動包括思考、分析、推理、警覺等都在這個狀態發生，這個狀態的腦電波屬於 Beta，每秒震動約 12-16 週。

2. 輕度催眠狀態（Light Trance）

這是一種很鬆弛但同時清醒的狀態，當你享受一個熱水浴或者發白日夢的時候，就是處身於這種狀態。這個時候的學習能力及創意是最高的，亦最適合做自我催眠。這個狀態的腦電波屬於 Alpha，每秒震動 8-12 週。

3. 中度催眠狀態（Moderate Trance）

這就是剛入眠、剛睡醒的半夢半醒狀態，已經對環境的一切失去覺知。這個時候在大腦中出現的一切影像、聲音、感覺等是非常真實的。這個狀態以至深度催眠狀態的腦電波屬於 Theta，每秒震動 4-8 週。

4. 中度至深度催眠狀態（Moderate to Deep Trance）

開始出現痛覺消失（Analgesia），當事人仍然感到有觸覺，可是並不會感受到痛楚。當催眠狀態進一步加深的時候，開始出現夢遊（Somnambulism），麻醉（Anesthesia），可以進行大部份的牙科以及外科手術。在這個狀態亦會產生正面的幻覺（Positive Hallucination），例如看見手上面有一個網球，又或者告訴當事人有一瓶只是裝滿了清水的「香水瓶」，他真的會嗅到香水的味道。

5. 深度催眠狀態（Deep Trance）

開始出現負面的幻覺（Negative Hallucination），例如實在牆上有一幅畫，但卻看不見，就好像畫已經消失一樣。

6. 睡眠狀態（Sleep）

潛意識完全控制思維，這個狀態的腦電波屬於 Delta，每秒震動 0.5-4 週。

以上的輕度、中度以及深度催眠狀態是最適合接受催眠的狀態。在這三種狀態之中，當事人對催眠師的指令具有高度的接收能力。這裏必須一提的是，很多初初學習催眠的人士都會有一個誤解，以為催眠狀態愈深愈好，愈深愈能夠帶來改變，可是這並不是必然的。你必須記住沒有兩個人是一樣的，每個人對於催眠的反應也不同，對於某甲來說，一個中度催眠狀態帶來的效果有可能會比深度催眠帶來的效果要好，對於某乙來說，則較深度的催眠比中度催眠要好。在進行一些改寫，對於過往經驗的理解及信念的治療，例如信念重整治療（Beliefs Reforming Therapy）、年齡回溯（Age Regression）等，往往需要當事人回答催眠師的問題，或描述他所看到的景象、聽到的聲音等。對於這樣的治療，中度催眠狀態已經很足夠了。然而，對於例如手術麻醉的催眠，則需要較深的催眠狀態。因此，催眠師在治療的過程中，必須有意識地小心引導當事人進入適當的催眠狀態以及保持彈性。

3）催眠狀態提供是一個以心傳心的途徑

佛陀釋迦牟尼在一次法會上，坐在眾比丘前面，當那些比丘正等待着佛陀開示的時候，他卻默然不語，手中只拿着一枝荷花，臉上露出微笑，沒有人知道這是甚麼意思，在座之中只有摩訶迦葉能夠領會佛陀的意思，他向佛陀露出微笑，因此得到佛陀的傳承。這是一個禪宗轉性的故事，開啟了禪宗以心傳心的法門。究竟佛陀傳了些甚麼給摩訶迦葉呢？摩訶迦葉又明白了些甚麼呢？這個禪宗的

公案顯然沒有說出來，其中的秘密只可以領會，不可以言傳。這就是禪宗「教外別傳，不立文字，直指人心，見性成佛。」的特色以及方向。

窗門外面的樺樹正隨風飄盪……

很多學習催眠的人以為催眠就是把當事人帶入催眠狀態，然後輸入一些事先經過特別設計的指令，最後把當事人帶回清醒的狀態。可是這種機械式的過程並不是催眠，人心並非一部機器。其實真正的催眠是一種以心傳心的過程，在催眠治療的過程，優秀的催眠師必須超越頭腦運作的層面，放下對於知識的執着，把整個人「空」出來，就好像倒出杯子內的水一樣，把整個人完全投入在治療的關係上，我把這種狀態稱為「同步催眠狀態」（Mutual Hypnosis State），亦即是說，催眠師本身也進入了一個催眠狀態，到了這個時候，催眠師的心與當事人的心是互相感通的，催眠師沒有主觀判斷當事人，催眠師亦沒有叫自己根據一些既定的步驟行事，催眠師的潛意識能夠有效地明白當事人的內心需要，這種覺知並不是理性上的分析，更不是根據專業的知識，而是來自一種直覺的信號。在我臨床經驗中，往往會出現一種靈光閃現的時間，就是我會突然說出一些平時完全沒有想過的說話，這些說話往往能夠有效地幫助當事人以全新的角度理解過去的事情，又或者使當事人當頭棒喝，又或者使當事人回憶起過去一些重要的資源，又或者問當事人特別的問題，使當事人改變。因此，真正的催眠，不是分析，不是思考，而是直接進入當事人的內心，達到治療的效果。心理學家佛洛姆曾經提出「用心的參與者」的概念來形容這種狀態：

「分析者必須變成患者，然而他又必須仍舊是他自己，他必須忘記他是醫生，然而他又必須知道他是醫生。只有如此他才能夠給

予解釋，而這個解釋由於是源自他自己的體驗，由此具有權威。分析師分析患者，但患者也是分析師，因此分析師由於進入了患者的潛意識，因此不得不讓自己的潛意識更為澄清。結果，分析師不但治癒患者，同樣也被患者治癒。他不但了解患者，最後患者也了解他。當這個階段到達之後，也就到達了一體相通的階段。」

中國唐代偉大的南泉禪師在樹林裏砍柴，有一位翰林大學士來拜訪他。大學士想當然地認為，這位樵夫一定知道南泉禪師在哪裏。因此向他打聽。於是那位樵夫拿起斧頭，然後説：「這斧頭花了我很多錢。」那位大學士並不是在詢問他的斧頭，他因此再問南泉在哪裏，大學士覺得有些不知所措，當他正想離開現場的時候，南泉禪師又把斧頭交到大學士的手中。這時大學士變得顫抖，南泉説：「這斧頭利得很！」大學士於是立即跑掉了！後來，當他來到了寺院才知道，那位樵夫並不是其他人，大學士問南泉的弟子：「他是否瘋了呢？」那位弟子説：「禪師正是在向你展現他的法。之前那個時候他是個樵夫，他手裏拿着斧頭，完全融入鋒利的斧頭，在那個時候他完全進入了當下，完全融入了當下的實相之中，你已經錯過重點了，他正在對你展現禪的特質。」^(註二)

南泉禪師所表現出來的就是一種活在當下的意識，它與斧頭已經完全合而為一。作為一位優秀的催眠師，亦應該具備這種特質。如果你執着了技巧、概念、步驟，你便錯過了催眠，錯過了兩顆生命的相遇，直接進入當下是唯一帶來治療效果的途徑，除此之外，其他所有的方式都只是空中樓閣，都是夢。

4）催眠狀態是一種自然轉化的狀態

春來草自生……

有一位少年到山上尋求高人傳授劍法，他問師父：「假如我努力學習需要多久才能學成呢？」師父回答說：「也許需要十年吧。」少年說：「家父年事漸高，我得服侍他。假如我更加熱烈學習，需要多久才能學成呢？」師傅說：「這樣大概要三十年。」少年說：「之前你說十年，而現在又說三十年，我不惜任何代價，一定要在最短的時間內學成。」師父回答說：「這樣你需要跟我學七十年才能夠學成。」

對於剛剛使用催眠治療的治療師來說，由於相信了潛意識以及催眠的巨大威力，因此，一般會犯上一個毛病，就是期望當事人會因催眠治療後而改變，甚至會期望當事人的改變會與治療師內心的期望相符合。這種以結果為主導的心態，是很多催眠治療失敗的重要原因，而且沒有比擁有這種心態的治療師更失敗的治療師了。因為這種治療師的着眼點並不在於當事人，而是在於證明自己的能力，這種心態就好像一堵牆，阻隔了治療師與當事人兩顆心的感通。因此，在心理治療上，你愈是要自己成功，你便愈失敗，你愈要做到效果，你便愈做不到效果。試看看心理學鼻祖佛洛伊德對於這種心態的看法：

「治療師的野心不但會使得治療師本人陷入對其工作不利的心理狀態，也會在面對病人的阻抗感到無能為力，而事實上，病人的康復，據我們所知，主要依賴病人內在力量的互相作用……就好像手術醫生常說的：我縫補傷口，上帝治療他。」

當一個人在催眠狀態的時候，治療師的職責並不是要改變潛意識的運作，治療師的職責是把種子放在泥土中，然後加以灌溉。至於種子能否長出植物，並不是我們主觀的期望能夠達成的，不要以為你是上帝呢！一切都必須交由存在決定。

你要成為一位出色的催眠治療師，便需要覺知，你之所以能夠為那位當事人進行催眠治療，是存在的安排，是你與他在這個時空的一種因緣，用你的真心做好你要做的工作，其他的一切只需要交給存在來決定，對於治療的效果，不需要太過上心。

5）優質的催眠狀態能夠提供當事人最多的資源

正如以上第二點所說，沒有兩個人是一樣的，沒有兩個人對於催眠的反應是一樣的。那麼，怎樣的催眠狀態才是一個對治療最有效果的狀態呢？催眠狀態的闊度比催眠狀態的深度，對於治療效果來說更具意義。所謂催眠狀態的闊度，是指當事人能夠有效地透過這個狀態支取潛意識中的各種資源及能力。作為一位催眠治療師，最基本的信念是相信每個人已經擁有一切使自己成功快樂的資源。當事人的問題之所以成為問題，就是因為他已經與潛意識中的各種資源分離了。催眠治療師的責任就是要利用當事人潛意識中的資源，把這些資源與問題巧妙地結合在一起，使那個問題再不是問題。

6）催眠是一個再教育的過程

根據催眠治療大師米爾頓的講法，催眠狀態是一個能夠提供當事人的潛意識學習與改變的意識狀態。當事人的問題之所以成為問

題，就是因為當事人的潛意識在過去學習到一些沒有效果的信念、行為模式或反應等。例如，對於一個經常抽煙的人來說，他在童年的時候，學習到抽煙能夠使他得到一份朋輩中認同感。因此他的潛意識就會一直堅持這個行為。另一個真實的例子是：一位肥胖的女性在過去曾經經歷數次分手帶來的傷痛，因此，她的潛意識便會透過不斷進食使自己變得很肥胖，結果，就是再沒有男士喜歡她，她於是便可以免除再次分手的痛楚了。當一個人進入催眠狀態的時候，他與催眠師已經建立了深層的信任關係，催眠師就可以透過這種關係直接或間接與當事人的潛意識溝通，重新教導潛意識學習新的信念或新的行為模式。這種學習的過程，就是米爾頓提出的潛意識學習狀態（Unconscious Learning）。這種學習的過程，是完全繞過對方的理性分析的部份（左腦），直接進入對方的右腦而進行的。但有一點要注意的就是，治療師所提出的暗示，假如和當事人的價值觀互相衝突的時候，這些暗示便會難以發揮效果。相反，符合對方價值觀的暗示將會被潛意識接受，從而帶來改變。

催眠的科學研究

「科學的重點並非複雜的數學公式或者某種形式的實驗。科學的核心是一種敏銳的誠實態度，目的就是要知道有甚麼事情正在發生。」

——物理學家沙朗‧保羅史納

很多人對催眠感到神秘，甚至大部份人對催眠的理解都只是催眠師手上握着一個鐘擺，然後告訴對方很快便會進入催眠狀態。事實上，當今的絕大多數催眠治療師已經不再使用這種過時的技術了。很多不了解催眠的人都會問，催眠是否真的能夠帶來實質的改變，抑或只是自欺欺人？很多人都信賴科學，認為科學具有客觀性。既然如此，我們就參考一些有關催眠的近代科學研究吧。事實上，從上一個世紀中到本世紀這一段時間之內，大量心理學家、醫生、神經科學家曾經做過大大小小各種不同的催眠實驗。以下我列舉其中一小部份給你參考：

美國一份學術期刊（*Journal of Consulting and Clinical Psychology*）曾報道美國俄亥俄州立大學由三位專家組成的研究小組有關催眠能夠提升身體免疫能力的研究報告。這三位專家包括心理及精神病學教授 Janice Kiecolt Glaserl、牙周病學教授 Phillip Marucha， 以及分子病毒學教授 Ronald Glaser。他們曾以 33 位醫科及牙科學生作為研究對象。33 位學生被分為兩組。A 組學生被教授自我催眠技巧，並在準備學期考試的高壓時間經常練習自我催眠。B 組學生是對照組，並沒有教授自我催眠。在兩組學生考試開始前三日每組抽取血液樣本化驗。結果，A 組學生的 T 白血細胞活躍率（用以量度免疫力的指標）平均上升了 8%，而 B 組則平均下降了 33%。另外，研究亦發現愈經常練習催眠技巧的學生，他們的免疫反應愈好。（Janice Kiecolt Glaserl）

這個研究顯示，當人長期身處壓力的環境，免疫力會下降。催眠不但能夠減輕壓力，而且能夠有效提升身體免疫機能。因此，對於生活緊張的都市人來說，催眠是平衡身心系統的有效工具。

在另一個有關催眠的研究中（Olness, MacDonald, and Uden 1987），28 位年齡介乎 6-12 歲患有偏頭痛的兒童被安排作為實驗對象。他們被隨機安排某些不同的治療情況中。其中一種需要服用能夠治療狹心症、原發性高血壓以及偏頭痛等的藥物心得安（Propranolol）。另一種只是接受安慰劑效應（Placebo Effect）治療等。他們需要接受大約七個月的治療。七個月之後，所有兒童被教授自我催眠技巧，連續進行三個月。這些技巧包括催眠放鬆、想像開心愉快的景象以及痛楚控制等。這個研究的結果顯示，經過自我催眠的訓練以及練習之後，偏頭痛出現的頻率大幅下降，可是在接受自我催眠之前，他們的病況並沒有十分明顯的改進。

美國密芝根大學（University of Michigan）小兒科學系曾經公開一個有關小兒夜尿的研究。50 位年齡介乎 5-16 歲經常在床上夜尿的兒童（30 個男孩 20 個女孩）被選擇為實驗對象。其中一組接受藥物治療，需要服用一種叫做 Imipramine 的藥物。Imipramine 是一種增加尿道阻力及膀胱容積的藥物。另外一組被接受催眠。催眠的內容包括暗示這些兒童的潛意識，當膀胱已經充滿了尿液，他們便會自動睡醒，並且去洗手間排尿，然後再次回到床上睡着等。這個研究維持了九個月，以下就是有關這個研究的結果：

被催眠組別		Imipamine 組別	
正面反應	沒有任何反應	正面反應	沒有任何反應
17/25（68%）	8/25（32%）	6/25（24%）	19/25（76%）

「沒有任何反應」指的就是尿床的情況沒有改變。

「正面反應」指的就是尿床的情況完全消失或者次數減低。

從以上這個研究結果可以顯示，催眠比傳統 Imipamine 藥物的效果更加理想，而且沒有任何副作用。

催眠對於治療皮膚疾病，亦能夠顯示相當滿意的效果。在另一

個治療疣（Wart）的研究中，40位病人被分配為四個組別。第一組別被安排接受催眠治療，第二個組別接受傳統的藥物治療，第三個組別是安慰劑效應組別，第四個組別沒有接受任何治療。結果顯示，只有第一組的病人疣的數目明顯地減少。（Spano, Williams, & Gwynn, 1990）

對於城市人的心理殺手抑鬱症（Depression），催眠更加是很有效的治療良方。曾經有一個研究患有長期關節炎痛症的病人，他們都帶有焦慮及抑鬱症狀。抑鬱症病患者身體內的內啡肽（Endorphins）含量都比正常人低。這些病人在接受催眠治療一段時間之後，他們的身體痛楚、焦慮，以及抑鬱症狀都顯著地減輕。不但如此，研究結果顯示他們身體中的內啡肽含量亦明顯地增加。（Domangue, 1985）

對於一些病情容易復發的病人來說，催眠能夠幫助他們有效控制病情。30位患有十二指腸潰瘍的病人被安排作為研究對象。他們都有容易復發的病情。他們被分成兩組。第一組只接受藥物治療，第二組在十星期內被安排接受藥物以及催眠治療。結果顯示，所有只接受藥物治療的病人都有復發，可是第二組的病人當中只有一半的病人出現復發的情況。（Colgan, 1988）

催眠亦曾經被證實對於紓緩氣喘病（Asthma）亦非常有效。英國醫學期刊（*British Medical Journal*）被認為是英國醫學界的權威刊物。曾經有一次公開了一個有關催眠的研究。這個研究顯示對於接受催眠治療的病患者來說，氣喘病出現的頻率以及需要服用藥物的劑量比接受傳統治療的病人相對較少。（Maher-Loughnan, 1962）

在另一個有關催眠止痛的研究中，一組患有乳癌（Breast cancer）的女士接受一年的小組催眠治療，這組女士比另外一些沒有接受催眠治療的乳癌女病人來說，發現癌症帶給她們的痛楚下降了50%。（Spiegel, 1983）

催眠亦曾經被用作研究治療失眠的效果，結果令人非常鼓舞。45 位測試對象隨機地分為三組。第一組接受催眠治療，第二組接受安慰劑效應測試，第三組是控制組，他們連續接受四星期，每星期三十分鐘的治療。第一組病人進入催眠狀態之後，被引導想像去了一個很舒服的特別地方，並暗示加強他們是我的力量，使他們能夠放開那些困擾的問題。安慰劑效應的一組對象被引導想像一些中立的圖像。結果顯示只有接受催眠治療的對象能夠有效改善他們的睡眠程度達 50%。（Stanton, 1989）

從以上種種科學研究可以知道，催眠的而且確能夠帶來很多實質的臨床效果，而且沒有任何副作用。催眠治療已經被公認為 21 世紀其中一種極為重要的治療方法。

中央神經系統在催眠過程的變化

既然催眠已經證實能夠帶來實質的效果，你可能會好奇，當一個人接受催眠的時候，他的神經系統會發生怎樣的變化呢？這個問題對於你了解催眠的運作過程是很有幫助的。

隨着上一世紀有關腦神經科學（Neuro-Science）的發展，科學家透過各種客觀的實驗，開始發現催眠引起神經系統的特別反應。腦神經科學對於研究人類頭腦運作使用的技術包括：

1. 腦電圖頻率分析（Computerized Electroencephalographic [EEG] Frequency Analysis）

2. 陽電子發射斷層攝影（Positron Emission Tomography [PET]）

3. 大腦區域血流顯示（Regional Cerebral Blood Flow [RCBF]）

4. 單光放射電腦斷層攝影（Single Photon Emission Computed Tomography [SPECT]）

5. 磁共振顯像（Functional Magnetic Resonance Imaging [FMRI]）

　　我列舉這些技術的目的是使你有一些概念。我並不打算在這裏詳細討論這些技術，因為這不是本書的目的。假如你想再詳細理解這些技術，你可以參考《當代催眠研究》（*Contemporary Hypnosis Research, 1992*）一書。（by Erika Fromm and Michael R. Nash, The Guilford Press, New York, NY 10012）

　　著名腦神經科學家古沙利亞（Gruzelier, 1998）透過科學研究發現，當一個人接受催眠的時候，他的神經系統會出現以下三個過程：

第一階段：

　　這個階段，催眠師會引導當事人注意催眠師的說話，或者引導當事人把視線集中在前面某一件物體，研究發現當事人左腦的額葉（Frontal lobe of left hemisphere）會逐漸活躍起上來。這個區域的神經網絡主要負責集中能力。假如這個部份出現功能性的障礙，便會出現容易分心、難以集中精神等情況。多動症（Attention Deficit Hyperactive Disorder）的兒童就是這個部份出現功能性的障礙。

第二階段：

　　這個階段，催眠師會引導當事人閉起雙眼，並告訴當事人進入深層的鬆弛狀態。這個過程啟動了額葉及邊緣抑制過程

（Frontolimbic inhibitory process）。額葉及邊緣系統負責分析、判斷及計劃等認知能力，以及控制對於外界刺激、事物的反應及行為。當這個系統的功能受到抑制，有關當事人的行為反應便會受到催眠師的正面影響。

第三階段：
第三階段涉及想像活動。催眠師會引導當事人想像某些特別的情境，或者回想過去的某些經驗或情緒，這個過程會啟動後腦皮質（Posterior cortical）的活動，特別是右腦（Right hemisphere）的活動。這個區域主要負責視覺功能。亦即是說，與這個階段有關的神經生理活動包括想像、看見某些圖像、出現幻覺等。

當受催眠者的後腦皮質區域被啟動了之後，例如想像自己到了一個很美麗的草原的時候，跟着有甚麼事情發生呢？受催眠者便會感覺到很舒服，內心感到平整等利好感覺。他出現這些內心狀態的原因，就是後腦皮質的活動影響了邊緣系統（Limbic System）的活動，使邊緣系統的活動率下降，使這個部份降溫。邊緣系統主要負責人類的情緒狀態、應激反應以及基本生理功能。因此，這就能夠解釋為甚麼催眠治療師引導受催眠者想像身處大自然的地方會使他感覺平靜。

美國國家心智健康學院（National Institute of Mental Health）教授 Mark George, M.D. 曾經做過有關方面的研究。十位女士被邀請作為這個研究的對象。他發現當這些女士想一些開心的事情的時候，她們的邊緣系統便會降溫。而當她們想一些不開心的事情的時候，她們的邊緣系統的活躍程度便會明顯地上升。這就證明頭腦內出現的事情會直接影響一個人的情緒狀態。（Daniel G. Amen 1998）這能夠證明了催眠對於減輕壓力以及處理情緒是非常有效的工具。對於一些長期處於壓力之下的人來說，每天進行自我催眠，

能使他們在壓力環境之下仍保持輕鬆自在的心情。這對於身心健康是非常重要的。

　　研究發現，催眠對於控制焦慮（Anxiety）亦會引發神經系統的生理效應。中央神經系統中的基底神經節（Basal Ganglia）負責控制焦慮水平（Anxiety Level）、調節動力（Motivation）、控制身體的動作（Automatic Movement）等。一旦這個部份出現問題或者過度活躍，當事人便會容易往壞處想，容易出現焦慮、緊張甚至恐懼。催眠能夠有效調節基底神經節的活動水平回復健康水平（Daniel G.Amen, M.D.1998 pp.101），從而使當事人平復放鬆心情，加強對未來要面對事情的信心。

　　其他腦神經科學家對於催眠亦有類似的發現，即當一個人正在催眠狀態的時候，他的右腦的活躍程度要比左腦高。（MacLeod-Morgan, 1982, LaBriola et al., 1987）另外一個在70年代提出的「腦半球不對稱理論」（The Theory of Hemispheric Asymmetry），指出催眠是一個抑制左腦半球，而同時利用右腦半球的過程。（Yapko, 2003 pp.88）

　　右腦是潛意識運作的一個重要空間（我之所以這樣説，原因是近代腦神經學已經證明了左右腦同時具有潛意識以及意識的能力），潛意識蘊藏着一個人所有的資源，催眠治療師就是巧妙地引導當事人進入潛意識的空間，支取潛意識源源不絕的資源，從而幫助當事人改變。你還記得潛意識是不會分辨真假的嗎？催眠之所以能夠帶來各種奇妙的效果，原因就是利用了右腦潛意識不會分辨真假的特性。因此，潛意識是我們每一個人的寶藏與盼望。

「想像是我們盼望的泉源。」

——喬‧貝爾（美國催眠醫師考試局主席）

另一方面，催眠師在進行催眠的時候，往往會發現有些人比較容易進入催眠狀態，有些則比較困難。這兩類人的神經系統運作特質有甚麼不同呢？另外一個透過 EEG 的研究發現，對於高度容易進入催眠狀態的人來說，當他們在清醒狀態進行分析工作的時候，他們左腦的 EEGs 頻率較右腦高。而當他們進行一些整體性的或者視覺空間上的想像活動的時候，他們右腦的 EEGs 頻率則較左腦高。（De Pascalis et al., 1988）著名腦神經學家 Helen J. Crawford, Ph.D. 亦做過一個有關這兩類人左右腦的研究。這個研究所用的方法就是引導實驗對象進入愉快以及悲哀兩種情緒狀態。她發現無論在催眠狀態或者清醒狀態中，高度容易進入催眠狀態的對象，對於這兩種情緒狀態均表現了他們的右腦有較高的 EEGs 頻率，而對於比較困難進入催眠狀態的對象來說，左右腦的 EEGs 頻率大約相等。（Crawford, Clarke, et al. 1989）這亦即是說，當一個人已經能夠經常有效使用大腦的時候，例如他會經常發揮想像力、創意，又或者比較容易進出進入某種情緒狀態（即是說他比較感性），這類人會比較容易進入催眠狀態，從而透過他的潛意識帶來各種各樣的提升與改變。可是對於一個大部份使用左腦的人來說，例如他是一個很理性，經常強調邏輯，經常分析的人來說，則比較難進入催眠狀態。當然，他可以訓練自己多使用右腦，多些發揮右腦的功能，他亦會慢慢容易進入催眠狀態的。

從唯識思想理解潛意識的運作原理

「心靈本身無須外求就可把地獄變成天堂。」

——約翰・米爾頓《失樂園》

　　我在第一章曾經從腦神經學的角度探討潛意識的運作原理，這個探討進路是採取科學的客觀研究方法，把潛意識所展現的種種心理現象統一歸類成為物質層次的機械式運作。可是，對於人類心靈的了解純粹選取科學的角度是非常不足的，因為人類心靈的運作除了腦神經的運作之外，還有更高層次的、超越客觀存在的層面，包括藝術、宗教、道德、對存在的感通等等各種維繫人類生存的重要部份。心靈力量需要透過大腦來表現，可是心靈力量絕不等於大腦，這就好比太陽系是宇宙的一部份，可是太陽系並不等於整個宇宙的實相。

　　因此，我打算在這章透過較高的超物質層次為你探討潛意識的本質。

　　在人類過去的歷史，心靈的運作一直是哲學家、心理學家、宗教家所探討的重要課題，探討這類問題的書本、經典如汗牛充棟，17 世紀的法國哲學家笛卡兒已經提出了心物二元論的學說，他注意到心理的領域與物質世界具有截然不同的特質。他把存在劃分成兩個領域：一是主觀心靈的思想，一是物質世界的存在。笛卡兒的理論出現三百多年間，哲學界一直為心靈或物質哪個才是世界的基本元素爭論不休。休謨（Hume）、柏克萊（Berkeley）、萊布尼茲（Leibniz）都認為，物質只是心靈的一種客觀形式。事實上，早在一千至二千多年前的東方，已經出現了心靈呈現物質形式的理論。這就是佛學唯識思想的理論，我發現唯識思想與西方的有關潛意識運作的理論非常吻合，卻比西方的理論更精闢及深入，很想與你分享我對唯識思想的理解。

　　唯識思想（或稱唯識宗）由唐代玄奘法師（亦即是西遊記中的唐三藏法師）遠赴印度而傳入中國。玄奘法師所譯的佛家經典《成

唯識論》帶領中國佛教開創了劃時代的事業。根據唯識理論，一切被認為真實的外在現象，都只不過是被某個根源性的東西所表現出來^{（註三）}，這個根源性的東西，也就是最深層的心理活動，稱為「阿賴耶識」。唯識思想指出一切存在是被阿賴耶識表現出來的東西，本身並無獨立存在之實體。亦即是説，你所看見的事物、聽見的聲音、親身的經驗，都只不過是內在心識的反映。

這裏所指的阿賴耶識，有點類似西方所説的潛意識，讓我用以下的例子説明阿賴耶識最淺層次的運作：

有一個人在深夜的時間回家，在幽暗的路上見到一個影子，他內心突然生起驚慌的感覺，可是那個影子只不過是一個年老的乞丐影子，這個人之所以產生驚慌的感覺，原因是他以前曾經看過一部類似的恐怖電影。他的阿賴耶識在很多年前已經儲存了一幕又一幕恐怖的場面以及感覺。因此，這個人的阿賴耶識就把那個影子扭曲成為恐怖的事物。

例如有兩個人看見前面有一隻小狗，甲覺得這隻小狗很可愛，很想抱起牠來玩，可是乙則不能夠靠近這隻小狗，甚至覺得有點緊張，同樣的小狗，甲和乙完全相反的反應，原因就是他們的阿賴耶識有不同的東西存在，佛家把這些東西稱為「種子」，西方則把這些東西稱為「銘印」（Imprint）或者「顯著情緒事件」（Significant Emotion Event）。甲在過去所有與狗一起的經驗都是快樂的，而乙則曾經被狗咬過，甲因而記錄了與狗有關的正面銘印，而乙則記錄了有關狗是危險的信息銘印。

我有一個當事人，她在公司中如果有些不開心的事情發生，例如被上司批評，她會連續數天情緒低落，甚至哭泣，原來有一次當她上小學的時候，被老師無情地批評她的文章寫得不好，結果引發非常負面的情緒，被壓抑在心內。上司的批評表面上是很平常的事情，可是對她來説，過去的銘印會使她把事情扭曲，理解成為她是沒有價值的。

「萬法由心生，一切唯心造。」

——佛家智慧

　　這些銘印其實是一種能量，能量愈強的銘印所引發的效應愈大。以上的例子都是植入了負面的銘印。讓我再舉一些其他負面銘印的例子，假如你向別人説了一個慌言，背後的目的是為了滿足自己的利益，表面上你是贏的，但事實上你已經在阿賴耶識為自己植入了一個負面的銘印。只要適當的因緣形成，這粒種子是一定會結果的，而且是一些腐爛的果實，那個人是要承受的惡果的。宇宙是一台超級的電腦，能夠準確無誤地計算出甚麼時候、甚麼地點、甚麼人物、甚麼事情，來展現這些結果。

　　銘印亦會以三種不同的方式植入阿賴耶識：就是當我們做出某些事情（身）、開口説出某些説話（口）、甚至當我們思考的時候（意），都會製造銘印。如果你的動機是善良的，你所做的每一件事、所説的話、你的思想都是為了眾生的，你其實是為自己廣種福田，好的銘印愈多，結出好的果實愈多，命運當然會愈來愈好。

　　銘印的強弱程度由背後的情緒（Emotion 包括正面和負面的情緒）和意圖（Intention）來決定，情緒愈強烈，銘印的能量愈強，意圖愈自私、對眾生愈具傷害，銘印對自己的破壞性愈大。另一方面，意圖愈是善良、愈是為了眾生，銘印的正面能量亦愈強大。你會發現世界上能夠創造巨大成功及為自己帶來巨額財富的人，都不是單純為了錢而發展他們的事業的，而是為了某一個理想、某一個宏願，甚至希望能夠改善這個世界，為人類創造幸福的。由於他們的意圖都是純正的、偉大的，因此能夠與天地感通，對一切都無所畏懼，堅定不移地以大信心、大勇氣、大智慧創造出非凡的成功。

銘印的能量由情緒和意圖來決定

　　阿賴耶識是過去各種銘印的儲存倉，無論過去的銘印是大是小，阿賴耶識都會毫無保留地完全接收，然後儲藏起來。就像當你拍照的時候，鏡頭所拍攝的所有風景都完全烙印在相片上一樣。因此，阿賴耶識又稱為「藏識」。這個心識的運作非常細微，在日常清醒的狀態不容易察覺，但它所含的種子、銘印卻如深海中不能看見的暗湧一樣，起滅流轉，延綿不絕，一旦適當的外緣配合，時機成熟的時候，便會立即影響外境，每個人的阿賴耶識都儲藏着成千上萬不同的種子，其中有些是善的種子，有些是惡的種子。因此，每一個人一生的際遇、命運千差萬別，各有不同。人生命運好像出於隨機和意外，其實真相是由自己的心識所牽引和帶動，這是生命的深層秘密。

　　每個人的阿賴耶識就好像大海中的一點水滴，無數的小水滴就構成了汪洋大海，每點水滴都不是分開的，不是獨立存在的，而是互相連結，互相牽引，互相影響，最終共同形成了宇宙的本體實相，或者叫做神、真如、自性……。

　　天空是藍色，樹是綠色，貓兒正在咪咪叫……

　　阿賴耶識屬於心識中的第八識，第一至六識是眼識、耳識、鼻識、舌識、身識和意識。這六識已經在第一章詳細解釋過了，這六識所對應的是外界的一切，包括色（景象）、聲（聲音）、香（氣味）、味（味道）、觸（身體接觸）、法（事情）。至於第七識，

唯識思想稱之為「末那識」，指的就是自我的意識。這個世界之所以引起無數紛爭，人與人之間的衝突，都是因為很多人的自我意識太強，「我執」太過嚴重，因此導致妄念頻生，真相被顛倒，不單止為世界帶來災難，而且更為自己植入了無數負面的銘印，最終使自己流轉與生死輪迴，悲歡離合，顛倒妄想之中。

總括來說，唯識思想的概念可用以下的圖表示：

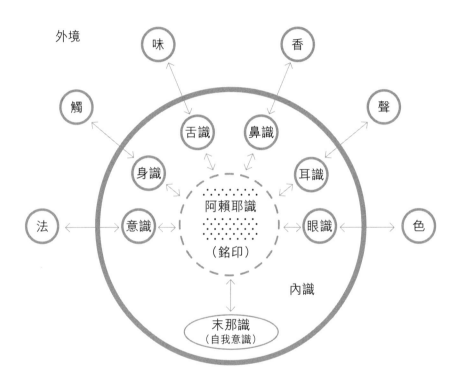

人類心識的運作
(此圖參考《唯色思想入門》)

以下四點就是唯識思想的重點：

1）客觀的對象（所見、所聽、所感、所嗅、所味）並不獨立存在於心識之外，一切都是由心識所導致。

2）由此覺知人生的命運、際遇、情緒反應都是由自己牽引。

3）由此斷滅一切對於客體事物的真實存在的錯誤了解，以及伴隨這個錯誤了解引致的各種煩惱痛苦。

4）覺知煩惱的根源在於自己的心識，便可以徹底轉化自己的心識，與最高的智慧契合，使自己不再被貯存在心識中的各種煩惱種子主宰命運，知曉一切現象的實相，獲得終極的自由與解脫，這個過程稱為「轉識成智」。

　　催眠可以直接進入阿賴耶識的空間，把一些帶有負面能量的銘印改寫，從而改變自己的行為情緒反應，直接改造自己的命運。你會在「信念重整治療」一章中學習如何改寫這些銘印。對於自己由於「我執」或者無明製造出來的負面銘印，這必須要由自己承受結果，這是普遍存在於宇宙的因果法則，當你明白宇宙運行的原理，就要好好培育內心的善念，好好修養自己的言行，為自己及這個世界創造幸福快樂的未來。

催眠過程

「你愈不用力，就可以變得愈快愈有力。」

——一位武術大師

　　催眠是一個妙不可言的過程，從來沒有人能夠否認這個事實，因為它使人感到好奇，就好像小朋友看見新奇的玩具一樣。你可能曾經在電視上看見過神州太空船飛上太空以及由太空返回地球的過程。我會把催眠過程比喻為這個過程。在地面上是意識的狀態，升上了太空之後就是催眠的狀態，每一位宇航人員都曾驚嘆宇宙的廣闊無限以及和諧帶來美好的感覺。你不必真的要升上太空，只要進入催眠狀態就可以感受到類似的美好感覺。

　　催眠就好像武術一樣，真正的武術大師是不會拘泥於生硬的招式的，可是對於初學武術的人來說，掌握基本的功夫與動作是必經的過程。你想成為一位出色的催眠師，便需要好好掌握基本的動作。以下的圖表能夠表示一個標準的催眠治療過程：

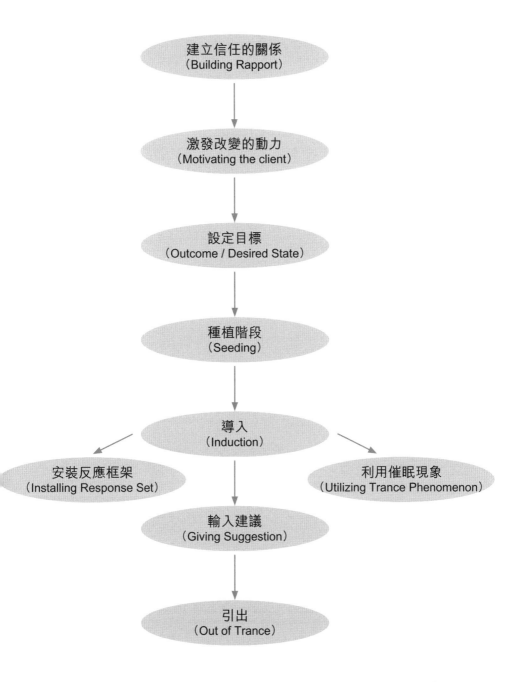

建立信任的關係

很多人以為催眠的效果在於催眠師是否能夠把當事人帶入催眠狀態，以及那些指令是否有效。我可是要告訴你，催眠真正的效果決定於催眠之前，亦即是當事人與催眠師第一次會面的時候，這是一個非常關鍵的時間，因為這是催眠師與當事人之間建立深層信任關係的時間。所有有效果的催眠都是建立在這種信任的關係上。

你可以想像一位當事人剛踏進治療室的時候會有怎樣的心情嗎？他踏進的治療室是一個完全陌生的空間，他所面對治療師是一位完全陌生的人，他即將要接受的是一種完全陌生的治療方法，當事人內心的不安與恐懼是可以理解的，如果這些不安與恐懼不能夠消除的話，當事人又如何能夠如實地把內心的說話說出來呢？他又怎能夠接受催眠治療師的建議而改變呢？因此，治療師的第一個重要工作就是要建立當事人對治療師的信任，使他在治療室中感到安全。這樣的一種信任關係稱之為「親和感」（Rapport）。

一個標準的催眠治療過程大約在一個多小時左右，你可以利用的時間並不會很多，那麼，怎樣才能夠在最短的時間之內建立親和感呢？讓我告訴你一個有關催眠治療大師米爾頓‧艾克森的真實故事：

在亞利桑那州立醫院有一個自閉症的小朋友，當地得到五萬元的捐款去治療這位小朋友，她被轉到芝加哥，很多精神科醫生和精神分析學家給這小孩治療直至五萬元用完，之後他們把她送回家，但是任何一些轉變都沒有。

其中我有一個病患者比較孤僻，她喜歡幫人，但都是幫不上忙，她在亞利桑那州立醫院看見這個十歲的女孩，她說服這個機構讓這個女孩和她一同散步，這個女孩跟著她走，嘴顫動著卻沒說話，只發出痛苦的聲音，動作很奇怪，這個太太決定帶這位女童來見我，她對我說有關這個女孩的一切，我答應她可以看這個女孩一

次。當我們各自介紹自己，這個女孩製造好多怪聲，所以我又用怪聲回答這個女孩，我們發出厭煩的聲音，又呻吟，又發出尖利的訴苦聲，大概半小時，跟着這個女孩答了我幾個問題，同時好快又回到自閉的行為，我們真是有一個好愉快的時間，大家互相發出厭煩，呻吟，尖利的聲音，跟着太太就帶女孩回醫院，晚上太太帶女孩散步，太太對我說，這個女孩拉着我的手臂，拉我上街，女孩好想再見我，一個可以和她同樣地說相同的方言的人。（David Gordon, 1981a）

　　為甚麼這個女孩很想再見米爾頓・艾克森呢？原因就是米爾頓・艾克森在潛意識的層次透過模仿這個女孩的行為在潛意識的層次製造了一種親和感。米爾頓・艾克森不會向這個女孩解釋甚麼複雜的心理學，因為他知道到這樣根本不能夠製造親和感。這就等於你不會向一個初中學生解釋高深的哲學道理一樣。

　　根據美國心理學家佐治・米勒（George Miller）的理論，溝通的效果只有 7% 來自於文字，38% 來自聲調，55% 來自身體語言。身體語言及聲調佔了大部份的比重。因此一位優秀的催眠師可以巧妙地模仿對方的身體語言、聲調甚致用字來建立親和感。

　　米爾頓・艾克森在這方面是一個專家，他會重複運用當事人說話時候所使用的字眼，他甚至會是模仿當事人的呼吸速度和韻律，身體姿勢，面部表情，身體的輕微移動……，所有他可以觀察到的東西都成為他模仿的內容。模仿之所以能夠建立親和感，原因是每一個人都喜歡與自己相似的人，因為當你在一個與你在各方面相似的人的面前，你便會感到一種安全感以及信任的感覺。因此，親和感的背後必然是一份信任對方的感覺，這就是催眠首要達到的目的。

　　當你的當事人用高聲調說話時，你便要提高自己的音調盡量配合他的行為。我可以再舉一些例子，你可以模仿客人腳部的移動，

用同樣的速度、節奏,你移動腳部,你亦可以透過點頭或移動手指來取代腳部的動作,最重要的就是能夠配合他的速度和節奏。你用類似的模仿去產生親和感的方式是無限制的。

另外一種建立親和感的方法,就是進入對方理解這個世界的模式,讓他們知道,你真的很了解他們。如果你在當事人的面前模仿他們的動作,可是卻處處講一些相反的說話,或者用你的角度判斷評論他們的問題,這樣便不能夠製造親和感,你卻製造了一種反感。因此,一位優秀的催眠治療師必然能夠帶給對方良好的感覺。

讀心法(Mind Reading)

讀心法是建立當事人對催眠治療師信任的捷徑。任何一位催眠治療師都需要訓練自己掌握這種能力。讀心法的意思就是在當事人沒有向催眠治療師詳細描述他的問題的情況之下,催眠治療師能夠透過觀察、直覺、過去的經驗等在當事人面前講出他正在面對甚麼問題,或者在他的問題背後究竟有甚麼比較深層的原因。看看以下一個有關米爾頓・艾克森的例子:

例子一:坐飛機恐懼症 [註四]

當我到達辦公室時,一位新來的個案已經就座。我按照往例寫下她的名字、住址以及一些基本資料後,便即開口詢問她前來求助的原因。

她說道:「我有恐懼症,我害怕坐飛機。」

我表示:「這位女士,當我進辦公室時,你早已在那張椅子上坐定了。可不可以麻煩你起身走到等候室轉一圈,再回到這間辦公室坐下來?」

她不情願地照着我的話做，我隨即重新再問：「現在請說，你的問題是甚麼？」

　　她說：「我丈夫準備在九月份帶我出國，而我懼怕坐飛機。」

　　我直言相向：「這位女士，當你向精神科醫師求助是不該有所隱瞞的。我對你有某種了解，準備問你一個不愉快的問題。因為如果關鍵事情不透明，你便不可能獲得幫助。即使這個問題似乎與你求助的原意並不相干，我也必須加以澄清。」

　　她回答：「沒有關係，請說！」

　　我於是問：「你先生知道你有外遇嗎？」

　　她驚訝萬分地問：「不知道，但是你怎麼會知道？」

　　我表示：「你的身體語言透露了秘密。」

　　她坐下時腳踝交叉，我無法表現如此姿勢。她的右腿伸過左腿之後，右腳便繞着腳踝處縮攏，狀似完全被鎖住一般，就我的個人經驗來說，凡是有秘密情人的婦女多半會以這種方式鎖着自己。再者，她把「出國」（abord）音節分開，說成了「婊子」（a broad），足以證明他確實有外遇。

例子二：女扮男裝^(註五)

　　曾經有位美麗的年輕女性進入我的辦公室，當她坐定之後，順手揀取袖子的棉絮，一面對我說：「艾克森醫生，我知道我未曾事先和你約好會談時間。我曾經在巴爾的摩會晤過你在那兒的所有朋友，我曾在紐約見過你的同僚，我也前往波士頓與底特律尋求協助，但他們全都不是適合我的精神科醫師。如今，我前來鳳凰城，希望能確定你是否會是適合我的精神科醫師。」

　　我回答：「此事花費不了多久時間的。」

　　我寫下了她的姓名、年齡、住址、電話，問了幾個簡單的問題後即對她說：「女士，我是適合你的精神科醫師。」

「你會不會有些狂妄自大呢？」

我表示：「一點也不，我只不過在陳述一項事實而已。我正是適合的精神科醫師。」

她頗不以為然地說：「你實在未免太過狂傲了。」

我說：「這與狂傲無關，這純粹只是以事論事，如果你想要我提出證明，我將樂於從命，只需要問你一個簡單的問題，就可以證明我是適合你的精神科醫師。不過，你可得想清楚，因為我並不認為你會願意回答我的那個問題。」

他說：「我不同意，請直接問問題吧！」

我於是問他：「你男扮女裝多久了？」

他大吃一驚問道：「你怎麼會知道？」

我確實是適合他的精神科醫師，至於我到底是如何得知他的秘密呢？正是透過他順手揀除衣袖上棉絮的方式看出端倪。身為男人的我，從不抬手臂「迂迴」揀修衣袖上的棉絮，因為我沒有甚麼好避開的。女人卻不然。這位個案揀除衣袖上的棉絮時並抬高手臂，只有男人會有此表現。

當催眠師能夠準確地描述病人的秘密，病人往往會立即相信這位催眠師的確能夠幫助他，這種對催眠師的完全信任，對治療的效果是非常有用的。要成功地讀取病人的心理狀況以及問題，當然需要持續不斷訓練自己的觀察能力以及累積治療個案。你是能夠訓練自己擁有這方面的能力的。

你可能會好奇，我怎樣訓練自己的讀心能力呢？讓我告訴你我的秘密，我會在電視機前觀察一場足球比賽開始前兩隊足球員的面部表情，以及他們在足球場上熱身跑步的姿勢，從而猜出他們的心理狀態。這些線索往往能夠幫助我判斷出比賽的結果。很多人在銀行排隊的時候往往容許時間浪費掉，我可是不會放過這些訓練自己的寶貴時間，我會觀察大部份排隊的人的服飾、手指上戒指的位

置，身上的細微物件，站姿，聆聽他們說話的方式……來猜測他們是擁有怎樣背景的人。我甚至會在羅湖過關的時候，觀察那些海關人員會向甚麼人搜查他們的行李。從而推斷下一位會被搜查的人是那一位。這些訓練能夠幫助你看到別人不能夠看到的東西，你甚至會因為這種訓練而樂此不疲。

在你的日常生活中，充滿了各種各樣的機會訓練你的讀心能力。當你決定用這種方式訓練你自己的時候，你的讀心能力便會不斷提升，你相信你是能夠做到的。

表象系統（Representational System）

建立親和感的另一種方法，就是配合對方的表象系統。人類頭腦的活動包括思考、回憶、發揮創意、分析等，都會透過不同的表象系統而實現。所謂表象系統指的就是：

內視覺（Internal Visual）　　—— 在腦內出現圖像
內聽覺（Internal Auditory）　—— 在腦內出現聲音
內感覺（Kinesthetic）　　　　—— 在腦內出現某種感覺
內嗅覺（Internal Olfactory）　—— 在腦內出現一些氣味
內味覺（Internal Gustatory）　—— 在腦內出現一些味道
內在對話（Internal Dialogue）—— 在腦內出現一些說話

頭腦內出現的這些活動，會無意識地透過眼球的轉動表現出來。換句話說，我們可以透過觀察對方眼球轉動的方向，得知對方頭腦內正在發生甚麼事情。這就是眼球解讀線索（Eye Accessing Cue）。

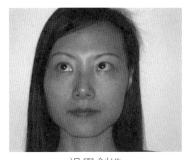

視覺創造
（Visual Construct）

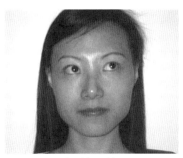

視覺回憶
（Visual Recall）

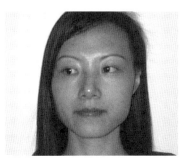

聽覺創造
（Auditory Contruct）

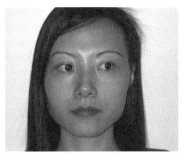

聽覺回憶
（Auditory Recall）

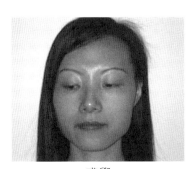

感覺
（Kinesthetic）

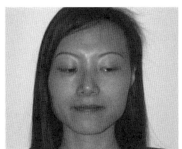

自語
（Auditory Digital）

眼球解讀線索

註：
慣用左手的人此圖左右對換。

眼球解讀練習

找一位朋友，向他 / 她發問以下問題，並集中注意力觀察對方眼球轉動方向。

眼球轉動方向

視覺回想

上次看電視最後出現那位明星？
你的朋友誰的頭髮最長？
你昨天穿的衣服是甚麼顏色？

視覺創造

想像你的家人頭髮變成鮮紅色的樣子是怎樣的？
請想像一個紅色的圓圈放在黃色的盒內。
想像你站出台上演講的情況。

聽覺回想

你家中電話的響聲是怎樣的？
蜜蜂飛過的聲音是怎樣的？
請回想一次嬰兒的哭聲。

聽覺創造

把嬰兒的哭聲降低八度是怎樣的？
把一個巨型木櫃從廿樓推落地面會是怎樣的聲音？
請把一個哈哈袋的笑聲放大十倍。

感覺

把身體靠近暖爐的感覺是怎樣的？

把一塊冰放在手上的感覺是怎樣的？

在北冰洋游泳會是怎樣的感覺？

自語

請你在心內講一次自己參加這個課程的目的。

請在心內背誦一首詩。

請在心內講三句稱讚自己的説話。

除了觀察對方眼球轉動的方向之外，你甚至可以透過對方使用的字眼知道對方正在運用甚麼表象系統，例如：

視覺型用詞	聽覺型用詞	感覺型用詞	自語型用詞
看來	聽來	感到	理解
觀察	和諧	緊張	分析
清楚	寧靜	掌握	邏輯
前景	聽懂	感動	明白
光亮	告訴	無奈	如果
觀點	韻律	把握	資料
樣子	傾談	接觸	判斷
灰暗	溝通	實在	合理
形象	聆聽	控制	考慮

當對方透過圖像、聲音、感覺來思考的時候，我們便能夠透過語言知道對方正在使用甚麼表象系統。對方的語言充份地反映出所

使用的感官途徑。在兩個人溝通的時候，通常會對另一個人使用相同的表象系統語言立即產生好感。當你以相同的表象系統向對方說話時，你就開始以對方的語言說話了。

看看以下的對話，治療師刻意配合了對方的表象系統用語（V—Visual　K—Kinesthetic）：

治療師與丈夫對話：

丈夫：老實講，我真的看不見（V）我的婚姻還有甚麼希望（V）！

治療師：我看見（V）你對於這段婚姻失去希望（V），可以告訴我你對這段婚姻有甚麼看法（V）嗎？

丈夫：我與她根本不能夠溝通，她知道我喜歡整潔（V），可是她總是把房間弄得亂七八糟（V），已經跟她說過很多次了，她還是沒有甚麼改變。

治療師：看來（V）你與她的溝通真的出現了問題，如果改變是有可能的話，你期望（V）這段婚姻有甚麼轉機？

治療師與太太對話：

太太：其實我覺得（K）我們可以給大家一個機會，可是我覺得（K）他有很多方面需要從頭再做（K）起。

治療師：你覺得（K）他有甚麼可以做（K），以致這段婚姻可以出現改變？

太太：其實我真的覺得很煩（K），他下班回家後，總是在看報紙，好像當我不在家中似的，我覺得（K）他從來沒有理會我的感受（K）。

治療師：好像當你不在家中似的，難怪你有這樣的感受（K）。

配合對方的表象系統語言就能夠產生親和感，這個方法不難掌握，但效果非常快速。當你使用對方的語言，你不但能夠使對方覺

得你很了解他，他更感到舒服，這樣，你已經成功了一半。

激發改變的動力

心理治療的過程充滿各種假象。有一些當事人想你幫助他們進行催眠治療，他們的意識是想改變的，可是有些當事人的潛意識仍然未準備好，英文術語叫做「Not ready for change」。對於這類當事人來說，無論你設計甚麼催眠指令都是沒有效果，或者效果不能持久。為甚麼會有這種情況出現呢？一部份原因就是他們已經習慣了與那些症狀相處，害怕出現改變，不知道改變之後生活會有甚麼變化。另外，有很多情況都涉及隱藏得益（Secondary Gain）。隱藏得益的意思就是透過症狀當事人會得到一些好處，以致他們的潛意識不願意去放棄那個症狀。例如有些人透過訴說他們的痛苦，來換取別人的關心。又或者透過不斷進食，來填補心靈的空虛及寂寞。

中國禪宗六祖惠能大師在年少的時候，曾經遠赴蘄州黃梅之東禪院，欲向五祖弘忍大師學法。他對五祖說：「弟子是嶺南蘄新州人，我從遠方而來一心只想學習佛法，其他的一無所求。」五祖竟然說：「你是嶺南人，又是獦獠（一種對野蠻人的貶稱），有甚麼資格學佛？」惠能回答：「人雖然有南北之分，佛性可是並沒有南北之分，獦獠表面上雖然與和尚不同，然而他們佛性又有甚麼分別呢？」五祖對惠能的回答感到驚奇，知道這個小子稟性非凡，決定收留了他。後來惠能成為中國偉大的禪宗六祖，使禪學大放異彩。

五祖說那樣的說話，目的就是要考驗惠能的決心以及悟性。以惠能的慧根，當然明白他的意思。作為一位心理治療師，慈悲心是首要的，可是光有慈悲心並不能幫助當事人，他更需要一把堅硬的

利劍來斷除一切煩惱。

米爾頓·艾克森在決定幫助當事人進行治療之前，往往會首先考驗或者激發他改變的決心。曾經有一次，他在電話中用權威的語氣告訴一位女當事人：「爬過 Squaw Peak 之後再給我電話，告訴我你已經完成。」（Zeig, J.K., 2006）他的學生傑弗瑞·薩德聽見他這樣說覺得不明所以，米爾頓·艾克森告訴他：「她打電話給我想戒煙，我聽見她的聲線有點猶疑。我不想她把猶疑帶進辦公室，所以我給她一個工作，目的就是要測試她的決心。」

曾經有一位當事人找我做心理治療，當她來到我的治療中心，我已觀察到她面帶愁容，就好像失去人生所有希望一樣。當她坐了下來之後，便滔滔不絕向我訴苦，說她自小便沒有人好好地對待她，她的朋友亦對她不好，說她沒有用。她亦表示曾經接受其他輔導，但沒有一個能夠解決她的問題。她在我面前總共連續不斷地說了二十分鐘。我突然在內心有一份直覺，我正在想，她的地圖正在指引她跌入深淵，她講這些說話的動機是要證明沒有人能夠幫助她。我認為是時候喚醒她了。我再問她有沒有男朋友？她說以前曾經有一位很要好的男朋友，但是因為她的負面心態而離開了她。說到這裏她不由自主地落淚。我再問她是否希望將來會有一份很好的感情？她說很想。我繼續用一些強硬的語氣問她，你既然如此想，那麼你還要繼續用這種自我可憐的方式傷害自己直至何時？你是否想未來的男朋友亦好像以往一樣，因為你的負面心態而離開你？我一直用這樣充滿挑戰的方式問她，發現她的態度開始改變。我的目的就是要改變她的價值層級，使她相信堅持證明她沒辦法改變，對她並沒有好處。在治療完結的時候，她的心態已經開始出現正面的改變。

另外一位不能夠拒絕他人的當事人，經常因為答應了別人而感到後悔，甚至失去信譽。我告訴她有一個方法一定可以幫助她改變，可是並不是每個人都願意去做，因為這個方法會引來不舒服的

感覺。我要她用一分鐘嚴肅地考慮是否接受這個挑戰。她認真地想了一分鐘,她告訴我她願意去做。我告訴他:「在這三個月之內,每次你隨便答應了別人,你便要把一塊很重的石頭放在你的手袋中,這些石頭在這三個月來不能夠拿走,而你每日上班必定要使用這一個手袋。假如你沒有放進石頭,每次要罰三千元。」她感到震驚。她問我這些錢是給誰的,我回答說:「當然是給我的。」

我的策略就是要使這位當事人的行為與痛苦連結在一起,而且愈來愈痛苦。因為她有隨便答應別人的傾向,因此我配合罰錢來改變她。當一個人有足夠痛苦的時候,他便會開始改變。

心理治療師的另一個角色是一個激勵者(Motivator),他必須要掌握各種不同的方法,以及策略激發一個人改變的決心。這樣,催眠治療才會比較容易出現效果。

設定催眠目標

設定催眠目標是催眠過程重要的步驟,在我與你分享如何設定催眠目標之前,我想你首先了解人類神經系統的運作,因為這樣能夠使你設定有效的目標,在這裏我使用了自我組織理論(Self Organization Theory)來進行解釋。

人類的神經系統是一個自我組織的系統(Self Organizing System),自我組織理論是一套在 20 世紀提出的理論,由物理學研究的熵(Entropy)理論、神經機械學(Cybernetics)等發展出來。這套理論最早由美國林肯實驗室的 Farley 及 Clark 在他們的論文提出來,後來經過很多不同的學者修正。貢獻最大的是德國不來梅大學的 Dr. Peter Kruse。

自我組織理論指出,一個複雜系統可以透過系統本身的參考系數而獨立運作。例如一部冷氣機、雪櫃可以自動保持恆溫,這

些系統叫做「自我組織的系統」（Self Organizing System）。這些系統透過與外界的互動而產生內在轉化過程（Internal Transition Process），從一個狀態（Starting State）改變到另一個狀態（Ending State）。系統狀態改變的形式並非來自外界，而是來自系統的內在參考系數。這些參考系數被稱為「吸引子」（Attractor）。甚麼是吸引子？舉個例子，大自然是一個自我組織系統。有一個在山頂上的球，它原先是處於一個穩定的狀態。當強風吹過，這個球便會開始滾落山谷之中，最後停留在山谷的深處，然後再一次穩定下來。山谷的地貌就是一些吸引子。自我組織理論稱這些吸引子為「地貌」（Landscape）。

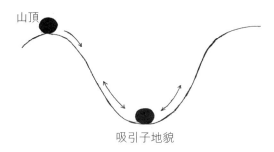

　　讓我作一個比喻，當地下鐵到站打開車門的時候，大量乘客進入車廂內，這個系統便開始了內在轉化過程。每位乘客會透過互動找出最理想的位置，經過一段時間後，每位乘客都在正確的位置穩定下來，系統自動地到達一個自我組織狀態（Self Organized State）。導致這個狀態產生的重要原因，就是與車廂內的地貌有密切的關係。

　　人類的神經系統就是一個自我組織的系統。它透過神經元之間的互動而建立不同的狀態。為甚麼不同的人對於外來的刺激有不同的反應呢？例如有些患上了恐懼症的人看見蛇，便會立即產生驚恐的感覺，而有些人則毫無反應。這就是因為他們的神經系統內有不同的吸引子地貌，導致有不同的自我組織狀態產生。外界出現的事

物只是一些誘因（山頂上的風）。真正產生恐懼的是山谷。與恐懼症相連的山谷愈是深層，那個跌下去的球所產生的回響愈大。對於很多情緒化的人，特別是那些在成長過程壓抑了很多顯著情緒事件的人，他們的神經系統內就是建立了很多不同的山谷。只要有風一吹過，他們的「球」便會掉落各種各樣的山谷之中。這些山谷都是由某種特別方式組合的神經元網絡建構而成。這便解釋了為甚麼很多人都知道思想要正面，要保持情緒穩定，但是總是做不到。原因就是他們那些山谷一直依然存在，還沒有得到改變。

根據自我組織理論，系統的狀態並不一定要直接受外來刺激所主導。只要改變系統內吸引子的地貌，系統回應的狀態便會立即發生改變。催眠首先企圖搖動（Destablilize）已經成形的吸引子地貌（保持系統在現在狀態，Present Sate），安裝新的吸引子，建造新的地貌，使系統轉化成為理想狀態（Desired State）。

「我們並不能夠透過製造出問題的思想來解決問題。」

——愛因斯坦

你是否曾經因為某件事情困擾而感覺無助？你當時是用甚麼策略消除這些困擾的呢？當一個人處於困擾狀態的時候，即表示他欠缺足夠的資源（Resources），包括內在資源（例如自信、勇氣、智慧、新的想法、毅力等……）和外在資源（例如金錢、人事、時間等……）幫助他脫離困擾。換句話說，我們不可能在欠缺資源的系統之內找出資源來解決問題，唯一可行的方法就是擴大資源範圍，使系統得到足夠的資源到達理想狀態。這就是行為改變技術重要的公式：

資源（Resources）

現在狀態
（Present state）

理想狀態
（Desired state）

　　催眠的指令就是一些能夠幫助當事人增加資源的說話，使當事人由現在狀態而轉化成為理想狀態。因此，當你建立了親和感，對當事人的問題有一個透徹的了解之後，下一個重要的步驟就是設定催眠的目標，亦即是使當事人的神經系統達到理想狀態（Desired State）。

　　解決焦點簡快療法（Solution-Focused Brief Therapy）的創始人史提芬・特・沙哈（Steven De Shazer）曾經在他的著作 *Putting Difference to Work*（New York: Norton P.112）中指出，一個有效的治療目標具有以下七種特性：

1) 不要設定太大的目標，小型的目標比較好。
2) 對當事人來說是容易看見的。
3) 能夠準確地描述當事人的行為改變。
4) 對當事人來說是可以達到的。
5) 當事人能夠把達到目標的過程，理解成為他們是需要付出的。
6) 這個目標被形容為「某種事情的開始」，而不是「某種事情的結束」。
7) 這個目標能夠引發新的行為，而不是導致某種行為的消失。

　　符合這七個條件的目標就是能夠把當事人由現在狀態帶去理想狀態。接下來的問題是我們如何找出治療的目標呢？以下的三個問題可以為你設定有效的治療目標：

1）如果這個問題不再存在，你期望有甚麼會發生？

2）你期望這個過程可以為你帶來甚麼改變 / 幫到你些甚麼？

3）想像有一天晚上出現一個奇蹟，在這個晚上你會發一個夢，在夢中你的問題完全得到解決，你在夢境中如何得知你的問題已經解決？在第二天的早上你會覺察到些甚麼以致你知道這個奇蹟得到實現？

第三條問題就是解決焦點簡快療法非常著名的奇蹟問題（Miracle Question）。我通常會加入以下的一條問題，使當事人更加容易找到那個奇蹟，使那個奇蹟對他來說更加真實，或者使他相信真的有可能會實現：

「你會看見些甚麼？聽見些甚麼？出現甚麼感覺？」

找出清晰明確的目標對於治療是非常重要的，因為當治療師與當事人有共同的目標，他們就能夠有效地運用各種資源一起去解決問題。相反，治療目標不明確，或者沒有設定有效的治療目標，就好像在一個森林中迷失了方向一樣，只會浪費治療的時間，更嚴重的是，使當事人對治療失去了信心，這樣會為治療製造很大的困難。因此，一位專業的心理治療師必須在治療開始的時候，小心設定有效的治療目標。正如史提芬・特・沙哈所說：

「如果你在治療的早期提問奇蹟的問題，你經常能夠避免這個問題——就是同一時間有太多目標。」（Michael F. Hoyt, 2004）

種植階段（Seeding）

有關此階段請參考「催眠現象」一章。

導入催眠狀態（Trance Induction）

當你設定好治療目標之後，下一步就是引導當事人從清醒狀態進入催眠狀態，這個過程叫做「導入過程」。你要注意的是，對於一些第一次被催眠的當事人來說，他們可能對於催眠有一些不正確的信念或想法，例如害怕進入催眠狀態之後不能夠醒回來，又或者他們會失去控制，做出一些他們不願意做出的行為等。因此，在把他們帶入催眠狀態之前，我會首先詢問他們對催眠的想法，我會首先糾正那些妨礙他們進入催眠狀態的想法。這樣對整個催眠治療的過程是非常重要的。

在導入的過程中，催眠師所使用的聲調對於當事人進入催眠狀態起着決定性的作用，以下的建議能夠使你發展出有效的「催眠語調」：-

建議	效果
速度較平常說話慢一點。	當催眠師的說話放慢的時候，他便能夠影響帶動對方的韻律、呼吸亦變得較緩慢。
語氣稍為低沉一些。	低沉的聲調令對方更加能夠集中在你的說話內容上，因為他會想聽清楚你在說些甚麼，情況就有如向對方告訴一些秘密一樣。

在重要的字句上改變語調，用一種較柔和的聲調讀出來。	這些改變了語調的字句稱為「隱藏的指令（embedded command）」。聲調的影響力佔了 38%，對方的潛意識因此能夠有效地接收成為命令。例如： 「你現在會愈來愈放鬆。」 「你並不需要刻意容許自己放鬆。」 「當你開始愈來愈放鬆的時候，你會更能夠集中在我的說話上。」
加插停頓	在重要的字句前稍為停頓，能夠建立對方期望你將會說甚麼的心態，從而使重要的字句更加有效地輸送入對方的潛意識中。例如： 「你現在會愈來愈（pause）放鬆。」 「你並不需要刻意（pause）容許自己放鬆。」 「當你（pause）愈來愈放鬆的時候，你會更能夠集中在我的說話上。」

催眠導入有很多不同的方法，每種方法都各有利弊，以下為你介紹三種比較常用的導入方法：

1）漸進式放鬆法（Progressive Relaxation Induction）
2）先跟後帶式導入法（Pacing and Leading Induction）
3）艾爾曼催眠導入法（Elman Induction）

漸進式放鬆法（Progressive Relaxation Induction）

漸進式放鬆法可以說是最基本，亦是最簡單的一種導入法，它的策略就是逐漸放鬆身體的各個部份。這種導入法很適合一些很接受催眠的以及容易放鬆的當事人。

「用一個舒服的姿勢坐在這張椅子上，閉起雙眼，注意你每一下的呼吸……現在，深呼吸一下，呼氣的時候把所有壓力釋放……同時開始放鬆……開始注意你的身體變得愈來愈放鬆，愈來愈舒服的感覺。現在，每當你呼一氣的時候，釋放所有身體上及心靈上的

壓力，容許它們離開，容許它們遠去。每當你繼續呼氣的時候，每呼一口氣都會使你愈來愈放鬆，愈來愈舒服……。現在，開始容許身體上的肌肉放鬆……放鬆你的前額……放鬆眉心……放鬆面部肌肉……對了。現在把注意力放在眼皮上，你的眼皮開始變得愈來愈放鬆，愈來愈放鬆，它們就好像被膠水黏住一樣。你愈想打開它們你愈不能夠打開。現在，容許這份放鬆的感覺蔓延至全身每一個細胞，每一吋肌肉，每條神經……你的頸部及膊頭肌肉亦開始放鬆……你的雙手亦開始放鬆，想像你雙手的手臂、前臂、直到每隻手指都變得愈來愈放鬆，愈來愈放鬆……你的雙腳亦開始變得愈來愈放鬆，愈來愈放鬆。你雙腳上每條肌肉都變得愈來愈放鬆，你大腿的肌肉、小腿的肌肉乃至每一隻腳趾都很放鬆……現在你全身每一個細胞，每一吋肌肉，每條神經都很放鬆……」

先跟後帶式導入法（Pacing and Leading Induction）

本導入法的策略是在當事人的潛意識空間建立一個「yes set」，當對方聽到數句必定是肯定的跟從句子時（pacing statement），他在內心會傾向接受下一句的提示句子（leading statement）。

跟從句子模式：

1. 利用當事人的感官經驗，包括視、聽、感。
   例如：「你坐在這張椅子上。」
   「你聽到我講的這句說話。」
   「你雙腳放在地板上，感受到那份重量。」
2. 利用當事人的說話。
   例如，當事人說：「我想學習放鬆。」可以轉換成「你在這裏想學習放鬆。」

提示句子模式：

使對方進入放鬆狀態的句子。最好運用一些容許性的字眼，例如：能夠、可以、會。

例如：「你可以感受到放鬆。」

「你會愈來愈放鬆。」

「你能夠容許自己放鬆。」

連結詞語：

透過一些連結詞語，例如：同時，當，跟住等把跟從句子及提示句子連結會加強效果。

結構模式：

1. 首先指示當事人用最舒服的姿勢坐在椅子上。背部保持挺直。
2. 深呼吸三次，呼氣時保持緩慢、綿長。在觀察當事人呼氣的同時給予鼓勵：「對了，好好。」
3. 講出四句跟從句子，每句之間稍為停頓，觀察當事人的反應。
4. 用連結詞語講出一句提示句子。稍為停頓，觀察當事人的反應。
5. 講出三句跟從句子，連結詞語及一句提示句子。
6. 講出二句跟從句子，連結詞語及一句提示句子。
7. 講出一句跟從句子，連結詞語及一句提示句子。

艾爾曼催眠導入法（Elman Induction）

本導入法是催眠大師大衛・艾爾曼（Dave Elman）所用的特別方法。這個導入法特別適合一些內視覺能力比較強的當事人，因為這個方法需要應用當事人的想像能力。

「請你合上雙眼。現在，打開雙眼同時望向你的眼簾，然後完全放鬆你的眼皮並合上雙眼。現在，把你的注意力放在雙眼周圍的肌肉上，同時放鬆這些肌肉，放鬆到你雙眼並不能再打開。想像你的眼皮是那樣地放鬆，以致他們不能再打開。你可以試一試……（望着對方雙眼）……對了。現在容許這份放鬆的感覺由眼皮一直流遍全身，直至到你雙腳的腳尖。

等一會我會提起你的（左或右）手手腕。他會變得好似一塊好濕、好重的布一樣。當我提起他的時候，他會變得好似一塊好濕、好重的布一樣。所以當我放開他的時候，他會好似一塊好濕、好重的布一樣跌落大腿上，你的催眠狀態便會加深雙倍。我現在開始提起你的手。（放下當事人的手。）好好。現在你的催眠狀態已經加深雙倍。你的身體好放鬆，你能夠容許自己更放鬆。

等一會你會進入一部明亮的電梯裏面。這部電梯會下降至 level A。Level A 會比你現在放鬆多十倍。當你去到 level A 的時候只需要說出『A』。然後你會降至 level B。Level B 會比你在 level A 放鬆多十倍。當你去到 level B 的時候，只需要說出『B』。然後你會降至 level C。Level C 是最深的放鬆狀態。當你去到 level C 的時候，我會給你一個有用的建議。

現在進入這部電梯裏面，然後開始下降，開始下降去 level A，放鬆多十倍。當你去到 level A 的時候，說出『A』……對了。現在開始下降至 level B。愈來愈深……愈來愈放鬆。……對了。現在準備下降至 level C。開始下降……對了。

『加入建議』

現在，你慢慢地，用你的時間，用你的方式把所有的資源從 level C 帶回去 level B，……對了。然後用你的時間，用你的方式把所有的資源帶回去 level A，然後用你的時間，用你的方式回來這間房，回來這張椅子上面。等一會，我會從一數到十，我每數一下，你會清醒十分之一。當我數到五，你會清醒一半，當我數到十，你會完全清醒，然後打開雙眼。一……二……三（你愈來愈清醒）……四（還有一下你便會清醒一半）……五（你現在已經清醒一半）……六（愈來愈清醒）……七（開始注意房間的環境）……八（還有兩下便會完全清醒，然後打開雙眼）……九……十。你可以慢慢打開你雙眼，回復你清醒的狀態。」

加深催眠狀態的技巧（Deepening Technique）

如果你發現當事人的催眠狀態不夠深的話，你可以使用以下加深催眠狀態的技巧：

1. 「當你每一次呼氣，你的放鬆狀態就會加深，你的身體會變得更放鬆。」

2. 「現在，你可以想像前面有十級向下的梯級。當你每落一級，你會放鬆多一倍。現在開始，一級……兩級……三級……四級……五級……你現在要進入最深的放鬆狀態……十級。」

3. 「等一會你會進入去一部明亮的電梯裏面。這部電梯會由十樓下降至一樓，每下降一層你會放鬆多一倍，當你下降到一

樓時，你會放鬆多十倍。現在，你進入電梯，你看見一排層數指示燈，電梯開始向下降，九樓，八樓，七，六，五，四，三，二，一……（在適當時候加入類似字眼：『愈來愈放鬆，愈來愈深，對了，好好等』）」

4. 「現在把注意力放在全身最放鬆的部份，注意那份放鬆的感覺。容許這份放鬆的感覺擴散去身體上每一個細胞。」

設計有效的催眠指令

有效的催眠指令能夠把當事人由現在狀態帶進理想狀態，催眠指令就是一些重要的資源。當一個人正在催眠狀態之中，他的潛意識會對有效的催眠指令作出正面的反應。由於這些指令會影響潛意識的運作，你必須小心設計這些催眠指令。催眠指令一般來說可以分成為直接指令（Direct Suggestion）及間接指令（Indirect Suggesion）。我不想你一下子學習太多設計指令的方法，你會在米爾頓催眠一章中進一步學到如何設計巧妙的間接指令。對於直接的指令，就是一些簡單而直接的指令，一般來說，這些指令都是描述當事人的理想狀態的。以下九點就是設計直接指令的一些重要的原則：

1. 增加激勵作用

前面說過催眠師亦是一個激勵者。因此，如果你想當事人的潛意識往某個特定的方向走，或者加強某個行為反應，你可以在催眠語句上加入激勵的元素。例如：

催眠師想當事人繼續放鬆下去：

「當你容許自己繼續放鬆下去的時候，你便會愈來愈舒服……」

催眠師想當事人的手上升到面部：

「當你的手繼續上升，你可以容許它接觸面部，你便會進入最深層的催眠狀態，那是一種很舒服的感覺……」

2. 正面敍述

潛意識是不懂得處理負面的說話的，除非你想透過負面的說話帶出正面的信息（你將會在米爾頓催眠一章中學習到這種策略），否則，盡量從正面的角度描述指令。

正確：「我是一個有價值的人。」

不正確：「我不是一個沒有價值的人。」

3. 簡單敍述

催眠指令愈是簡單，它的效果愈好。

正確：「我有一切資源達致目標。」

不正確：「我以往的每一個經驗所學習到的重要及有價值的功課都是一些資源，而這些深藏在我潛意識當中的不可代替的及不可分割的資源能夠幫助我達致目標。」

4. 自我主宰

有時候當事人的理想狀態是要求環境的改變，可是這並不是催眠的目的。催眠的目的是幫助當事人首先改變，進而影響環境。因此，有效催眠指令必然是自我主宰的。

正確：「我很投入我的工作，我能夠很小心地把工作處理好，就算是一些很小的問題我亦能夠察覺，並且處理得很好。我的老闆愈來愈欣賞我。」

不正確：「我的老闆不再挑剔我。」

5. 確切地敍述，並把大型目標切細成為一連串的片段

有關理想狀態的描述愈詳細，潛意識愈能夠往那個方向改變。

正確：「我每天都能夠正面地理解困難。當我遇到挑戰時我能夠勇敢面對。」

不正確：「我每天都會增加自我價值。」

6. 重複地敍述

潛意識對於重複出現的指令會有較好的反應。因此，不妨在你的催眠指令中重複敍述一些重要的字句。重複的方法可以分為三類：

（a）完全一樣地重複：

「我每天都能夠正面地看待自己，我每天都能夠正面地看待自己，我每天都能夠正面地看待自己。」

（b）用類似的說話重複：

「我每天都能夠正面地看待自己，我每天都能夠從不同角度欣賞自己，我每天都會向自己講正面的說話。」

（c）用類似的字眼：

「我能夠集中精神，全神貫注，身心一致地準備考試。」

7. 選擇一個與建議符合的圖像

在這個圖像當中，假若有足夠的視、聽、感，特別是嗅覺的元素在內，則對潛意識來說，這個圖像是真實的。潛意識並不能夠分辨真假，從腦神經學的角度來說，大腦內的某些神經網絡被活化，生理系統因此被推動去接近這個目標圖像。但要注意的是，這些元

素不能夠只偏向於催眠師喜愛的元素，否則對當事人並沒有效果，反而會使當事人對催眠師失去信心。例如：催眠師知道當事人喜愛沙灘的感覺，它便可以設計一段類似以下的指令：

「想像你在一個美麗的沙灘上，天氣非常晴朗，你聽到海浪的聲音，你感受到吹來的海風，同時你嗅到這些海風的清新味道，你感到愈來愈舒服。」

8. 除去不必要的元素

不需要額外加入一些不必要的描述，例如：

「你現在進入一部酒店外牆的玻璃電梯，這電梯每下降一層，你會更放鬆。」

就是一個不適當的指令，因為如果當事人有畏高症的話，這句子並不單止不能夠幫助當事人放鬆，反而會令他更加緊張。因此，正確的指令是：「你現在進入一部電梯，這電梯每下降一層，你會更放鬆。」

9. 每次只做一個目標

每次催眠治療只是做一個目標。記住放大鏡只能每次把太陽光集中在同一點上。

例如：

不正確：「我能夠每天從正面角度欣賞自己，同時我能夠每天保持運動。」

反應框架（Response Set）

　　催眠最首要的目標是增進當事人對催眠指令的反應，「Response Set」是一種經過特別設計的指令，使當事人對指令有正面的反應，米爾頓·艾克森經常使用「Response Set」的策略，他稱之為「Yes Set」。

　　「Yes Set」就是在輸入催眠指令之前，首先輸入一組特別的句子，使當事人透過這段說話較容易接受之後的指令，亦即是建立一個同意的思維。最常使用的方法，是用一系列聽起來不言而喻的道理的句子，這些句子具有普遍性的道理，使當事人沒有任何理由去反對它。當事人的神經系統接受了這段經過特別設計的說話之後，會對接下來的說話比較容易接受。事實上，最影響整個催眠的過程，除了建立當事人對催眠師的信任之外，在於設計有效的、合情合理的反應框架。

例子一：使當事人改變對事情的態度

　　「當你現在繼續聽着我的說話，你可能已經覺察到不同的人，面對同樣的人生會有不同的結果，因為不同的人對人生會有完全不同的選擇及回應的方式。他們對人生有怎樣的想法，就會有怎樣質素的人生，你感到有趣嗎？每個人都要面對壓力，有些人會選擇感到緊張，而有些人則選擇心平氣和去面對，每一個人都可以選擇不同的態度回應壓力。當你現在正在催眠狀態的時候，我要告訴你一件值得高興的事，就是你的潛意識會重新學習面對壓力的反應。」

例子二：激發潛意識的學習本能一

　　「你的潛意識有很多寶貴的資源以及正面的學習經驗。在你還是嬰孩的時候，你的潛意識已經開始幫助你不斷控制及平衡身體的

肌肉，使你能夠站起來行走……這個學習過程是自然的，一點也不需要刻意，你的潛意識擁有天生的學習能力。現在，當你正在催眠狀態的時候，你的潛意識便會開始學習。所以你要做的就是容許你的潛意識幫助你改變行為。」

例子三：使當事人較容易取出潛意識中的資源

「在你過去的人生中，發生過各種各樣不同的事情，你的潛意識有很多很好的學習是你的意識不知道的。很多在你過去的人生對你重要的學習經驗，已經儲存在你的潛意識中。一件值得高興的事情是，當你正在催眠狀態之中，你能夠重新回憶起這些正面的學習經驗……」

設計怎樣的反應棚架完全在乎你的治療目標是甚麼。不同的治療目標需要設計不同的反應框架。想像潛意識就好像一條河流，你要把河水引導到某一個特別方向，你便必須要在那個方向建造一些圍欄，這些圍欄便是反應框架。

後催眠暗示（Post Hypnotic Suggestion）

在一次催眠實驗中，催眠師暗示被催眠者，在他醒來以後，當看見催眠師第九次把手放入口袋時，便去打開窗戶。被催眠者被喚醒以後，催眠師與他在隨意閒聊，並不時地把手放進口袋裏，當到了第九次的時候，被催眠者便起身打開了窗。當晚他為甚麼要開窗時，他說屋內的空氣太悶熱了。其實當時屋內是很陰涼的。^{（註六）}

我曾經催眠過一位學員，使她相信手上的蒸餾水是他最喜愛的香薰油。她的而且確嗅到了香薰油的味道。在我把她帶回清醒狀態之前，我告訴她，這支香薰油會一直放在培訓室的一個角內。當她吃過午飯之後，再次踏進培訓室的時候，便會很自然地再次嗅到這

種味道。她在下午告訴我，她已經忘記了這件事情，可是當她進入培訓室的時候，那種味道又再次出現了。

在上面的例子中，被催眠者的潛意識就好像一部電腦一樣，被催眠師程式化了（Programmed），以致被催眠者能夠準確地，而且是無意識地做出催眠師要他做的動作。

後催眠暗示指的就是一些指令，催眠師透過這些指令幫助當事人在未來某些情境中出現某些理想的行為、狀態、感覺等。我經常在自己身上運用後催眠暗示，就是假設當我看見某一個電視節目的預告短片，我就會立即與我的潛意識溝通，想像在那一天電視節目播放的時間到了，我便立即去開啟電視機。我發現這個方法非常有效，我曾經嘗試指示我的潛意識在一星期之後的某個時間開啟電視機，結果發現自己分秒不差地完成開電視機的動作。其實每一個人的潛意識都有一個非常準確的時鐘，當你用這種方式與潛意識溝通，你便會發現原來你有很大的潛能現在開啟出來。

後催眠暗示有以下特別的結構：

「在稍後的時間，當你在某個情境中的時候，你將會怎樣怎樣……」

例子：

「當你稍後回復清醒狀態的時候，你會感覺到重新充滿能量，感到很精神。」

「當你在下星期一面試的時候，你會感到很鎮定，表現得充滿自信。」

「今晚在你睡眠之前，你會自然回想起今天所發生的開心的事情。」

引出（Out of Trance）

引出的意思就是把當事人從催眠狀態帶返去清醒的狀態。要注意這個過程不要太快，催眠師需要讓當事人有足夠的時間改變狀態，一般來說，你可以用以下一段簡單的說話來完成這個過程：

「等一會，我會從一數到十，我每數一下，你會清醒十分之一。當我數到五，你會清醒一半，當我數到十，你會完全清醒，然後打開雙眼。一……二……三（你愈來愈清醒）……四（還有一下你便會清醒一半）……五（你現在已經清醒一半）……六（愈來愈清醒）……七（開始注意房間的環境）……八（還有兩下便會完全清醒，然後打開雙眼）……九……十。你可以慢慢打開你雙眼，回復你清醒的狀態。」

催眠導入案例

以下的一段催眠導入用語是米爾頓・艾克森的一個真實案例。這個個案是我節錄自 *The Answer within: A Clinical Framework of Ericksonian Hypnotherapy*。（Stephen R. Lankton and Carol H. Lankton p.156）

第一部份：1）引起當事人的注意（黑色斜字使當事人立即集中聽他的說話，因為當事人會在想：「他究竟想講我童年的甚麼事呢？」）

2）利用當事人的經驗製造親和感以及好奇心。

Would you turn your chair slightly? There. Lean back in your chair with your hands on your thighs. And look in this general direction. Don't move. Don't talk. *And I'm going to talk about something that occurred in your childhood* and first went to school. And had to learn to write the letters of the alphabet. It seemed like a terribly difficult task. All those letters. All those different shapes. Do you dot the "e," ... "t" and cross the "l"? And where do you put the loop on the "b" and the "d" and the "p"? And how many humps on the letter "m"? Gradually you formed a mental image of each letter, many mental images because letters are in script and in print, various shapes and sizes. And finally you have mental images located somewhere in your brain and you added mental images of persons and words and numbers and objects and even ideas. Not knowing at the time you were forming mental images.

第二部份：先跟後帶式導入法

While I've been talking to you your respiration has changed, your blood pressure has changed. Your muscle tone has changed. And your muscle reflexes have changed. Close your eyes now and feel the sense of comfort. And the more comfortable you feel the deeper into trance you'll go.

第三部份：安裝反應框架 1（使當事人較容易取出潛意識中的資源）

And in the trance state you can let your unconscious mind (pause) survey that vast array of learnings that you achieve, that you have achieved during your lifetime. There are many learnings that you've made without knowing it. And many of the learnings that were very important to you consciously have slipped into your unconscious mind and have become automatically useful to you. And they are used only at the right time, in the right situation.

第四部份：安裝反應框架 2（利用當事人的經驗引發催眠現象）

Learning to walk was a very difficult task but you achieved it. And now you don't know just exactly how you walk down the street. How you move your feet and your legs, your arm, move your head, how far from the curb you slow down, what buildings you veer toward and what buildings you veer away from. You don't know which way you first move your head when you first reach an intersection. But you will look to the right and to the left and ahead. You'll make a lot of movements. You'll make a lot of movements even if there is no traffic of any kind...

米爾頓催眠治療
(Ericksonian Hypnotherapy)

「你的意識很聰明⋯⋯但你的潛意識更聰明得多。」

——米爾頓・艾克森

米爾頓・艾克森是 20 世紀催眠治療界的領導及傳奇人物，他並沒有師承甚麼名家大師，他很多的治療策略、概念及技巧都是經由自己發展出來的。如果說佛洛伊德是心理治療的理論家，那麼米爾頓・艾克森就是心理治療的實幹者。我曾經閱讀過很多有關米爾頓・艾克森的著作，這些著作使我實在嘆為觀止。你會發現他的某些治療方法是很不尋常的，你甚至不能夠在任何傳統的心理治療學派找到這些充滿創意的方法。這些方法雖然並非來自傳統學派，卻經常呈現出戲劇化的治療效果。

某天，一位中學女生在教室內突然放了一聲響屁。她立即轉身跑出教室，回到了住所，把自己封鎖在屋內。不久，我收到她的一封來信：「你願意處理我的個案嗎？」

我回信表示：「我願意。」她卻來信再次詢問：「你真的願意處理我的個案？」我摸不着頭腦，並再次回信：「是的，我十分願意與你會晤。」

她花二個月時間才鼓起勇氣回信告訴我：「我希望能與你在晚上單獨會晤，我不願意任何人在場看見我。」

我遂接受她的要求並與她會晤。晤談過程中，她訴說在教室中放響屁以及逃出教室，並將自己鎖在房間的事。她同時告訴我她是一個由基督教歸化成天主教的信徒，一般來說，由其他基督教派歸化成的信徒多半非常熱心虔誠，於是我質問她：「你確實是位虔誠的天主教徒嗎？」她確信自己對信仰相當虔誠。

第二次的晤談過程中，我問道：「你既然表示自己是個虔誠的天主教徒，為甚麼竟會侮辱你的天主呢？你應該感到羞愧——愚弄天主卻仍聲稱自己是虔誠的天主教徒！」

她試圖為自己辯護。

我卻表示：「我可以證明你確實對天主不敬。」我隨即向她展示人體的圖解照片，並且特別指出直腸與肛門括約肌所在的位置。

我說道：「人類精於建造各種事物。不過，你想人類有能力控制氣體自由釋出嗎？」接著我又說道：「只有天主可以這麼做，為甚麼你竟不尊重天主的偉大化工呢？」

我並且指示她：「現在，我要你表現出對天主的尊敬。我要你烤一些汽笛豆，並用大蒜與洋蔥當調味料。吃完這些豆子之後，請赤裸身體在你的寓所中享受地唱歌跳舞⋯⋯一面釋出響屁，充份享受天主的奇妙化工。」

她確實依照行事。不久，她結了婚，而我決定拜訪她以了解她的近況。她懷抱着幼兒接待我，並向我表示：「到了該餵奶的時候了。」她與我閒談，整個人的態度完全改變。[註七]

在這個個案中，米爾頓巧妙地把當事人的問題用一種好玩的方式轉化。你可以經常在米爾頓的治療個案中，找到這種具有幽默感的以及歡慶生命的模式。米爾頓的治療模式可是並不限於這種獨有的治療模式，在《不尋常的心理治療》（Uncommon Therapy）一書中，傑‧哈利（Jay Haley）指出米爾頓經常透過各種隱喻與當事人溝通，而且「在隱喻中進行運作，引發改變」。米爾頓不但透過隱喻進行深層的治療，他甚至在日常生活中經常使用一些間接的溝通方法。有一次他的徒弟傑佛瑞‧薩德（Jeffrey K. Zeig）請教米爾頓，說他經常工作過度，做到好辛苦，想他的師父給他建議。米爾頓沒有直接回應他，而是講了一個例子：「當一個人坐下用餐時，他可能會想喝一杯餐前酒，然後再來一客開胃菜。接著，他可能會點一杯清涼飲料，然後他可能會來一份沙拉，接著開始享用主菜，裏面有肉、某種碳水化合物和青菜，跟着，他會再來一份甜品，最後才飲咖啡或茶。」米爾頓然後望着傑佛瑞雙眼說：「人不能單靠

蛋白質過活的。」傑佛瑞的潛意識即時明白其意思，即是人不能老是做工作，工作之餘一定要休息。

另一次傑佛瑞去師父的家中學催眠，他非常好學，米爾頓在下午喜歡看芝麻街，但他卻不斷問問題，米爾頓就對他說自己的身體不方便，他說他的行動局限在屋內，看電視節目是他唯一能將觸角延伸到外面的方法。然後他向傑佛瑞說：「如果我錯過了我的大自然報道，我會發怒。」傑佛瑞聽到之後，便立即離開。

米爾頓經常用這種間接的說話溝通。他很少用直接的方式，這些說話的方式就是一種間接的暗示（Indirect Suggestion）。這種說話方式是很有威力的，因為說話內容繞過了對方的意識，直接與潛意識溝通。從本章開始，你將會學習各種米爾頓的暗示催眠治療方法。

米爾頓・艾克森的催眠原理

米爾頓・艾克森催眠有很多重要的概念。我認為其中一個最重要的概念就是要信任潛意識，他常舉的例子是他在四歲時還未懂說話，家人很擔心他，他的妹妹在兩歲已說話說得很好，但他的媽媽對周圍的人說不用擔心，到時候他便會懂說話，他說這個例子的意思，就是不用擔心甚麼，因為潛意識到時候就會做他要做的工作。

我一位學員，她由於長期使用電腦的關係，得到手腕綜合關節炎，她無論寫字或用毛巾洗面都感到非常痛楚，後來，她在我的課堂學習了自我催眠之後，把自己導入催眠狀態，然後像有一股維他命加鈣的能量在雙手中流過，她想像這股能量化成為很強的黃色的光包圍雙手，並想像那些痛楚經過血液流走了，做完這個自我催眠之後，連續兩個星期之內，雙手已沒有痛楚的感覺。

「當事人會在催眠的過程扮演主動的角色，他會透過他的能力、學習及過去的經驗而改變。」

——米爾頓・艾克森

　　你會發現米爾頓・艾克森催眠是非常強調當事人的潛意識在治療過程中所扮演的主動角色。很多人以為催眠師的工作是要去改變當事人，這其實是一種誤解。事實上，催眠師沒有能力改變任何一個人，而是引導當事人進入催眠狀態，然後引發潛意識的各種資源及能力，真正使當事人改變的是當事人的潛意識力量。因此，作為一位專業的催眠治療師，最基本的要求就是必須信任當事人的潛意識能夠為當事人帶來改變。

　　所以你們學催眠可能現時不知如何運用，不知如何靈活用在工作上面，但當你聽得愈多，多些去用，潛意識在某一個時間自然會使你做到效果，所以你們要多些看書、多些練習、多些聽，自然就學到這一套。

　　現在我再為你介紹這一套催眠的特色，米爾頓催眠有很多不同的策略和原理，我認為最基本的原理有以下三個：

一、合作的原理（Co-operation Principle）

「你和你的對手是一不是二。你們之間有互相依存的關係。你和你的對手共存，然後與他互補，吸收他的攻擊，利用他的力量克服它。」

——一位武術大師

　　對於傳統的催眠來說，催眠師有一種權威，你坐在這裏給我做催眠，催眠師直接向當事人的潛意識輸入指令，例如對於漸進式放鬆導入法（Progressive Relaxation Induction），催眠師會指示當

事人放鬆頭部、左手、右手、右腳、左腳、身體……整個程序是標準化的，催眠師較少理會當事人的潛意識對這一套的接受程度，更不會因當事人的獨特性而調校，不單止導入過程如是，甚至催眠指令也會很標準化。在傳統催眠的概念中，着重當事人接受催眠的程度有多大，接受催眠的程度叫做「可暗示性」（Suggestability）。他們相信有些人很容易入催眠狀態，有些人則較困難，因此，傳統的催眠往往把責任交給當事人。但 Ericksonian 催眠的概念則大有不同，這個學派把催眠師與當事人看成為一個系統，着重大家之間的關係，着重於催眠師導入時講的說話，因應當事人的回應，然後不斷調校自己的策略，整個過程強調彼此的關係。因此，催眠師在催眠的過程所用的策略、所說的話、聲調的轉變等都是非常靈活的，完全依據當事人的回應而改變。這就好像一對參加溜冰比賽的男女一樣。男方的動作是完全配合女方的動作的，催眠師與當事人的關係就好像溜冰場上一對表現得很流暢、很優美的男女一樣。

合作原理背後所把持的信念是沒有兩個人是一樣的（No two persons are the same）。沒有兩個人的成長背景是一樣的，因此沒有兩個人的信念、價值是一樣的。不單只信念和價值不一樣，就是對同一件事情的反應在不同時間也不會一樣。因此，Ericksonian 催眠強調的是當下的反應和彼此的關係。讓我們看看米爾頓對合作原理的觀點：

「A primary problem in all hypnotic work is the induction of satisfactory trance states. The securing of comparable degrees of hypnosis in different subjects and similar trance states in the same subject at different times frequently constitutes a major problem. The reason for these difficulties derives from the fact that hypnosis depends upon inter and intrapersonal relationships. Such relationships are inconstant and alter in accord with personality

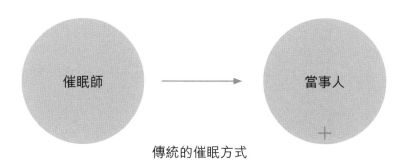

傳統的催眠方式

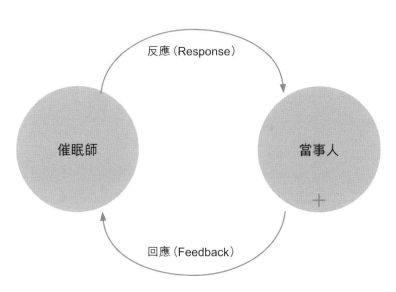

合作原理（Co-operation Principle）

reactions to each hypnotic development. Additionally, each individual personality is unique and its pattern of spontaneous and responsive behavior necessarily will vary in relation to time, situation, purpose served, and the personalities involved...」

（Rossi, E. L., *The collected papers of Milton H. Erickson, Volume I: The nature of hypnosis and suggestions.*, 1980, P.139）

（這段説話較不容易翻譯，保留原著會更加容易明瞭其中的意思。）

二、利用原理（Utilization Principle）

「隨着經過我們的人生，我們透過經驗學到很多重要的東西。我們甚致不知道我們從經驗中學到一些東西……在催眠狀態中一個人可以利用這些學習，目的就是要引導及組織當事人的行為。」

——米爾頓・艾克森

利用原理及稍後介紹的靈活原理都是米爾頓治療的特色。事實上，這兩種原理也是合作原理的一部份，而為了你學習上的方便，我把它們分開來介紹。

米爾頓曾經有一個很有趣的個案，這個個案的當事人就是他的女兒。

我的女兒曾經在小學放學回家後對我說：「爹哋，學校中所有的女孩都流行咬指甲，我也非得趕時髦才行。」

我説過：「當然，你一定不能落伍。我認為趕時髦對女孩來説非常重要。你已經落後其他女孩很多了。她們早已擁有十分豐富的咬指甲經驗。所以，我認為若想趕上其他女孩的話，你得每天花夠長的時間咬指甲才行。我推想你若能每天咬指甲三次，每次十五分

鐘（我提供她鬧鐘），而且在固定的時間來練習，你應該可以趕得上這種潮流了。」

她起初十分熱衷此道。隨後則逐漸開始拖延練習時間。到了某一天，她告訴我：「我決定在學校展開一項新風潮——留長指甲」。

在這個個案中，米爾頓巧妙地把女兒喜愛的行為轉變成為使她感到沒趣甚至煩厭的行徑，你可以在米爾頓的個案中經常發現他利用當事人的行為、症狀等，把這些行為放大來達到治療的效果。這就好像打太極拳一樣，對方把拳打過來的時候，太極師傅並不會打回過去，而是順着對方出拳的方向，把他整個人拉過來這邊，然後對方便會失去重心。

「問題本身即是答案。」

——米爾頓‧艾克森（治療學派取向）

我曾經有一位患上了幻聽的當事人，他經常聽到一些人對他說話，例如要他殺死某個人，或者叫他打另外一個人等。我運用了利用的原理，我用帶點權威的聲調告訴他：「你腦內這些聲音、圖像、說話對我分析你的病情是非常重要的，我想你每天認真把這些聲音詳細地記錄下來，每次這些聲音出現的時候，你必須詳細地記錄下來，每次都要寫兩三張紙。我恐怕你的字跡太潦草，所以我想你在夜晚臨床前用電腦打印出來。下次當我們見面的時候，把這些功課交給我。」過了大約兩個星期之後，那位當事人不好意思地告訴我他實在太忙了，根本無法完全根據我的指示去做，他只記錄了部份的內容。他繼續告訴我，不知道是甚麼原因，他發現他的病情在這兩星期中有緩和的跡象。你知道為甚麼他的病情會緩和嗎？因為他的潛意識知道當這些幻聽出現的時候，又是要做那些麻煩功課的時候了。

米爾頓不單只利用當事人的行為，他更加會在催眠的過程中利用當事人本身已經擁有的能力、過往人生的經驗、學習等……，所有這些有關當事人的特質，會被利用成為催眠的素材。米爾頓之所以這樣做，原因是他相信每一個人都已經擁有一切幫助自己解決問題的資源。有一個例子，有一位女子在美國買藥醫病，但藥很難吃而令她嘔吐反胃，當去藥房買的時候，告訴藥劑師她的情況，藥劑師就對這女子說，在吃藥之前飲杯橙汁會較容易吃那些藥。這位女士真的喝了那杯橙汁。可是這女子後來被告知橙汁內放了那些藥，自此她見了橙汁就產生了很大的恐懼，在街上看見橙的廣告也會嘔吐。後來她找米爾頓做催眠治療，米爾頓就是利用她過去的經驗，把她帶進催眠狀態後，引導她回想在兒時開派對的時候飲橙汁的美味感覺，這種感覺一直被帶回來現在這一刻，這女子即時消除了那份恐懼。（My Voice will go with you）。事實上，因為潛意識是不懂分真假的，當事人回溯返回那個童年的時間，便相信了橙是很好味道的。

　　你還記得我在第一章提及過的那位失眠超過四年的學員嗎？我就是引導她回想過去人生中一些愉快的經驗，她想起與童年時的玩伴在一起嬉戲的愉快時光，然後告訴她的潛意識這種愉快的感覺，會在睡眠的時候繼續陪伴她，使她在整個晚上都會睡得很好。

　　米爾頓經常強調每一個人都有很大量的學習經驗，這是我們的意識不知道的，所以一定要相信自己的潛意識。對於某一些人來說，可能過去的確沒有類似的成功經驗，那我們應該怎樣幫助他們呢？對於這類當事人來說，米爾頓會利用每一個人一些必然擁有的經驗，例如嬰兒學習用兩隻腳走路，作為一種資源，使當事人加強改變的能力。我有一個當事人，由於他經歷很多人生的挫敗，他對未來失去了信心，當我引導他回想過去一些成功的經歷的時候，他的反應是完全找不到。於是我引導他回想嬰兒的時候，他對這個世界感到好奇，開始學習用兩隻腳來走路，但在這個過程中會遇到

一些困難，嬰兒也許會不小心跌低，甚至會因此而哭出來，可是嬰兒透過那份天生的意志以及不斷努力嘗試，最後終於成功。每一個人內心都擁有這份堅毅的力量……我連續講了一大堆類似這樣的說話，當催眠做到這裏的時候，那位當事人突然哭了出來，我觀察他受到感動了，亦即是說那扇改變的大門已經被打開，我立即利用這個機會，輸入一些正面的暗示，例如告訴他，所以無論有甚麼困難，你都擁有力量去面對……。這個過程就是利用了每個人必然擁有的正面經驗，幫助當事人改變。

我們甚至可以利用這些經驗及能力，作為一種反應框架（Response Set），放進催眠暗示的開始部份：

「你的潛意識有很多寶貴的資源以及正面的學習經驗。在你還是嬰孩的時候，你的潛意識已經開始幫助你不斷控制及平衡身體的肌肉，使你能夠站起來行走……這個學習過程是自然的，一點也不需要刻意，你的潛意識擁有天生的學習能力。現在，當你正在催眠狀態的時候，你的潛意識便會開始學習。所以你要做的就是容許你的潛意識幫助改變你的行為。」

「當你正在催眠狀態的時候，你可以容許你的潛意識重新取出他擁有的資源以及過去種種正面的學習經驗。你有很多很好的學習是你的意識不知道的。很多在你過去的人生對你重要的學習經驗已經儲存在你的潛意識中。」

這些說話打開了當事人的學習能力，使他相信在催眠狀態下，都不用透過意識，潛意識是可以很有效地學習到要學的功課。

當催眠師為當事人安裝了這樣一段反應框架，當事人往往很容易便能夠取得過往的各種經驗及學習。所以在設計催眠指令的最初部份，可以先建立一個比較一般性的信念，在當事人相信了之後，才輸入針對問題的指令，由大至細的做下去，一步一步滲入潛意識

裏。這樣的催眠指令便會很有效果了。

　　總的來說，病人的症狀、行為、價值觀、過去的經驗、性格等，所有你觀察到的一切都可以利用作為治療的素材。真正使病人改變的不是我們，而是病人所擁有的一切資源。因此，一位出色的催眠治療師必須建立敏銳的觀察能力。

三、靈活的原理（Flexibility Principle）

　　靈活原理是我對米爾頓催眠治療模式的理解。作為一位艾克森催眠治療師（Ericksonian Hypnotherapist），你的責任是直接進入當事人的世界模式，然後把那些沒有效果的模式擴闊，從而增加當事人的選擇。

　　「病人之所以成為病人，是因為他們跟自己的潛意識失去了親和感……病人是擁有太多程式的人，他們被設定太多的程式以致跟真正的自己失去了接觸。」

—— 米爾頓・艾克森

　　絕大部份的人都不是自由的，除非他們覺知他們是不自由的這個事實，否則他們永遠也沒法得到真正的自由。每一個人對事情的反應、行為、決定都是由潛意識主宰的。我可以舉一個例子：有一個人在過去見工的時候都表現得緊張，因為他的潛意識害怕不能夠回答問題，害怕經理會怎樣評論他……這些反應都是潛意識中的一些程式（Program）在運作。通常當事人的反應是：

　　因為有 A（我要見工）所以有 B（恐懼），他是沒有選擇的餘地的，除非這些沒有效果的程式能夠被修正。艾克森催眠治療師的工作方向是把這些程式修正為：

現在有 A，我仍有很多選擇，我可以 {C，D，E，……}

譬如我可以變得輕鬆自在、可以好淡定，我亦可以好有自信……。

具體的話語結構可以表達成以下的方式：

因為有 A 的發生，你可以有很多的選擇。句式：

「你可以有很多不同的方式……

你可以 B……

你可以 C……

你可以 D……

……

我不知道你的潛意識會為你選擇哪種方式，我能夠肯定的就是你的潛意識會選擇最適合你的方式。」

你不要只是看這些語法的表面，因為以上的語理結構是與當事人的意識以及潛意識同步溝通的。看看這兩句說話：

「我不知道你的潛意識會為你選擇哪種方式，我能夠肯定的就是你的潛意識會選擇最適合你的方式。」

這兩句說話的背後其實包含了一種假設，就是假設了當事人一定會選擇以上任何方式的其中一種，或者幾種反應。這種假設除非刻意說出來，否則當事人是不會知道催眠師背後的動機的。語言中的假設是米爾頓・艾克森在催眠治療過程中經常使用的一種策略。當事人由清醒到催眠狀態中，催眠師已經建立了當事人對他的深層信任。因此，當事人便會根據催眠師的指示作出選擇。

以上述見工作為例子，催眠語句可以設計成為：

「當你在下星期一面試的時候，你可以有很多不同的表現，你可以表現得好有自信，你講的每一句說話都充滿了肯定的語氣，你的眼神給對方一種充滿自信的感覺，對方甚至能夠從你的面部表情感覺到你很有信心。你可以表現得好淡定，無論對方問你甚麼問題，你都表現得很淡定，當你回答的時候，每一句說話都講得很清

楚，他們知道你是一個有能力的人。你亦可以變得好輕鬆又或者感覺到很自然，因為你知道這是一種有趣的經驗，無論結果是怎樣，你也不會介意，因為你知道這是一個很好的學習過程。我不知道你的潛意識會為你選擇哪種方式，我能夠肯定的就是你的潛意識會選擇最適合你的方式，使你對自己的表現感覺到很滿意……」

以上的催眠語句就是要擴闊當事人的選擇，使得潛意識在真實環境中會有不同行為表現。

米爾頓說話模式

米爾頓・艾克森在進行催眠治療的時候，無意識地使用了一些很特別的語言策略。這些說話的模式叫做米爾頓模式（Milton Model）。米爾頓說話模式可以被稱為「檢定語言模式」（Meta Model）的相反模式。檢定語言模式是家庭治療大師維珍尼亞・沙維雅（Virginia Satir）以及完形療法（Gestalt Therapy）始創人費茲士・皮爾士（Fritz Perls）在治療過程向受導者發問一些很特別的問題，找出對方的內心世界，另外又會發問另一組的問題把他們的內心世界重組。稍後我會把兩套語言模式作出比較。

米爾頓模式有三類，就是刪減、扭曲和歸納類。檢定語言模式是透過下砌（Chunk Down）找出對方說話中的深層結構（Deep Structure），而米爾頓說話模式則是透過上堆（Chunk Up）使對方進入恍惚的催眠狀態，從而更容易接受治療師的建議。以下就是為大家介紹這些神奇的語言模式：

一、刪減（Deletion）

刪減的意思就是刻意沒有把某些意思說出來。刪減可以分為虛泛式（Norminalization）、不完整句子（Incomplete Sentence）、名詞不明確（Unspecified Referential Index）、形容詞不明確（Unspecified Adjective）。

1. 虛泛式（Nominalization）

虛泛式是指句子中把動詞變成名詞使用。

例句：「我知道你很想對你的人生有一個提升。」

「提升」本身是一個動詞，在這裏當名詞用，聽的人便會感到很迷糊、很混淆，他會想是指哪一方面的提升呢？是指銀行存款的提升？抑或是我的自信心呢？在這裏並沒有說清楚，一個詞語就製造了一個模糊的催眠狀態。

「這樣是一種很有效的學習。」

學習是指甚麼呢？並沒有說明。

「而你亦知道這些提升會對你人生其他方面構成某些影響。」

「某些影響」究竟是指甚麼影響呢？是對我家庭的影響？是對我事業的影響？在這裏並沒有說清楚，所以聽的人又會很迷糊。

「我能夠肯定的是你的潛意識擁有那些資源，這些資源能夠幫助你得到真正的自由。」

自由不屬於虛泛式，但自由也是很 chunk up 的，實質也沒有說出自由是怎樣的。

2. 不完整句子（Incomplete Sentence）

這些句子只是講一半，往往是用動詞作完結。

「當你愈來愈放鬆的時候，你潛意識會開始學習。」

並沒有說明要學習甚麼呢？這樣會令人很混淆。

「當你容許這樣做的時候，你便會慢慢發現。」

發現甚麼呢？也是沒有說明的。這樣會使對方很想知道你究竟想說甚麼，而他這個集中的狀態，就是一個催眠狀態。催眠師可以接着利用該動詞設計一個催眠的指令。例如：

「當你愈來愈放鬆的時候，你潛意識會開始學習……學習回憶起愉快的片段。」

「當你容許這樣做的時候，你便會慢慢發現……發現你開始進入催眠狀態。」

3. 名詞不明確（Unspecified Referential Index）

句子中的一些名詞沒有說明他的真正含義。

「你開始注意到某些感覺。」

沒有說明某些感覺其實是甚麼感覺呢？

「有些人會比較容易用這樣的方式進入放鬆狀態。」

這樣的方式是指甚麼的方式，很虛泛，不知道究竟是說甚麼。

「每一個人的潛意識都有這樣的功能。」

也沒有說明是甚麼功能。

4. 形容詞不明確（Unspecified Adjective）

沒有說明句子中的形容詞是甚麼意思。

「你現在聽我在說 Milton Model 的時候，你會感到好奇。」

我沒有清楚講明好奇些甚麼呢？

「他們都很雀躍。」

有甚麼是雀躍的呢？

「我知道你一定會感到有趣。」

沒有講到對甚麼有趣呢。

「我説了這麼久，你可能會感到很迷惘。」迷惘就是一個形容詞不明確。

二、扭曲（Distortion）

扭曲類就是把沒有邏輯關係的元素，透過説話而連結在一起。雖然是沒有邏輯，但聽者是十分接受，尤其是講者是有權威性的，或催眠者與被催眠者建立了一份深層的關係。扭曲類包括猜臆式（Mind Reading）、因果式（Cause-Effect）、複合等同（Complex Equivalent）、假設式（Presuppositions）、雙重約束（Double Bind）、覺察的假設（Awareness Predicates）

1. 猜臆式（Mind Reading）

催眠師猜測當事人的內心正在想些甚麼。
「你或許想知道我跟着會説些甚麼。」
「你對催眠感到好奇。」
「你相信你能夠改變。」

2. 因果式（Cause-Effect）

句子中的前半部是因，導致句子的後半部（果）。句子中經常出現因為、所以、使你、當你……便會……等的連接詞。
A → B
「你正坐在這張沙發上，你開始慢慢放鬆。」
「每次的呼氣都會使你愈來愈放鬆。」
「這些音樂會幫助你慢慢放鬆。」
「當你用心學習米爾頓催眠模式的時候，你很快便會成為一流的催眠治療師。」

「因為你參加了這個的課程，你對你的人生是很在乎的，所以你會有很大的決心去改變你的人生。」

3. 複合等同（Complex Equivalent）

把兩件沒有必然關係的事情在中間劃上一個等號。

A=B

「你來到我這裏，證明你的潛意識很想改變。」

「你能夠問這個問題，就表示你已經有一個答案。」

「與潛意識溝通就是開啟你內在的智慧。」

4. 假設式（Presuppositions）

4.1 時間上的假設（Subordinate Clauses of Time）

「在你決定參加這個課程之前，請先把這篇課程介紹了解一次。」

假設了他會參加課程。

「當你正在繼續放鬆全身的時候，你能夠感受到更舒服。」

假設他正在放鬆。

「在你開始進入催眠狀態之前，先用一個舒服的姿勢坐在椅子上。」

假設他會進入催眠狀態。

「你可以繼續放鬆下去。」

假設他已是放鬆了。

4.2 次序上的假設（Ordinal Numerals）

會多用首先，跟着，然後，⋯⋯等的字眼。

「你或者會在想你的左手或者右手會首先放鬆。」

假設手會放鬆。

「當你的右手放鬆的時候，你的左手亦會跟着放鬆。」

假設左右手會放鬆。

4.3 雙重約束（Double Bind）

使當事人在兩者之中作出選擇，不會容許第三種選擇。

「當你正在繼續放鬆全身的時候，你會選擇放鬆多一倍或放鬆多兩倍？」

「你想呼吸再放慢一些抑或再自然一些？」

「你想用這樣的方式繼續放鬆下去，抑或想用一種更舒服的方式放鬆下去？」

「你想在這張椅子抑或那張椅子上進入催眠狀態？」

4.4 覺察的假設（Awareness Predicates）

催眠師假定當事人已經覺察到一些事物。句子中經常出現覺察、注意、留意、知道等字眼。

「我正在想，你可能已經覺察到你的潛意識已經開始了學習的過程。」

「你知道你能夠進入很多不同的催眠狀態。」

「你可能已經注意到身體放鬆帶來的舒適感覺。」

三、歸納類（Generalization）

歸納類認定所有情況都會一樣的，就是要把當事人的選擇引導至某一個特定的方向。歸納類包括整體性數量詞（Universal Quantifiers）、能力限制式（Modal Operators）、價值判斷式（Loss Performative）。

1. 整體性數量詞（Universal Quantifiers）

句子中經常出現每一個、所有、每次、永遠、完全總是等字句。

「所有聲音都會幫助你進入催眠狀態。」

「每一個人都能夠放鬆。」是很間接的說話。

「每次經驗都有值得學習的地方。」

「你身體的所有感覺都告訴你已經開始放鬆。」

「你在過去學習到的一切都是那樣奇妙。」

2. 能力限制式（Modal Operators）

增加或減少當事人的選擇。句子中經常出現能夠、可以等字眼。

「你能夠放鬆」

「你可能已經發現你不能夠打開雙眼。」

「當你坐在這張沙發上，你可以慢慢放鬆。」

「你能夠容許自己放下那些憂慮。」

3. 價值判斷式（Loss Performative）

說話中表示一種判斷，但並沒有說明是誰人說的。

「放鬆是一個很舒服的過程。」

「放下對過去的執着是好的。」

「笑是好的，這樣可以使你更放鬆。」這也是用了先跟後帶。

為了方便你學習米爾頓模式，以下我把檢定語言模式以及米爾頓模式作一比較，你便會知道兩者相同以及不同的地方。

檢定語言模式	米爾頓
透過下砌（Chunk Down），找出對方說話中的深層結構（Deep Structure）。	透過上堆（Chunk Up）使對方進入催眠狀態，從而更容易接受治療師的建議。
（一）刪減類（Deletion）	
	就是在一段說話之中，說話者刻意地保留某些意思沒有說出來。由於人類的大腦總要尋求完整意思的傾向，這樣的方式使對方的意識進入一種模糊的狀態，亦即是催眠狀態。
1　名詞不明確式 （Unspecified Nouns） 句子中的主詞、受詞不明確 【問詳細一些】 *他們* 把我搞瘋了【他們是指甚麼人？】 買些*生果* 返來招呼客人【你想要甚麼生果？】 *那些人*想害我【甚麼人？】 這公司需要*人才*【需要怎樣的人才】 請個合*適的人*返來【怎樣才是合適的人？】	名詞不明確 （Unspecified Referential Index） *這樣* 是一種很有效的學習 你開始注意到*某些感覺* *有些人*會比較容易用這樣的方法進入放鬆狀態
2　形容詞不明確式 （Unspecified Adjectives） 【形容形容詞】 他好*煩*！【他怎樣煩？】 我覺得自己*好貧窮*。【你如何貧窮？】 肺炎擴散情況*嚴重*。【嚴重至甚麼情況？】	形容詞不明確 （Unspecified Adjective） 我知道你*很好奇*。 他們都很*雀躍*。 我知道你一定會感到*有趣*。
3　動詞不明確式 （Unspecified Verbs） 一句之中動詞所描述的行為不夠清晰。 【問對方動詞背後是甚麼意思】 他們*不尊重* 我。【他們怎樣不尊重你？】 快些*搞掂* 這件事【你想件事怎樣搞掂？】 他*傷害* 了我【他怎樣傷害你？】	不完整句字 （Incomplete Sentence） 就是語句中沒有清楚地表達動詞要達成的結果。 當你愈來愈放鬆的時候，你潛意識會開始學習。每一個人的潛意識都有這樣的功能，當你容許他這樣做的時候，你便會慢慢發現。

4	虛泛式（Nominalization） 句子中某些字眼意義不清晰，或者屬於名詞化動詞。【把字眼的定義搞清楚。】 我們缺乏*溝通*【你期望中的溝通是怎樣的？】 這裏沒有*自由*。【你想要怎樣的自由？】 他們對我沒有*尊敬*。【你想他們怎樣尊敬你？】 根據*專家 分析*，每日至少要飲八杯水。【那些專家是甚麼人？】	虛泛（Nominalization） 句子中某些字眼的意思是可以很闊的，但說話者刻意沒有說出這些字眼的確切意思。這些字眼往往以名詞化動詞的方式出現。 我知道你很想對你的人生有一個提升，而你亦知道這些提升會對你人生其他方面構成某些*影響*。我能夠肯定的就是你的潛意識有那些*資源*，這些*資源*能夠幫助你得到真正的*自由*。
5	簡單刪減式（Simple Deletion） 句子之中一部份的意思被刪去。 【找出刪減的部份】 我不甘心【你不甘心甚麼？】 他們不對【他們做了甚麼？】 我很後悔【你後悔些甚麼？】	
6	比較刪減式 （Comparative Deletion） 句子有個衡量的標準，但沒有說出來。 【找出衡量的標準】 X 牌啤酒是最好飲的！【用甚麼標準衡量】 他比較成熟！【在那一方面？跟誰人比較？】 這牌子比起其他牌子更適合你。 【在那一方面？】	

檢定語言模式	Milton Model
（二） 扭曲（Distortion）	
要有親和感，要有信任，運用恰當語調，要覺察其價值。	就是把沒有邏輯的元素透過說話把他們連結在一起。雖然沒有邏輯的理據，但聽者會很容易接受，特別是講這些說話的人帶有權威，又或者催眠師與接受催眠者已經建立了一份深層的信任關係。
1　猜臆式（Mind Reading） 聲言知道另一個人的想法或感覺。 【尋找出猜臆的來源。】 你不喜歡我。【你怎知道我不喜歡你？】 他會不同意這份建議。【何以見得？】 他想向我打主意。【有甚麼發生令你這樣想？】	猜臆式（Mind Reading） 你或許想知道我跟着會說些甚麼。 你對催眠感到好奇。 我知道隨着每一次的呼氣，你一定會愈來愈放鬆。
2　因果式（Cause-Effect） 認為一件事的出現導致另一些事情的產生。句子中往往出現*因為*、*所以*、*使到*、*但是*、*可是*等連接詞。 【（a）找出因果之間的關係。（b）舉出相反例子。】 我搞到咁都係因為你啦！【我做了甚麼使你搞到咁樣？】 經濟差使到生意難做。【怎樣經濟差都做到生意？】 我很想成功，但是我冇學歷。【很多富豪都冇學歷。】 天氣差所以我冇心機做嘢。【天氣差如何使你冇心機做嘢？】	因果式（Cause-Effect） 因為你正坐在這張沙發上，所以你會慢慢放鬆。 每次的呼氣都會使你愈來愈放鬆。 當你用心學習米爾頓催眠模式的時候，你很快便成為一流的催眠治療師。 這些音樂會幫助你慢慢放鬆。 你的呼吸改變了速度，因此你會更有效與你的潛意識溝通。
3　相等式（Complex Equivalent） 把兩個意思看成為等同。【找出其他意思】 不贊成就是反對。【除了反對之外，不贊成還有甚麼意思？】 他不打電話給我就是不愛我！【如果他不打電話給你並不表示他不愛你，會是甚麼情況？】 遲到就是不尊重。【怎樣遲到會是不尊重？】	複合等同（Complex Equivalent） 你來到我這裏，證明你的潛意識很想改變。 你每眨一下眼睛，就表示你進入更深的催眠狀態。 你能夠問這個問題，就表示你已經有一個答案。 與潛意識溝通就是開啟你內在的智慧。

4	假設式（Presuppositions）	假設（Presuppositions）
	句子的背後假設了某個意思。【找出沒有說出的假設】	（a）時間上的假設 （Subordinate Clauses of Time）
	為甚麼你不關心我？【我甚麼時候不關心你？】 努力些工作就唔被裁啦！【你怎知我沒有努力工作？】 有戴口罩就唔會感染啦！【你怎知我沒有戴口罩】 不會又再騙我吧？【甚麼使你認為我騙過你？】	在你決定參加這個課程之前，請先把這篇課程介紹了解一下。 當你正在繼續放鬆全身的時候，你能夠感受到更舒服。 在你開始進入催眠狀態之前，先用一個舒服的姿態坐在椅上。 你可以繼續放鬆下去。
	當你決定購買，這是最好的決定。【我還沒有決定。】	（b）次序上的假設 （Ordinal Numerals） 你或者會在想你的左手或者右手會首先放鬆。 當你的右手放鬆的時候，你的左手亦會跟着放鬆。
		（c）雙重約束（Double Bind） 當你正在繼續放鬆全身的時候，你會選擇放鬆多 20% 或放鬆 30%？ 你想九時睡覺還是十時睡覺？ 你想下星期二或下星期四簽署這份文件？ 你想用現金還是信用卡付款？
		（d）覺察的假設 （Awareness Predicates） 我正在想，你可能已經覺察到你的潛意識已經開始了學習的過程？ 你是否知道你過去曾經進入很多不同的催眠狀態？ 你可能已經注意到身體放鬆帶來的舒適感覺。

檢定語言模式	Milton Model
（三）歸納類（Generalization）	
	催眠師透過一些說話增加或減少對方的選擇。
1 以偏概全式 （Universal Quantifiers） 以單一經驗認定所有情況都是如此。 【找出相反理據、例子】 沒有一個政客是好人。【難道孫中山也不是好人？】 他從來沒有關心我。【從來？甚至那次你病倒嗎？】 你每次都做不來。【你似乎忘記了上次我的成功。】 冇一個男人是好人！【試想想，如果有的話，哪一個你曾認識的男人是好人？】	整體性數量詞 （Universal Quantifiers） *所有*聲音都會幫助你進入催眠狀態。 *每一個人*都能夠放鬆。 *每次經驗*都有值得學習的地方。 你身體的*所有感覺*都告訴你已經開始放鬆。 你在*過去學習到的*一切都是那樣奇妙。
2 能力限制式（Modal Operators） 可能性（Modal Operators） 包括*不可以*、*不可能*、*不能*等字眼。 a.「可能性」句子顯示了說話者的限制性信念。 【找出限制性信念的原因，從而改變信念。】 我不可以放鬆。【甚麼令你不可以放鬆？】 我不可能忘記他！【甚麼令你不可能忘記他？】 我不能集中精神。【甚麼令你不能集中精神？】	能力限制式（Modal Operators） 你*能夠*放鬆。 你*可能*已經發現你*不能夠*打開雙眼。 當你坐在這張沙發上，你*可以*慢慢放鬆。 你*能夠*容許自己放下那些憂慮。

	b. 需要性 （Modal Operator of Necessity） 包括*必須、應該、一定*等字眼。 「需要性」的句子表達了說話者的規條，把信念、價值加諸對方身上，限制了對方的選擇。 【找出其他可能性結果。破解對方的信念。】	
	你必須每天給她一個電話！【我不這樣做並不代表不愛她。】 你不應該如此做。【我這樣做會有好處。】 他一定要比別人成功！【他不與人相比有甚麼好處？】	
3	價值判斷式 （Judgement or Loss Performative） 句子表明了一個價值的判斷，但沒有說出來源。 【找出來源。找出或指出背後的信念。】	價值判斷式（Loss Performative）
	人都係自私。【誰說的？】 這樣做真的很蠢。【這只不過是你的想法。】 你這樣做是錯的。【你憑甚麼這樣說？】	放鬆是一個很舒服的過程。 放下對過去的執着是好的。 懂得從錯誤中學習是好的。

以下是其他句式，不屬於上述三個範疇的。

1. 隱藏的指令（Embedded Command）

米爾頓在進行催眠的時候，運用了大量對方的意識不能夠察覺的指令（Suggestion）。當他要說這些指令的時候，他會刻意改變聲調，語氣甚至面部表情，從而間接地透過這句指令與對方的潛意識說話。這些指令雖然表面上看來很簡單，但是具有非常強大的力量。以下列舉一些使用隱藏指令的方法（黑色字體是隱藏指令）：

a. 與對方直接溝通

「在開始之前，Raymond，你可以**放鬆你的身體**。」

「你可以想像**開始進入催眠狀態**就等於放鬆。」

「當你正在聽着我說話的時候，你可能已經**開始容許自己放鬆**。」

b. 使用引述（Quote）

講一些例子，或引用其他人的經驗。這是一種很高明的催眠技巧，因為催眠師一方面把當事人的注意力放在那些例子以及其他人的經驗上，但事實上在另一方面催眠師同時與對方的潛意識溝通，間接指示潛意識工作。

「很多人說，用一個最放鬆的姿勢坐在椅子上是最容易**進入催眠狀態**。」

「催眠狀態就好像一個人在大自然之中，吸入新鮮的空氣，他便會很自然地**開始感覺到舒服及放鬆**。」

「我有一位當事人，當他坐在這張椅子上的時候，他便**慢慢開始進入催眠狀態**。」

c. 與任何一種米爾頓模式合併使用

例子	所運用的米爾頓模式
「任何人都能夠**進入催眠狀態**。」	整體性數量詞（Universal Quantifiers）及能力限制式（Modal Operators）
「或者你會**開始感覺到好奇**，你會在甚麼時間**進入催眠狀態**。」	讀心法（Mind Reading）及形容詞不明確（Unspecified Adjective）
在你**開始放鬆**之前，請先用最舒服的姿勢坐在這張椅子上。	時間上的假設（Subordinate Clauses of Time）

聲調的運用對於隱藏指令是非常重要的。在句子的結尾，當你提高聲調的時候，那句說話便會變成一個問題（Question）。假如用一種水平的聲調（Level Tone），那句說話便會變成一句普通的敘述（Statement），如果你降低聲調的說話，那句說話便會變成一個命令（Order）。

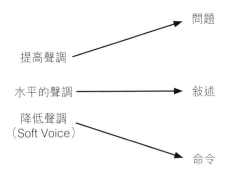

你需要特別降低隱藏指令的聲調，使那句說話對當事人來說成為了一個命令。不單止要降低聲調，你更加要完全相信那句說話能夠成為一個命令，這樣才有效果。否則，這句說話不單止沒有效果，更加會使當事人感到奇怪。看看米爾頓對於他這種能力的描述：

「是的，對潛意識所說的字句會用一種較柔和的聲線。我用一種聲調向意識說話，同時用另外一種聲調向潛意識說話。」（Erickson & Rossi, The Collected Papers of Milton H. Erickson on Hypnosis. Volume I, P.438）

隱藏指令是米爾頓模式其中一個最有特色的說話方式。除非你能夠掌握運用隱藏的指令，否則你仍然不算是一位卓越的催眠治療師。事實上，任何一位決定運用隱藏指令的催眠師都能夠發現，這種非比尋常的溝通的方式，確實能夠帶來很好的治療效果。

2. 反面指令（Negation）

試看看下面的説話：

「現在，不要去想一隻粉紅色有黑色斑點的大象，不要去想一隻粉紅色有黑色斑點的大象，你想甚麼都可以，就是千萬別要想一隻粉紅色有黑色斑點的大象⋯⋯」

你想了甚麼？一隻粉紅色有黑色斑點的大象！人類神經系統的運作很原始，就好像一個好忠心的僕人，他會幫助你執行你的指令。所以神經系統要做到不去想一隻粉紅色有黑色斑點的大象，他第一時間就會去想一隻粉紅色有黑色斑點的大象，這就像我叫你千萬不要掉下那個黑洞，為了不掉下那個黑洞，你首先要做的就是設法找出那個黑洞。因此，催眠師可以透過一些相反的説話配合隱藏的指令，迫使對方的大腦出現那句隱藏的指令，從而帶出正面的效果。

「你並不需要刻意**放鬆你自己**。」

「在這個放鬆的過程中，你並不需要太快**進入催眠狀態**⋯⋯」

「我不會告訴你**進入催眠狀態是一個很自然的過程**⋯⋯」

「我不知道你會在甚麼時候**進入催眠狀態**⋯⋯」

3.「我正在想」（I am wondering...）

這句簡單的句子，可以把當事人帶入一種好奇的心理狀態，使他的潛意識亦在想你正在想些甚麼。這本身已經是一個催眠狀態。

「當你正在繼續放鬆全身的時候，我正在想，你會選擇放鬆多 20% 或放鬆多 30%？」

「當你正坐在這張椅子上，我正在想，你會進入一種甚麼程度的催眠狀態。」

「我正在想，你打算首先放鬆你的左手，或者放鬆你的右手。」

「你的潛意識可以為你選擇進入一個輕度的催眠狀態，或者進入一個中度的催眠狀態，又或者進入一個深層的催眠狀態，我正在想，那種催眠狀態會最適合你。」

4. 含糊（Ambiguity）

句子中的一些詞語或語句可以有兩種不同的意思。聽者會出現一種模糊的感覺。

a. 字面上的含糊

「在森林的晚上，有很多星星（猩猩）出現。」
「他是一個神經科學家。」
「你可以容許你自己在課程中出現 Trance Formation（Transformation）。」

b. 文法上的含糊

「我想你現在注意你的左手給了我一個信號。」
「你現在開始放鬆帶來舒服的感覺。」
「我想你注意你現在放鬆的感覺是一種很自然的過程。」
「列子展現他的箭術給伯昏無人看。」（指伯昏無人這個人抑或無人看射箭？）

5. 反問（Tag Question）

試圖問對方答案一定是「肯定」的問題。在對方的潛意識世界中製造一種肯定的狀態。從而使對方更加接受催眠師跟着要說的話。

「證明自己是一個成功的人不是比起證明自己是一個失敗的更加好嗎？」

「成功的人往往會想出一些原因使自己相信能夠做到，你會這樣做嗎？」

「你會容許自己放鬆，你可以嗎？」

6. 利用結合（Utilize Incorporation）

當在催眠的過程發生任何事情，都可以立刻利用作為催眠的內容。

發生的事情	催眠內容
治療室內聽見街外汽車經過的聲音。	你聽到汽車的聲音，這些聲音能夠使你在這裏聽到我的聲音感覺到更加舒服。
當事人突然笑了出來。	笑是好的，因為這樣能夠幫助你更加放鬆。
當事人突然哭了出來。	你回到那個年紀使你哭了出來，你可以多謝你的潛意識在這麼多年來用他的方式來保護你及成長。

這些說話的方式就好像練習合氣道一樣，無論對方出甚麼招式，我們都可以利用來改變對方攻擊的方向。作為一位優秀的催眠師，他亦是一位優秀的頭腦合氣道（Mental Akido）高手。

7. 選擇性的違反（Selectional Restriction Violation）

說話中的一些物件出現人類的感覺或情緒。

「這張椅子開始感覺到放鬆。」

「森林中的樹木享受到微風送來舒適的感覺。」

「石頭感到很開心。」

8. 意識及潛意識抽離（Conscious/Unconscious Dissociation）

前面的一句運用了讀心法（Mind Reading），是描述意識的，後面的一句是講潛意識的。本句式亦同時運用了先跟後帶（Pacing and Leading）的方法。這種句式對於一些很理性，或者對催眠信心不足的當事人來說是很有效的。兩句之間會使用同時、而、另一方面等連接詞。

「你的意識正聽到我的說話，而你的潛意識已經開始幫助你慢慢放鬆。」

「你的意識可能感到緊張，而你的潛意識知道現在是最適當的時間放鬆。」

「你的意識可能懷疑是否真的可能改變，同時你的潛意識已經一早展開了改變的過程。」

「你的意識或者會在想如何做到，另一方面你的潛意識已經學會了如何達到這個目標。」

米爾頓催眠案例

以下是我曾做過的一段米爾頓模式的導入過程，右邊是有關所用到的米爾頓模式的註解（T 代表治療師，C 代表當事人）：

T：憑你的感覺，你認為你在這張椅子抑或那張椅子上比較容易進入催眠狀態？ ← 雙重約束

C：（當事人選擇了其中一張，催眠師指示她坐下。）

T：在你**進入催眠狀態**之前，你現在有甚麼感覺？ ← 隱藏指令

C：有些少緊張。

T：唔，有些少緊張，這樣是正常的。你期望在這個過程中你會釋放緊張抑或會慢慢放鬆？ ← 先跟後帶 ← 雙重約束

C：我不知道……希望會放鬆。

T：希望會放鬆……好好。你想現在體驗放鬆的感覺嗎？ ← 反問

C：（點頭）。

T：**開始放鬆之前**，我想你用一個最舒服的姿勢坐在這張椅子上……對了，因為這樣能夠使你體會**慢慢開始放鬆**的感覺……對了。
現在，我想你把注意力放在呼吸上面……注意每一次的吸氣及呼氣……你可以用一種自然以及舒適的方式呼吸，呼的時候保持緩慢以及綿長……對了。很多人都是用這種方式**開始放鬆**……現在，你是否留意到些甚麼呢？ ← 時間上的假設 ← 因果式，隱藏指令 ← 能力限制式 ← 整體數量詞 ← 隱藏指令

C：我感覺到開始放鬆。

T：好好，這即是表示你的潛意識已經容許你**稍後進入催眠狀態**。當你坐在這裏的時候，你可以容許自己繼續放鬆下去。在稍後的催眠過程中，你根本上**不需要刻意放鬆你自己**，就好像你在剛才放鬆的過程中，你只是順其自然，你便會慢慢放鬆。現在，你是否已經準備好進入催眠狀態？

      ← 利用結合
      ← 先跟後帶，隱藏指令
      ← 能力限制式

      ← 反面指令

C：（點頭）。

T：好好。在催眠的過程中，所有能夠進入催眠狀態的人都會選擇閉上他們的眼睛，因為這樣你會更容易集中。所以你亦可以首先閉上雙眼……好好。
我想你繼續注意自己的呼吸，你可以用一種自然以及舒適的方式呼吸，呼的時候保持緩慢以及綿長……對了，就好像剛才一樣。我想你同時留意自己慢慢放鬆的感覺……你的意識正聽到我的說話，而你的潛意識已經開始幫助你**慢慢放鬆下去**。你的意識可能對我所說的話感到好奇，而你的潛意識正在**放鬆你身體的肌肉**。我正在想，你的意識或者正在想你要怎樣做才會變得更加放鬆，而你的潛意識知道如何**繼續放鬆身體的肌肉**，使你**進入更放鬆的狀態**。從現在開始，你每呼一口氣，你會變得愈來愈放鬆，愈來愈放鬆……在這個放鬆的過程中，你並不需要刻意放鬆你自己，因為

      ← 整體數量詞

      ← 因果式

      ← 能力限制式

      ← 覺察上的假設

      ← 雙重抽離
      ← 隱藏指令，雙重抽離
      ← 隱藏指令
      ← 我正在想，雙重抽離

      ← 隱藏指令
      ← 因果式

      ← 反面指令

放鬆是一個很自然的過程，每一個人都可以放鬆。現在，你可能已經注意到身體放鬆帶來的舒適感覺……你可以用很多種不同的方式**繼續放鬆下去**。例如，你可以很舒服地放鬆下去，又或者你可以緩慢地放鬆下去，又或你可以很自然地放鬆下去，我並不知道你的潛意識會為你選擇那一種方式，我唯一能夠肯定的就是，你的潛意識會選擇一種最適合你的方式使你**繼續放鬆下去**。當你的身體愈來愈放鬆的時候，我正在想，你或者會感到好奇你的左手抑或你的右手會首先進入更深層的放鬆狀態？

當你發現其中一隻手變得愈來愈放鬆的時候，我正在想，另一隻手會在甚麼時候變得愈來愈放鬆？你或者已經開始好奇，跟着放鬆的是那一個部份？會不會是你的右腳？你的左腳？會不會是你的眼皮又或者是身體上其他部份？我不知道你亦不知道你的潛意識會選擇放鬆那一個部份，你只需要**容許你的潛意識繼放鬆下去，容許你的潛意識用他的方式繼續放鬆**，繼續把放鬆的感覺蔓延開去全身每一個部份，使你身體上每個細胞、每條神經都充滿了放鬆的感覺……

- ← 覺察上的假設，讀心法
- ← 能力限制式
- ← 隱藏指令
- ← 靈活原理

- ← 隱藏指令
- ← 時間上的假設
- ← 我正在想，讀心法
- ← 次序上的假設
- ← 隱藏指令
- ← 次序上的假設
- ← 讀心法

- ← 次序上的假設

- ← 隱藏指令

我不在意你們在這裏學了多少催眠，因為我知道你們會將催眠用在你的生活中。用催眠或是其他的技巧也不是最重要的，就好像一個人潛水入海底，他是用蛙泳潛下去，還是用自由式潛下去，都不是最重要的，最重要是當他潛下海底時，發現海底有很多的寶藏，在珊瑚礁有很多的珊瑚魚，揭開石頭見到一條海參，當你享受

到潛水的過程，這才是最重要的。就好像 Milton Erickson 說：「當你和當事人做治療或替自己做的時候，最重要的不是那些技巧，也不是那些內容，最重要是令到當事人相信他是有一個很大的潛能等待開啟出來。」所以當你在工作或生活中，發覺不夠資源和能量時，不妨潛入海底。我有潛水的經驗，我很喜愛潛水，因為當你在水底的世界中，你感到很精神，整個人好像煥然一新，或者你會感到好奇。與潛意識溝通也是一樣，做完催眠後，你會整個人都會不同，這是很有趣的，所以多些練習催眠，這樣對你們是好的。

隱喻

（Metaphor）

一位失眠症患者告訴心理醫生：「我很難入睡，每晚都要到凌晨一兩點才睡着。」

　　心理醫生：「你應該把工作放低，不要再想那些煩惱事情，睡眠的時間還有甚麼好想的？只要好好去休息。」

　　一星期後，病人告訴醫生：「我的確有改變，可是現在要到凌晨三四點才睡着。」

　　隱喻是催眠治療大師米爾頓・艾克森（Milton Erikson）經常使用的治療方法。他會向當事人講述一些童話故事、心理學、醫學的故事，以及一些鮮為人知的趣聞軼事，在講述這些故事的過程中，他往往會加入很多催眠的暗示，又或者故事的內容是完全配合當事人所面對的境況，透過故事的起承轉合來帶出治療的效果。隱喻之所以容易帶來效果，主要是因為兩個原因。第一個原因是人類的天性是不喜歡直接被教導的，這樣往往會製造抗拒的心理，隱喻卻能夠巧妙地繞過當事人批判的意識，進入潛意識的世界。第二個原因是每一個人都喜歡聽故事，特別是那些帶有神秘色彩的、曲折離奇的或者是引人入勝的故事。因此，說這些故事的過程已經能夠引起當事人的好奇及專注。亦即是說，說故事的過程就已經把當事人帶進催眠狀態。不但如此，好的隱喻更能夠很有效地啟發聽眾。

　　有一天傍晚，拉比雅在自己住的小屋子前走來走去。太陽正在下山，黑夜緩緩降臨，人群開始聚集起來，問她說：「你在幹甚麼？甚麼東西掉了？你在找甚麼呢？」她說：「我的縫衣針掉了。」人們說：「現在太陽已經下山了，要找一根針是很困難的，不過我們會幫你找的。你是在那裏丟失的？路這麼大，針這麼小，如果我們知道正確的位置，那會比較好找。」拉比雅說：「最好別問我這樣的問題，因為事實上它並沒有掉在路上，而是掉在我的家。」人們笑了起來，他們說：「我們向來認為你有點瘋狂！如果真是掉在家裏，那你為何在路上找？」理由很簡單：「家裏沒有光，而且

外面較光一點。」人們又笑了，然後紛紛散去。她立刻把他們叫回來說：「聽着！你們就是這個樣子，我只是模仿你們而已。你們不斷在外在世界尋找快樂，也不先問一問基本的問題：你是在那兒遺失它的？我要告訴你們，你們的東西掉在裏面。因為這個簡單理由——稍為光亮一點，所以你們的感官便向外開展，你們就在外面尋找它，你們的眼光向外，耳朵向外，雙手向外，這就是你們向外探索的理由。其實事情不是這樣子的，我告訴你們，你們不是在那裏遺失的。我也曾在外面探索了很久，直到我決定往自己裏面看的時候，我才大吃一驚，根本不必找尋和探索，那個東西一直都在裏面。」^(註八)

那個東西——潛意識一直都在每一個人的裏面，他從來沒有離開過你，甚至當你睡着的時候，他仍然與你在一起。你可能已經覺察到他的存在，雖然那樣隱閉，眼不能見，耳不能聞，卻主宰每一個人的一生。我正在想，你打算首先用甚麼方式與他接觸？何不嘗試用説故事的方式與他溝通？

米爾頓・艾克森是一位在人類歷史中少見的説故事高手之一。他在説故事的過程中，經常加入各種新的思維、新的感受或經驗，在配合獨特的幽默感以及原創性的內容，使那些長期生活在掙扎與痛苦的當事人得到各種啟發及衝擊，而更加重要的是，他幫助當事人建立他們在艱難的歲月中面對生命的積極態度。

本章會教導你設計具有治療性的隱喻。不過有一點你必須注意的是，僅僅陳述隱喻並不會造成任何轉變，惟有當事人以及催眠師處在一種容易接受的狀態中時，轉變才可能發生。這種狀態就是治療師與當事人之間具有的信賴關係。在這種充滿信賴的治療氣氛中，當事人的潛意識將能夠充份與心理治療師的潛意識互相呼應。而催眠就是能夠製造最好信賴關係的方法。有關如何與當事人建立信任關係的方法，你可以參考以前的章節。

如何設計隱喻？

隱喻最基本的運作原理就是先跟後帶（Pacing and Leading）。

1）先跟（Pacing）

先跟的意思就是治療師首先要設計一個與當事人的問題類似的故事或情境。與其他治療工具一樣，要設計一個具有治療性質的隱喻，第一步最重要的就是了解當事人現在面對的是一個怎樣的問題。治療師對當事人的問題愈清楚，她就愈能夠設計出適合當事人的隱喻。這裏要提出一個概念，就是有效的隱喻必須與患者現有的問題有一種同態一體（Isomorphic）的特質。所謂「同態一體」的意思就是問題與故事兩者均有着相同的或類似的結構。這樣會使當事人的潛意識把故事連結到他的問題上，治療師就能夠透過這個故事把當事人從他的問題中帶出來。以下是一些例子：

問題	隱喻的前部
1. 兒子經常不做功課，母親屢勸無效，丈夫卻置之不理。母親感到很無奈及困擾。	船上的水手懶得去批薯仔，對廚房管工的責罵無動於衷，船長卻不理會，管工感到很無奈及困擾。
2. 當事人到了一間新的公司工作，同事用粗劣的態度對他。他感到孤立無援。	一個村民獨自到山上採集草藥，卻遇到幾隻兇狠的野狗，野狗向他狂吠，他感到很驚慌。
3. 一位肥胖的老闆控制不了他的飲食行為，與朋友一起外出吃飯時，無法抗拒一些高脂肪食物的誘惑。	一個皇帝到小鎮出巡，每次看到美麗的女子，便控制不了自己的衝動，要她們入宮做宮女。結果宮女愈來愈多（比喻身體的脂肪）。
4. 兒子對父親的態度惡劣，父親感到非常氣憤。	一個人躺在沙灘上，被熾熱的陽光照射，全身發熱並感到痛楚。
5. 一個銷售人員害怕不能夠保持優秀的業績。	奧運金牌選手準備參賽感到壓力。

在選擇角色的時候，你要注意選擇甚麼樣的角色並不是最重要，重要的就是隱喻內的角色的相互關係，以及隱喻的情境能夠代表當事人現在所面對的問題。當事人的潛意識便會自動進行連結。

2）後帶（Leading）

隱喻的下半部就是設計出一個合情合理的結局。在這裏要注意的是，治療師並不能夠按照自己的主觀意願把結局放進去，治療師必須尊重當事人的意願，做法就是先確定甚麼樣的結局對當事人是重要的，亦即是確定出問題的理想狀態（Desired State），治療師可以向當事人發問以下的問題，來找出當事人期望的改變：

1. 如果這個問題不再存在，你期望有甚麼會發生？
2. 你期望我可以為你帶來甚麼改變／幫到你些甚麼？
3. 想像今天晚上你會發一個夢，夢中所有的一切都會成為事實，你期望在夢境中看到些甚麼？

一般來説，當事人在決定見治療師的時候，都會知道自己需要些甚麼改變的。他們的問題就是不知道可以用甚麼方法把自己從問題狀態（Problem State）帶到理想狀態（Desired State）。治療師的責任就是要去幫助當事人完成這個過程，用上面的3）及5）情境做例子：

問題	連結策略	理想狀態
無法控制飲食行為	A	能夠控制自己，只進食有益健康的食物。
保持業績感到壓力	B	能夠紓緩壓力。

對於一個有效果的隱喻來說，另一個重要的部份就是描述如何把問題狀態改變成為理想的狀態。這個部份稱為「隱喻中的連結策略」（Connecting Stragegy）。

3）連結策略

連結策略是隱喻成功與否的關鍵。怎樣去設計一個好的連結策略呢？最好的方法就是運用 S.C.O.R.E. 問題解決模式。這個模式為我們提供了一個清晰及系统化的思路解決問題。S 代表 Symptom（症狀），即是上述問題的描述。C 代表產生問題的原因（Cause）。O 代表理想的結果（Outcome），E 代表有關這個結果的長遠效益（Effect）。R 則代表一些資源（Resources），治療師可以透過這些資源，把症狀改變成為理想的結果。

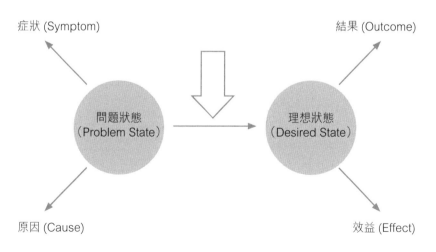

資源（Resources）
連接策略（Connecting Strategy）

你可以發問以下的問題找到背後的原因：

1. 是甚麼原因阻止你不能夠 _____ ？

2. 是甚麼原因使你有這個問題？

3. 透過這個症狀 / 問題你得到些甚麼？

一個症狀的背後，往往涉及當事人的一些非理性信念（Irrational Beliefs）或者隱藏得益（Secondary Gain）。所謂隱藏得益就是潛意識透過某些行為來得到心理上的一種滿足。而非理性信念就是一些扭曲了的想法。

　　以上面兩個個案做例子，治療師得到以下的答案：

問題	原因	性質
無法控制飲食行為	對日常的工作感到無聊，透過進食排除無聊的感覺。	隱藏得益
保持業績感到壓力	完美主義，我必須得到優秀業績來證明自己成功。	非理性信念

　　當治療師找到症狀背後的原因後，就可以設計故事的中間部份（連接策略），加入當事人需要的資源。用合情合理的敍事方式把問題狀態改變成為理想狀態。我們繼續用以上的個案做例子，治療師設計出以下的連接策略：

問題	連接策略
無法控制飲食行為	1）恐懼性激勵（Fear Motivation） 2）改變信念 / 價值觀（Changing Beliefs/Values） 宮女愈來愈多，消耗了宮殿內很多的資源，而這些宮女卻沒有指派任何工作，皇宮其實並不需要這些大量的宮女。她們成為了皇宮的負擔。不單只是負擔，皇上更因為這些宮女的存在而影響了政務以及影響了健康。後來，朝中得到皇上信任的大臣不斷上諫，請皇上放棄繼續召入宮女，皇上看見這樣的情況，感覺到自己做錯了，作為一個國家的領導，控制能力是非常重要的，如果連自己也控制不了，又如何能夠領導一個國家呢？皇上終於痛改前非，改變自己的行為，他把注意力重新放在處理政務上面，把那些宮女放回她們的家鄉，並且停止再召入宮女。皇上現在感到很釋放，他發覺原來自己可以把政務處理得很好，在他的領導下，國家慢慢走向富強，他亦成為了一位英明的君主，受到人民的愛戴。

害怕不能保持業績	改變信念 / 價值觀（Changing Beliefs/Values）
	奧運金牌選手再次為國家比賽的時候，由於過度着重是否贏出比賽，為自己製造了很大壓力，正所謂謀事在人，成事在天，只要盡全力做好自己本份，就可以問心無愧。奧運比賽不是戰鬥，只不過是一場遊戲罷了，就算是奧運選手，亦需要學習放鬆以及享受過程。就算是奧運選手，也不是完美的。所以當你用這種心態來玩這個遊戲的時候，你自然會很釋放以及做得很好。

設計隱喻還需要注意甚麼？

現在，你已經知道如何設計一個隱喻。你已經做好了一道菜，你可以加上調味料，使這道菜更美味。以下三點可以使你的隱喻更有效果：

1. 講那些你有感覺的隱喻

隱喻是一種能量，假如你講一些自己沒有感覺的隱喻，那麼這些隱喻就形同一堆沒有意義的文字。無論你用甚麼技巧，這個隱喻的結果便會大打折扣。就好像一個對於自己所教授的內容沒有熱情的老師一樣，無論他用甚麼方法教學，他也不能夠感染他的學生。因此，使隱喻具有治療作用，最重要的因素就是你對於所講的內容有熱情的感覺。盡量用一種好玩的心情來設計隱喻，把自己當成為全世界最有影響力的魔術師，那麼，除了你自己及當事人享受這個過程之外，當事人更會被你感染而改變。

2. 使你的隱喻更具真實性

當事人覺得隱喻的內容愈真實，隱喻愈有效果。所以其中一

點你需要留意的是，在隱喻中所發生的事情以及每件事情之間的連結都需要合情合理。另一個你可以做的就是把感官元素（Sensory Elements）放進隱喻中。感官元素指的就是視覺、聽覺、感覺、嗅覺以及味覺的元素。這些元素可以使當事人更真實地想像及感受隱喻的內容。一般來說，運用前三個元素就已經有很好的效果。

3. 隱喻及米爾頓模式

使隱喻更有治療作用的方法，可以加入米爾頓模式一併使用。米爾頓模式使你的隱喻更有說服力，使當事人更容易接受隱喻的內容，因為米爾頓模式能夠很巧妙地，甚至在當事人沒有察覺的情況下，把對方帶進催眠狀態，從而影響對方的潛意識。

下面就是整個隱喻的內容，中間是米爾頓模式的描述，及所用的感官元素（Visual— 視覺 Auditory— 聽覺 Kinesthetic— 感覺）。

個案一：無法控制飲食行為

很久以前的東方，有一個國家叫做樓蘭王國，每隔一段時間，特別是天氣晴朗的秋天，這個國家的皇上便會到不同的小鎮出巡，朝中的大臣會陪他一起去。他相信	V
這是一種很好的<u>溝通</u>。<u>他們</u>並不	虛泛式，名詞不明確
知道，這位皇上有一個習慣，就是每次看到美麗的女子，便控	V
制不了自己的衝動，要召她們入宮做宮女。這些女子的身形都稍	
<u>為豐滿</u>，因為在當時來說，<u>豐滿</u>	猜臆式，刪減式，名詞不明確
才是美的標準。<u>你或者可能曾經聽説</u>	V，形容詞不明確
<u>過</u>，<u>他們有些人使皇上感到滿</u>	K，猜臆式
<u>意</u>。過了一段很長的時間之後，	名詞不明確
宮殿內的宮女愈來愈多，消耗了	K，虛泛式
宮殿內很多的資源，而<u>這些</u>宮女卻	
沒有指派任何工作，<u>你可能正</u>	
<u>在想</u>，究竟她們怎樣	能力限制式
<u>過日子</u>？其實她們每天都是百無聊賴地在宮殿中度過。她們並不知道自己在宮殿中的存在價值。她們一	
方面都感到<u>無奈</u>，但另一方面卻	K
不敢告訴<u>別人</u>，由於宮女的數目	名詞不明確
太多，皇上只會探望其中<u>一些</u>	名詞不明確
<u>人</u>，但其他人大部份的時間都是	名詞不明確
閒着的。皇宮其實並不需要這麼大量的宮女。她們成為了皇宮的負擔。直至有一天，朝中大臣有	
一個<u>發現</u>，他們覺察到皇上更因	
為<u>這些</u>宮女的	虛泛式
存在而影響了政務以及影響了健康。大	

臣們都為這件事感到**很着急**，他們覺得不可以這樣下去了，否則情況會愈來愈嚴重。大臣都紛紛議論着如何處理這件事。後來，**某些**朝中的大臣冒着會被處死的危險不斷上諫，請皇上放棄繼續召入宮女。**這些言詞懇切的説話是好的**，因為這些説話不單只幫助皇上，更加會幫助國家改變。這些大臣之所以這樣做，**因為他們相信皇上始終是英明的**。皇上在上朝的時候**看見**諫書，**聽到**眾大臣發自真心的勸説，他最初感到**很煩**，後來，他不斷地思索着，作為一個國家的領導，控制能力是非常重要的，如果連自己也控制不了，又如何能夠領導一個國家呢？皇上頓然明白，終於痛改前非，改變自己的行為，他把注意力重新放在處理政務上面，把那些宮女放回他們的家鄉，並且**決定控制自己的衝動**，**停止**再召入宮女。皇上知道自己已經改變，他現在**感到身心自在**，**健康亦愈來愈好**，他發覺原來自己可以把政務處理得很好。他**重新投入工作**，感到很充實。在他的領導下，樓蘭國慢慢走向富強，他亦成為了一位英明的君主，得到人民的愛戴。

K

A
名詞不明確

價值判斷式（説話代表了當事人告訴自己要改變的聲音，以及這篇隱喻。）動詞不明確式複合等同（暗示改變就是等同於英明。）
V，A

K

（暗示當事人懂得控制自己，他才是一位好的領導者。）

隱藏指令

隱藏指令
隱藏指令
隱藏指令

個案二：保持業績感到壓力

奧運金牌選手是一個國家的精英。他們曾經為國家贏取了榮譽。這樣令他們感覺到很自豪。每當他們看見那些金色的獎牌，便會回想起那份成功的感覺。可是，當他們再次為國家比賽的時候，有些選手由於過度着重是否贏出比賽，為自己製造了很大壓力，亦影響了表現。一些更重要的事情，他們可能沒有察覺，教練卻很清楚。在適當的時候，他們聽到教練告訴他們一些重要的說話，他們已經做得很好了。謀事在人，成事在天，只要盡全力做好自己本份，就可以問心無愧。森林中有很多不同的綠色植物，亦有很多鮮艷顏色的花朵。植物，他們不會去想我是否森林中最美麗的植物，不會去比較，他們每天只是如是地做回自己，表現出最好的一面。奧運比賽不是戰鬥，不是生死決鬥，只不過是一場遊戲罷了，全力以赴是好的，每位成功人物都會盡力做到最好。可是就算是奧運選手，亦需要容許自己放鬆，容許自己享受過程，容許自己用平常心去面對。因為他們是國家的精英，他	價值判斷式 K V K 名詞不明確式 名詞不明確式 虛泛式 虛泛式 A V 價值判斷式 整體性數量詞 能力限制式

們是可以容許自己改變的。當他們放輕心情的時候，就會表現得很好。贏得獎項，但不享受過程，有甚麼益處呢？就算是奧運選手，也不是完美的，總有一些因素並不是他們能夠控制。所以最重要的不是結果，而是怎樣玩這個遊戲，當他們用這種心態來玩這個遊戲的時候，自然會表現得很好。到了比賽的時候，他們看見自己出色的表現，他們每一個動作、每條神經都充滿了信心，他們還聽見觀眾熱烈的歡呼及喝彩的聲音及掌聲。他們已經沒有去想是否能贏出比賽，他們只是完全投入去表現及享受過程。我正在想，如果你是那些奧運選手，現在，你會選擇患得患失的心情抑或會選擇投入的心情來玩這個遊戲？當你的潛意識做出了正確的選擇，你知道你會表現得愈來愈好，你自然會發揮出應有的水平。	V A 二擇一法 假設式

多層次的隱藏指令
(Multi-level Embedded Command)

你還記得隱藏指令是米爾頓模式的其中一個重要特色嗎？在說故事的過程中，米爾頓經常插入大量的指令，使當事人的意識集中在聽故事內容的同時，使潛意識接收了故事內容中的隱藏信息。這是一種非常高明的催眠方法，尤其是對於那些很理性的，甚至抗拒催眠的人士來說是非常有效的。以下是一個有關米爾頓非常著名的催眠例子。

喬伊是一名花農，他面臨末期癌症的威脅；高劑量的止痛劑導致他有中毒的情況，但對疼痛緩解幾乎沒有幫助。一位親戚要艾克森到醫院替喬看診，用催眠來作疼痛控制。在見喬伊不久前，艾克森知道喬伊甚至不喜歡聽到「催眠」這個字眼。還有，在艾克森替喬伊作治療時，喬伊一個當精神科住院醫師的兒子也會在場，他本身並不相信催眠，喬伊也知道這點。

當艾克森在醫院見到喬伊的時候，他懷疑喬伊甚至不知道他去那裏的目的。由於喬伊做了氣管切開術，不能講話，他用寫的方式來和艾克森溝通，艾克森開始了持續一整天的治療，他說道：

喬伊，很高興能和你談話，我知道你是一位花商，也自己種植花卉。我是在威斯康辛州的一處農場長大的，我很喜歡種花，現在也是如此。所以當我跟你談話時，我希望你能在那張安樂椅中。我會對你說很多事，但是不是關於種花的事，因為你懂得的比我多得多，那不是你想要的。

（注意米爾頓利用番茄樹作為題材的目的，是要與喬伊製造一種親和感，來達到治療的目標，可是他說這些內容並不是有關種花的事，可是他又的而且確是說番茄樹的故事，這樣會使當事人產生好奇或者一種迷糊的狀態，這已經是一個催眠狀態。另外，他這樣說的目的，是要當事人的潛意識更有效地理解這段故事的內容。讀

者可以注意到，括弧內的部份就是被嵌入的催眠指令，它們可能是一些音節，字眼，詞語或是句子，作者會以一種稍微有所不同的音調說出，達到成為隱藏指令的效果。）

　　現在，當我在說話，而且我能很（舒適地）說話，當我說到一株番茄樹時，我希望你能（舒服地聽我說話）。去討論這件事是很奇怪的。這樣子（讓人覺得好奇），為甚麼我們要談論一株番茄樹呢？某人將一粒番茄種子放在土裏。（他便能感受到希望），這粒種子將成一棵番茄樹，它所結出的果實將帶來（滿足的感覺）。種子吸收水份，（這麼做並不困難），因為雨水會為花朵及番茄樹木帶來（平靜，舒適）及成長的喜悅。這顆小小的種子，喬伊，會慢慢地膨脹，伸出有着纖毛的幼根。現在也許你並不知道纖毛是甚麼東西，但是纖毛（這個東西的作用）是去幫助番茄種子生長，將它推出地面，開始發芽，（而你會聽到我說話，喬伊），所以我會繼續說話，而（你會繼續聽着，想着，想着你能真正得到些甚麼），這裏是你的筆和紙，不過只可以談番茄樹，它的生長相當緩慢，（你看不到）它的生長，（你聽不到）它的生長，但是它仍然在生長——幼莖上長出了第一片像葉子般的東西，也長出了細細的絨毛，這些葉子上的絨毛就像是根部的纖毛一般，它們一定會讓番茄樹葉（感到非常的舒服，非常的棒），如果你能想像番茄有感覺的話，（你無法看見）它的成長，（你無法感受到）它的成長，但番茄樹的枝幹上又冒出了一片又一片的樹葉。也許，這像是孩子說的話，當番茄樹生長時，也許它的確會（感覺平靜及舒適）。每一天，它都在繼續地生長，（這是如此的舒適，喬伊），陪着一株番茄樹長大，你並（沒看見）它的生長，（沒有感受）到它的生長，但就是知道小番茄樹的一切都（愈來愈好了），番茄樹長出了另一片葉子，接下來它還會長出其他的葉子和分枝，而不論就那方面而言，它都在（舒適地生長着）。不久之後，這棵番茄樹不知在何處冒出一個花苞，可能在它的任何一個樹枝上，在哪個樹枝上並不重

要，因為不久之後，整株番茄樹都會佈滿這些可愛的小花苞——我在想，是否這株番茄樹，（喬伊，能真正確實地感受到一種舒適的感覺）。你知道的，喬伊，植物是很棒的東西，是（如此的美好），所以把一棵樹想像成一個男人，讓人感到（愉悅）。這樣的一株植物是否會（擁有美好的感覺，一種舒適的感受），當小小的番茄開始形成時，讓你（充滿了希望），讓你（想要）去品嚐多汁味的番茄，（胃裏裝着食物）是如此的（美好），那種棒極了的感覺，就像是一個口渴的小孩（喝了一大杯的水，喬伊）。這正是當雨水降臨時，番茄樹的感覺，雨水沖刷着萬物，（萬物都有美好的感受），（暫停）你知道，喬伊，番茄樹每天都是如此的生氣勃勃，（每一天）。我喜歡想像番茄樹能夠（感受到每一天都是如此的舒適）。你知道的，喬伊，所有的番茄樹都是如此……

　　喬伊後來出了院，體重和體力都增加了，並且用很少藥物來控制痛楚。讓我們看看米爾頓如何評論這次催眠：

　　喬伊的老婆、女兒和姊夫都在聽（當我作治療的時候），最後他太太打斷我的話，說要我開始催眠。她很驚訝地發現催眠已經做完了。我一直對喬伊說的，他們都認為是一些無意義的話……（節錄自 Zeig, 985 Ericksonian Psychotherapy, Volume I: Structures P. 464-466）。

催眠現象

(Trance Phenomenon)

「我如今把一件奧秘的事情告訴你們：我們不是都要睡覺，乃是都要改變，就在一霎時，轉眼之間……」

——聖經

　　催眠治療大師米爾頓・艾克森經常利用催眠現象來達到治療的效果。甚麼是催眠現象？就是當一個人在催眠狀態之中，他的潛意識所展現出來的一些特殊現象。在 John H.Edgette, Psy.D. 及 Janet Sasson Edgettc, Psy.D. M.P.H. 的著作《心理治療中的催眠現象手冊》（*The Handbook of Hypnotic Phenomena in Psychotherapy*）中，催眠現象被定義為：「Natural behavioral and experiential manifestations of the trance state.」我把這個定義翻譯成為：「自然的行為以及催眠狀態的經驗性的彰顯現象。」這些現象如果能夠適當地加以利用，便能夠達到非常良好的治療效果。催眠現象是人類特有的自然行為，總共可以分為十多種，我現在把其中比較常見的催眠現象描述出來，你可以在日常生活中以及從某些心理問題發現各種催眠現象：

1. 僵硬（Catalepsy）

　　僵硬屬於一種深層的催眠狀態現象，就是身體的某些部份在沒有疲倦的情況下能夠長時間的保持在某一個姿勢，或者該部份肌肉變得堅硬。我經常在堂上示範身體僵硬（Full Body Catalepsy），使被催眠學員在不需要用力的情況之下，用頭部及腳部支撐整個身體。

2. 時間扭曲（Time Distortion）

　　時間扭曲就是當事人在催眠狀態中，感覺到的時間長度比真實的時間長度較短（時間縮短 Time Contraction）或較長（時間延

長 Time Expansion）。人類對於時間是主觀的，特別在催眠狀態之中，這種主觀的感覺會被放大。有些人進入催眠狀態十五分鐘就好像過了五分鐘一樣，而有些人則感覺到好像過了二十五分鐘一樣。不單在催眠狀態有這種情況發生，在一些心理症狀中，也會有時間扭曲的現象出現。例如，有一些曾經受過創傷打擊或者身體正承受着某種痛症的當事人，會感覺到日常生活中的時間過得很緩慢，催眠師可以做的工作就是在催眠狀態之中，把當事人過去某些愉快的人生經驗，重新浮現出來，並透過時間延長，把這些愉快的感覺拉長，另一方面，透過時間縮短，把經驗痛苦感覺的時間縮短。

3. 自動書寫（Automatic Writing）

中國民間有一種叫做「扶乩」的儀式，據說可以與天地神明溝通。做法就是有兩個人，每人用手握住一根約一米長的木棒的兩端，木棒的中央放了一根二十厘米長垂直向下的木棒，形成了一個「丁字形」。據說當這兩個人進入了恍惚的入神狀態之後，神明便會透過他們移動這個丁字形的木棒，把意旨向世人表達出來。求卜者往往能夠透過木棒所展示出來的答案而得到啟發，如果從催眠的角度去理解這個現象，他們就是表現了一種叫做「自動書寫」的催眠現象。這是否真的表示上天在顯靈呢？相信沒有人能夠給予中肯的答案，但是有一點是肯定的，就是潛意識知道意識所不知道的大量重要信息，對於一些複雜的身心症問題，催眠治療師往往會引導當事人進行自動書寫，來了解導致問題的真正原因，又或者找出一些被壓抑的，沒有處理好的人生經驗。

4. 麻醉（Anesthesia）及止痛（Analgesia）

催眠麻醉現象指的就是使一個人的身體的某一個部份，或者多個部份失去知覺。催眠止痛現象指的就是減少身體某一個部份的痛

楚感覺。這兩個現象其實是屬於不存在幻覺的範疇。不過由於催眠師會經常利用這兩種現象來進行治療，所以一般會把他們分出來作為獨立的催眠現象。

催眠麻醉及止痛已經有超過一個世紀的歷史。早在 1845 年，印度醫生占士・晏士打（James Esdaile）已曾經為數千個病人進行催眠麻醉手術，而當時的醫學科技水平較低，通常都是用皮帶綑綁病患處，強行進行切割手術，病人的痛楚可想而知。由於實在痛苦難耐，接受手術的病人十位之中有四位會死去，可是這位印度籍的醫生不忍心看見病人受苦，於是遠赴英國留學，學習催眠醫術，回國後在加爾各答開設醫院，透過催眠麻醉病人，以致病人有較高的忍耐痛楚的能力，因此死亡率下降至少於 5%。曾經有一位病人的家屬描述占士・晏士打醫生為病患者切除一隻壞死的眼球説：「病患的另一隻眼睛都不眨一下，好像完全不覺得痛楚。」對於那些不適合進行藥物麻醉的病人來説，催眠麻醉確實是非常好的選擇。

另外，在孕婦生產之前，進行催眠麻醉可以幫助減少生產過程的痛楚以及恐懼的心理。

以下我會為你詳細介紹及探討幾種經常使用的催眠現象，包括分離（Dissociation）、未來演進（Future / Age Progression）、不存在及正面的幻覺（Negative and Positive Hallucinations）、失憶（Amnesia）及升手（Arm Levitation）。至於另外一種經常出現的催眠現象年齡回塑（Age Regression），由於涉及的技術較為複雜，我會把它放在一個獨立章節「信念重整治療 （Beliefs Reforming Therapy）」來探討。

失憶（Amnesia）

失憶也是其中一個催眠現象，這種現象指的就是被催眠者失去

回憶起某種特別的項目的能力，以及當導致催眠失憶的指令被復原的時候，能夠重新回憶起那些項目的一種現象（Dixon & Laurence, 1992）。另一個有關催眠失憶的定義是：被催眠者對那些影響他們的反應或刺激進行回應的同時失去了覺知它們的能力（Zeig, 1985）。其實忘記東西是一個很自然的現象，就好像偶然在街上遇到一位舊同事，你無法記得他的名字，這就是一個失憶，這是經常都會發生的，又或者你已經忘記了三年前的今日做過甚麼？上一個生日你去哪裏慶祝呢？這些也是一些失憶的例子。為甚麼我們會忘記事情呢？原因就是潛意識會把一些對當下來說不重要的事情或者資料信息，暫時放在一個意識不能夠接觸的空間裏，目的就是使意識能夠騰出足夠的空間處理現在重要的事情，例如學習新的事物，又或者計劃未來等。

另外有些失憶的情況，就是當事人忘記了過去早期的創傷或者帶有強烈情緒的事情，當事人的潛意識以這種方式來保護他，以免除過去的回憶帶來的傷痛。這種失憶稱為「壓抑」「Repression」。我有一個外貌很冷漠的，沒有甚麼表情的當事人，他有一種莫名的抑鬱感覺。他已記不清楚是過去甚麼事情導致他的抑鬱。他的潛意識就是發揮了失憶的功效。要處理這種壓抑的問題，由於當事人在過去承受很嚴重的傷害，催眠治療師必須首先建立當事人對他的完全信任。我用了一些時間來建立他對我的信任。當我感覺到他開始信任我的時候，我決定透過催眠幫助他回憶起成長過程導致抑鬱感覺產生的事情。他在催眠狀態中慢慢回憶起一些久已遺忘了的創傷。在那次催眠治療中，他透過哭泣釋放了壓抑幾十年的情緒，他後來感到那種抑鬱感覺已明顯地消除。

另外有一些日常生活中的失憶情況，表面上好像沒有甚麼道理，但卻是潛意識刻意達成的效果。例如，我記得有一次在黃昏的時間，我要從我的治療中心到中文大學專業進修學院教授一個課程，當我到達課室的時候，我竟然發覺忘了攜帶一個我經常使用的

擴音器，後來當我與我的潛意識溝通的時候，我卻發現原來潛意識並不喜歡攜帶那個擴音器，因為那是一個很重的擴音器。原來我的潛意識是想我在那段路程中感覺輕鬆一些。這種隱藏了的正面動機叫做「Secondary Gain」。日常生活之中有大量這種遺忘的事情發生，忘記帶車匙、忘記了某一個人的電話號碼、忘記了某個約會⋯⋯下一次當你忘記了某些事情的時候，不要胡亂地責怪自己，嘗試與你的潛意識溝通吧！你會因此更加了解你自己。

催眠師可以開啟當事人的失憶機制來治療一些問題。

有關催眠失憶的研究

在 20 世紀曾經有很多心理學家及神經生理學家做過有關催眠失憶的各種研究。英國利物浦大學社會心理學教授 Graham Wagstaff PhD. 在他 1981 年的著作《催眠的跟從及信念》（*Hypnosis, Compliance and Belief*）中提及催眠失憶並不是受催眠者對回憶事情失去控制，而是受催眠者的記憶在輸出的時候，發生障礙的一種現象。亦即是說，他們並非失去了那些記憶，其實他們是有能力重新取出記憶的，只不過他們的潛意識在這個過程中發生某些障礙罷了。那麼，這些障礙指的是甚麼呢？美國心理學家 Spanos 曾經做過一些有關的實驗，就是先讓一些實驗對象學習一些新的詞語。他們在催眠狀態中被輸入忘記這些詞語的指令，他們會出現注意力分散的反應。另外一個實驗就是指示被催眠者忘記某一組特定的詞語（例如一組動物名稱），發現這些被催眠者會在大腦之內，無意識地重新回想那些不在那一組詞語內的其他詞語，以作為一種忘記該組詞語的策略。

正如以上所說，催眠失憶其實是一種在重新取回記憶的過程中，發生障礙的現象。這種障礙是可以再次透過輸入特別設計的催眠指令而消失，使被催眠者再次能夠重取那些記憶。心理學家 Spanos、Radtke 及 Bertrand 在 80 年代曾經以八位有高度被催眠

能力的人（Highly hypnotizable subject）作為實驗對象。他們在催眠狀態中被告訴在他們的潛意識中，有一個部份能夠記錄在左腦之中出現的所有信息。而有另外一個部份能夠記錄在右腦中出現的所有信息。他們學習了一組抽象以及實在的詞語。其中一半被告訴抽象詞語儲存在左腦中，實在詞語儲存在右腦中。另外一半則剛好相反，被告訴抽象詞語儲存在右腦中，實在詞語儲存在左腦中。他們被輸入催眠失憶的指令後，所有實驗對象都忘記大部份的詞語，然而，當他們被告訴記錄左腦半球的部份被開啟了的時候，他們都能夠同時回憶起左腦半球儲存的詞語，但卻不能夠回憶起右腦儲存的詞語。相反，當他們被告訴記錄右腦半球的部份被開啟了的時候，他們都能夠同時回憶起右腦半球儲存的詞語，但卻不能夠回憶起左腦儲存的詞語。這個實驗顯示了失憶的現象是可以透過催眠師輸入的指令而很容易地消失的。

催眠失憶的治療應用

催眠失憶可以用作一種主要的介入治療方法，或者作為一種輔助式的治療（John H. Edgette and Janet Sasson Edgette, 1995）。以下舉出一些可以使用催眠失憶作為介入方法的情境例子：

1. 當事人經常回想過去的失敗或恐懼經驗而影響表現或者影響自信心，催眠治療師可以使當事人的潛意識忘記那次的經驗，從而減低那次經驗的影響。對於這一種應用治療師需要特別小心，因為假如那些經驗沒有得到妥善處理，例如沒有幫助當事人釋放情緒，或者幫助當事人學習需要學習的功課，假如這些經驗透過失憶的指令，被安放在潛意識的空間裏，這些事情對當事人仍然會有一定程度的影響。所以，催眠治療師需要注意的是，在進行這一類催眠失憶之前，適當地首先處理那些經驗對當事人來說是非常重要的。

2. 處理行為問題例如戒煙、戒除飲食行為（消夜、肥膩食物等）。

3. 有些神經過敏的當事人經常擔憂着未來要發生的某一類事情，例如考試、演講⋯⋯催眠失憶可以幫助他們忘記那些擔憂，使心情回復平靜。

4. 幫助那些經常浮現前度男女朋友或伴侶的人忘記過去，發展新一段的關係。

5. 有些當事人胡思亂想，或是過度使用理性幫助自己，但只會使問題更差的人，或者容易懷疑催眠指令效果的人，催眠失憶對他們都會很有幫助（Gilligan, 1987）。在完成催眠之前，催眠治療師可以透過失憶使這些當事人的意識忘記所有催眠指令。但另一方面，使當事人的潛意識接受那些指令並為當事人帶來改變。米爾頓・艾克森就是經常使用催眠失憶幫助這類病人的。這個過程被稱為對那些催眠指令「封印」（Seal）。他發展出很多不同的方法誘發催眠失憶的現象出現，從而幫助病人在潛意識的層次改變（Zeig, 1985）。

如何引發催眠失憶現象

催眠失憶是一種記憶功能改變的現象。直接指示當事人忘記那件事情是引發催眠失憶最沒有效果的方法。因為假如催眠師直接叫當事人忘記某一個經驗，這個指令便會引導當事人的注意力放在那個經驗上，這樣會使當事人更難忘記那個經驗。這就是在以前章節提及過的「不要去想一隻粉紅色大象」的效應。因此，引發催眠失憶的最好的方法，就是透過一些間接的方法，或者一些較為間接的直接指令。以下列舉出數種常用的方法：

1. 種植法（Seeding）

種植法就是治療師在進行主要介入（Main Intervention）方法之前，使當事人對介入方法作出回應（Zeig, 1990C）的一種策略，亦是米爾頓・艾克森經常使用的催眠策略。美國著名心理治療師 Jay Haley 曾對種植法作出以下的描述：（Jay Haley, 1973）

「艾克森喜愛種植或者設立某種想法，以及在稍後的時間進一步建立它們。在與當事人互動過程的早期，他會強調某一種想法，以致在稍後的時間假如他想當事人出現某種反應，他已經為這個反應打了良好基礎⋯⋯」

催眠師可以在進行催眠治療之前，例如和當事人傾談的時候，無意之間使當事人相信他確實展現了失憶的能力。我有一個當事人，我打算透過催眠失憶處理導致他對狗產生恐懼的經驗。當他進入治療中心坐了下來的時候，我無意之間問他是否記起上一次治療的日期。他想了一想，告訴我他已經忘記了。我告訴他：「你的潛意識已經忘記了。」

米爾頓・艾克森會使用一些日常生活的例子來種植催眠失憶。有一次他向當事人說了一個例子，就是當一個人被介紹給另外一個人的時候，他會在幾秒之後問自己：「他叫甚麼名字？」。

另外一次他告訴當事人，當他告訴學生考試的日期及地點之後，他有些學生會互相問對方考試在甚麼房間？在甚麼日期？（Zeig, J., 1985）。

有一次一個讀心理學的學生 Sally 要到他那裏被接受催眠。可是她遲到了二十分鐘，艾克森立即指示她坐在他身旁的一張椅子上，並告訴她不需要交叉雙腿。艾克森巧妙地暗示她在稍後的催眠過程需要保持開放，這也是一種種植方法。（Zeig, J. 2006）

最好的種植法就是舉一些當事人能夠明白，甚至有體會的例子，在有意無意之間使當事人相信他的潛意識的而且確有這種失憶的功能。一旦這顆信念的種子被植入當事人的潛意識中，當事人的潛意識便會開始了自我預言實現（Self Fulfilling Prophecy）的機制，亦即是說，這個信念能夠幫助當事人實現催眠治療的效果。催眠的效果，一部份是來自催眠治療的過程，很多初學者都會認為催眠的過程，例如導入、設計催眠指令是最重要的，這其實只是一種誤解。催眠治療的真正效果，來自催眠治療開始之前，催眠師準備的工作，種植法就是其中一種最重要帶來催眠效果的方法，每一位催眠治療師都必須純熟運用這種技巧。

2. 間接的直接指令（Indirect Direct Suggestion）

對於一些比較合作的或者對催眠沒有抗拒的當事人來說，催眠師可以使用一些帶有可能性語句（Modal Operator of Possibility）的直接指令。例如：

「你能夠容許自己去忘記。」
「你能夠容許這件事情收藏在你的潛意識空間之中，讓它只是放在那裏。」
字眼的運用要非常小心。不要再描述那個你想當事人忘記的事情或行為。例如，不要說：「你能夠忘記你的背痛。」這樣只會引導當事人把注意力重新放在痛楚上。

3. 間接的指令（Indirect Suggestion）

間接指令可以在對方沒有覺察到的情況下暗示對方忘記。看看以下的指令：

例子一：

「當你現在正在催眠狀態之中，我正在想，自從你上次接受第一次催眠的時候，要你去回想我所講過的所有說話是那麼困難的事情。你可以嘗試記起我上一次所講的第四句說話，或者刻意回憶起上次催眠之前的三天你吃過甚麼午飯，或者你可以嘗試回想你昨天早上見到的第一個人穿甚麼衣服……任何一個人要記起這些回憶都會感到吃力，所以為甚麼不去容許自己放鬆，因為你知道你並不需要這樣做。」

以上這段說話並沒有直接要當事人忘記那些事情，而是向當事人暗示記起那些回憶是一件很吃力卻很困難的事情。換句話來說，即是指示當事人去忘記那些事情。

例子二：

「當你現在正在催眠狀態的時候，我正在想，你是否已經知道潛意識的運作是那樣的奇妙？例如當你正在行路的時候，你根本不需要思考要提起那一隻腳，不需要思考要收緊那條肌肉，不需要記得如何平衡你的身體……你已經忘記了如何行路，你的潛意識會自動控制身體的肌肉。」

以上的指令可以作為一個反應框架（Response Set），就是利用當事人一定擁有的經驗，暗示他的潛意識去忘記那些事情。

例子三：

「每一個小孩子都曾經有吸吮手指的習慣。沒有人知道他們從那裏學習這種習慣，只是當他們慢慢長大的時候，到了某一天，他們在發覺這個習慣已經不再存在，已經消失，因為他們知道這個習慣對他們的健康是沒有好處的。因此，他們的潛意識自然地幫助他們忘記那個行為。現在，當你正在催眠狀態之中，我要告訴你一件

值得高興的事，就是你的潛意識亦正在學習忘記那些不再重要的事情……」

這個例子亦是一個反應框架，只是用了不同的經驗。米爾頓·艾克森曾經説過：

「隨着經過我們的人生，我們透過經驗學到很多重要的東西。我們甚至不知道我們從經驗中學到一些東西……在催眠狀態中一個人可以利用這些學習，目的就是要引導及組織當事人的行為。」

我們的潛意識的而且確是一個寶庫，他貯存了過去各種各樣的經驗及學習，催眠治療師的責任就是去開啟這些資源，幫助當事人改變。

例子四：

「以前有個人撑一隻艇，在湖邊碼頭，去到湖中心欣賞美麗的風景，周圍一切都好大霧，當這個人將艇撑去湖心的時候，艇慢慢愈來愈遠，愈來愈小，最後艇消失在濃霧當中，在碼頭已看不到艇，因為艇已消失在濃霧中，過了一個鐘頭，濃霧開始慢慢消散，後來湖周圍的景色慢慢浮現出來，艇已完全消失，不知去了那裏，你所見到的是好美麗的風景，你感覺的是一份好舒服、好自在和一份好安全的感覺。」

以上一段指令用了隱喻（Metaphor）的方法暗示潛意識已經忘記了那些事情。這亦是一種間接的方法引發催眠失憶。

4. 二擇一法（Double Bind）

對於一些喜歡由自己控制話事的當事人來說，米爾頓·艾克森經常使用以下的二擇一法：

「你能夠選擇去記得去忘記它們，或者你能夠記得選擇去遺忘

它們。」

　　這個句式除了限制了當事人的選擇之外，同時製造了模糊的狀態（Confusion State），在這個狀態中，當事人的意識會對句子的內容感到不明所以，但他的潛意識已做了選擇，其實任何一個選擇都能夠帶來失憶的效果。

5. 意識及潛意識抽離（Conscious/Unconscious Dissociation）

　　意識及潛意識抽離的指令，亦可以帶來催眠失憶的效果。看看以下三個例子：

　　「你的意識能夠選擇把注意力放在更重要的事情上，而你的潛意識知道如何能夠把那些不再重要的事情釋放。」

　　「你的意識知道你能夠忘記不再重要的事情，而你的潛意識已經開始使那些事情自然地消失。」

　　「你的意識知道哪些事情已經不再重要，同時你的潛意識正幫助你每天浮現出成功的圖像。」

6. 轉移注意（Attentional Shift）

　　催眠師可以在當事人離開催眠狀態的時候，刻意問對方一些問題，目的就是要轉移當事人的注意力，從而幫助當事人意識上忘記催眠的內容。以免那些過度理性的當事人分析催眠的內容。例如，催眠師可以向當事人發問以下一些與剛才的催眠完全無關的問題：

　　「我看見你的鞋子很漂亮，你是從哪裏買到的？」

　　「可以問你一個問題嗎？你曾經到過最美麗的地方是哪裏？」

　　「可以描述你最開心的經驗嗎？」

　　「哪一本書令你印象最深刻？」

7. 模糊技術（Confusion Technique）

米爾頓・艾克森發展出的模糊技術是很有效引發催眠失憶的方法之一。催眠師會向當事人講一些表面上聽上去不合邏輯的以及不合文法的說話，可是其中卻隱藏着很多隱藏的指令（Embedded Command）。看看以下一段說話：

「現在，當你正在催眠狀態的時候，你開始發現有很多新的可能⋯⋯你發現你能夠選擇去記得去忘記它們，或者你能夠記得選擇去遺忘它們⋯⋯你能夠意識地去忘記某些事情的同時你的潛意識使你的潛意識某一個部份使你的意識記得去忘記⋯⋯你的意識或者開始正在想，你如何能夠使你的潛意識有意識地開始忘記，或者如何使你能夠有意識地使潛意識記起如何透過潛意識去忘記⋯⋯我正在想，潛意識如何幫助你能夠忘記你已經忘記的一切，或者忘記所有意識幫助你忘記的一切，以及那些忘記的一切如何透過意識幫助潛意識去忘記意識容許你去忘記一切⋯⋯或者你能夠忘記所有這些一切，同時使自己享受放鬆的感覺。」

這篇說話是毫無邏輯可言的，那些過度理性的人，或者那些很難進入催眠狀態的人，在聽這段說話的時候，簡直會使他們發瘋！因為他們會企圖透過理性去理解這段說話的意思，當他們這樣做的時候，他們會感到非常困惑，簡直就是無法相信竟然會有人講出這樣的說話，他們會出現模糊的狀態（Confusion State），這樣，說話中的隱藏指令便會直接進入他們的潛意識世界，從而帶來改變。

8. 催眠後暗示：

催眠後暗示亦是很好的方法能夠引發催眠失憶。這種指令就是在引出催眠狀態之前最後輸入的指令。這種指令的結構是：

「在稍後的時間，當你在某個情境中的時候，你將會怎樣怎樣……」

例子：

「當你回復清醒狀態的時候，你可以容許你自己忘記我所說過的一切的說話。」

「當你返回工作場所的時候，你會發現你已經忘記那些事物。」

「當你返回家中，你只會感到很放鬆及舒服。」

催眠失憶舉例

個案：睡眠前仍記掛着煤氣爐和大門。

蘭子每晚都會擔心煤氣爐和大門沒有關上，就算她在睡眠前已經關上，在半夜睡醒的時候，也會感到擔憂，這對她的睡眠構成影響。

第一部份：透過米爾頓・艾克森式的導入法幫助當事人進入催眠狀態

你曾經進出過很多次催眠狀態，現在開始回想你曾經進入過最深層的催眠狀態，一個好放鬆，好 relax，好鬆弛的狀態，不需要急，回想那次催眠狀態的舒適感覺……做得好好。現在你坐在椅上，聽到我同你講這些說話，你繼續放鬆下去，當你繼續放鬆下去的時候，你亦愈來愈享受這個過程，尤其是當你發覺你開始變得更加自然，你會愈來愈放鬆，當你愈來愈放鬆，你便會愈來愈舒服。我不知道你的潛意識會引導你進入中度催眠狀態或者進入深度催眠狀態，我只知道你的潛意識會引導你到一個最適當的催眠狀態，以致你能夠透過這個催眠狀態體驗最正面的改變。

當你的意識聽到我講的這些說話，你不需要做甚麼，你只需要

容許你的潛意識繼續帶領你慢慢放鬆，愈來愈放鬆。我在想，你的身體哪一部份會開始進入更深層的催眠狀態？會不會是你的右手，會不會是你的左手，會不會是你的右腳，或者會不會是你面部的肌肉，會不會是你的左腳，會不會是你膊頭的肌肉、眼皮的肌肉，當你發現，當你注意到身體進入更放鬆狀態的那個部份，或者你會感到好奇。你的身體跟着進入深層催眠狀態的究竟是哪一個部份，甚至你不需要理會是哪一部份，因為你知道你的潛意識自然會帶你進入一個更深層的催眠狀態，在這更深層的催眠狀態裏面，你會有很多的學習和很多的發現，這些學習和發現並不是你的意識可以察覺到，因為所有的改變都是在潛意識世界，你知道我們的潛意識是負責我們的行為、情緒和習慣。

第二部份：安裝學習及失憶反應框架

你知道一個小朋友的學習為甚麼會比大人快很多，例如學講說話，小朋友學得很快，他們很聰明，原因是小朋友完全生活在潛意識空間入面，所以對這些小朋友來說，他們充滿好奇，對周圍的人、對周圍的世界，對新鮮的事物充滿了很大的好奇心，就是這些好奇心令他們好快好快學識所有他們要學的技能，例如講說話、刷牙、綁鞋帶，或怎樣用手去揸筷子，對大人來講，好可能要學一段時間才學識，但對於小朋友就好快學識，這就證明潛意識的學習能力是相當之驚人，相當之快速。因為潛意識是可以在催眠狀態是會接受對你有幫助，對你的人生有幫助的說話，然後為你帶來正面的改變，而現在當你意識聽到我同你講這番說話的時候，你的潛意識亦會開始感到好奇，究竟跟着會做甚麼？跟着會有甚麼新的學習，在我對你講新的學習之前，我想同你講在你過去的人生的時間裏面，你的潛意識不但幫助你學習了很多新的技能，新的習慣，而同時在這個過程裏面，你的潛意識幫助你放低一些不再需要的習慣和

行為。例如，好可能在過去，在你 BB 仔的時候，你會將手放入口中，好可能你在 BB 仔時，或其他人在 BB 仔的時候會吮手指，或者會有各種各樣對身體無益的行為習慣，隨着他們的成長，他們的長大，他們的潛意識對舊有的行為習慣已不再重要，吮手指流口水已不再重要，所以不知由幾時開始學習放低，這些習慣行為，發覺他們已沒有了這些習慣行為已完全消失，這個過程，不需要意識，即不需要我們的邏輯分析去參與，這個過程完全是潛意識運作。

第三部份：使當事人忘記過去的擔心，以及增加當事人的選擇。

在你過去人生也發生過大大小小的事，各種不同的事情，你知道絕大部份的事情，你都已經忘記。這個忘記機制在你潛意識的空間運作，現在你在催眠狀態的時候，你的潛意識聽到我所有的說話時，它亦開始了忘記的本能，現在你完全集中在我的說話上面，而同時你可以開始忘記過去檢查煤氣和門的擔心，你知道這份感覺已經不再重要，對你，蘭子，已不再重要，已不再重要，因為你知道每晚當你睡覺的時候，它們已經檢查好，當你每晚去睡覺的時候，你沒有甚麼好驚，沒有甚麼好擔心，你只感到安心，感到放心，感到釋放，感到自在，因為你知道過去的那份感覺，對你來說已不再重要，所以你的潛意識會開始忘記，你可以選擇去忘記，或者選擇去遺忘那份感覺。我不知道你的潛意識在這一刻會為你選擇那一種方式，我只能肯定的是你的潛意識會為你選擇一種最適合你的方式幫助你改變。你可能會好奇這過程怎樣發生，我告訴你，這個過程我實在也不知道如何發生，只有你潛意識知道怎樣去忘記，好可能是今晚、或者是明晚、或者是後日，當你上床睡覺的時候，你感到好安心、感到好自在，你只會選擇好安心地去上床休息，去享受舒適的睡眠，你完全看到這個過程的運作，你好清晰，即是由你開始

上床睡覺，你好安心享受舒適的睡眠。

稍後在你打開雙眼之前，你的意識會完全忘記我所有所講的一切，可是你的潛意識完全記錄了我所講的一切，我的說話一字不漏的完全記錄在潛意識的世界，你的潛意識會幫助你去改變。

現在我會慢慢由一數到十，每數一下，你會愈來愈清醒，當我數到 5，你會清醒一半，當我數到 10，你會完全清醒，打開雙眼。

預備，一……二……三……開始慢慢清醒，四……五……六……留意這間房的周圍環境，注意其他學員，七……八……還有兩下，可以回來，回復清醒。九……十……現在可以打開雙眼。

（約二十五分鐘）

個案跟進

兩年後蘭子表示她亦會在睡眠前檢查煤氣爐以及大門是否關上，可是她在睡眠的過程中，已經再沒有那份擔心的感覺出現。

回應同學的提問

失憶不是指洗去過去的經驗，那次的經驗不是沒有了的，只是將之放在潛意識某一個空間，而他的意識不會再受這次經驗影響，所有已經發生了的經驗是不能清洗的，只不過我們安排它在不同的地方出現。如果你看到當事人的情緒很大，例如有嬲、有被傷害的情緒，便必須先處理情緒，如果不先處理情緒，而只是埋藏了，可能會有意想不到的情況出現。例如衣櫃內有很多骯髒的衣服，如不處理而只將這些衣服放在櫃底，幾個星期便會更臭了，所以要先將衣服清理才放入衣櫃才是正確。一些簡單的焦慮，便可以用這個方法。有些當事人處理了情緒，例如用了感知位置平衡法處理了大部份的情緒，就可以利用這個技巧處理餘下的情緒。這個有些類似改變次感元而改變情緒，但不能全部的情緒都用這個來處理，例如

創傷，必要處理了創傷，才可用這一個。如果當事人在之後想找尋這些記憶，是有技巧可以做到的。因為事件從來也沒有消失過，只是放在潛意識的某一個空間內。正如在街上遇到朋友，一時不能記起他的姓名，隔了一兩天之後，會突然記起來一樣的道理。在催眠中，是可以與當事人對答。處理焦慮，例如晚上睡不着，常常想起公司的事；肥胖、吸煙、行為習慣、焦慮情緒、或者常常想起一些不開心的事等，都適合用這個方法。

升手（Arm Levitation）

升手是米爾頓‧艾克森經常利用的一種催眠現象。嚴格來說，升手是另外一些催眠現象的組合，包括僵硬（Catalepsy）及抽離（Dissociation）等。透過引導當事人的潛意識升起手部，能夠有效地說服當事人，治療能夠帶來很好的成效。升手之所以對治療有非常顯著的幫助，主要有兩個原因。第一，就是當事人能夠很實在地體會他的潛意識，如何能夠在沒有意識的幫助下，幫助當事人的手上升，當事人往往會發覺手部上升的動作及過程是很自然的，甚至不需要用力，有些當事人甚至會感覺到上升的手，就好像有自己的生命一樣。另外一些當事人會感覺到手部好像跟身體已經分離了似的（Dissociation Phenomenon）。因此，催眠師便能夠為當事人建立一個正面的信念，就是催眠指令的而且確能夠指示潛意識工作。第二個原因，就是升手的過程能夠作為一種隱喻（Metaphor），透過這些隱喻，使當事人相信他的問題會得到改變。比較常用的隱喻包括以下各方面：

1. 提升當事人對某方面的信心：

催眠師：「隨着你的手慢慢上升，你（對某一方面）的信心亦開始慢慢地提升⋯⋯」

2. 減輕對某個情境或事物的恐懼：

催眠師：「隨着你的手慢慢下降，你的潛意識亦開始慢慢放低對那件事情的感覺，當你的手繼續慢慢放下的時候，你對那件事情亦感到愈來愈平靜⋯⋯」

3. 處理抑鬱感覺：

催眠師：「隨着你的手慢慢上升，你開始發現他就好像有自己的生命似的，令你感覺到他充滿了生命的能量，隨着你的手升得愈來愈高，你亦同時感覺到愈來愈與輕鬆⋯⋯」

4. 改變某些行為（例如飲食行為）：

催眠師：「隨着你的手慢慢下降，你的潛意識亦同時放低那個行為，開始容許那個行為慢慢地消失⋯⋯」

5. 處理畏高症：

催眠師：「隨着你的手慢慢上升得愈來愈高，你內心感覺到愈來愈輕鬆，他在那樣高的地方，內心只會感覺到平靜和舒服⋯⋯」

一般來説，屬於以下的當事人會對升手有較好的反應：

1）那些比較容易進入催眠狀態的當事人

2）非常認同催眠師的權威性的當事人

3）非常合作的當事人

至於那些患有肌肉硬化症（Sclerosis），或者對於表現身體動作有困難的當事人，並不適合引用升手現象（John H. Edgette and Janet Sasson Edgette, 1995）。

如何引發升手現象

1. 安裝反應框架（Response Set）

催眠師可以在升手之前透過一個特別設計的反應框架，使潛意識準備好自動地做出動作。米爾頓・艾克森經常利用當事人在日常生活的經驗來設定這個反應框架。例如，催眠師可以在當事人進入了催眠狀態之後，輸入以下的指令：

「當你現在正在催眠狀態的時候，我想告訴你一些有關潛意識的有趣特性，你的潛意識在每一天都會透過你身體的不同動作表現他的智慧。當你在走路的時候，你的潛意識會自動地控制大腿裏面不同的肌肉，抬高然後放低你的大腿，跟著他會控制另一隻大腿的肌肉，抬高然後放低你的大腿，你的意識根本不需要干擾這個過程，因為你的潛意識擁有獨特的智慧，很有韻律地自動控制大腿的肌肉。現在，當你正在催眠狀態的時候，我很高興告訴你，你潛意識會用很多不同的途徑，透過你的身體表現他的智慧。例如，你的潛意識可以透過升起你的左手或者升起你的右手來，表現他的智慧……」

2. 二擇一法（Double Bind）

催眠師假設當事人的左手或右手會首先升起。

「你可能會開始感到好奇，你可能正在想，究竟會是你的左手首先升起抑或你的右手首先升起？」

「你想它上升得快一些或慢一些？」

「你想它很流暢地上升抑或跳躍般上升？」

3. 隱喻（Metaphor）

隱喻是引發升手非常有效的方法。催眠師可以適當地選擇以下的隱喻：

「想像有十個巨形氫氣球綁在你的左手／右手手腕上面，這個向上的拉力令你感覺到你的左手／右手愈來愈輕，愈來愈輕……」

「你有聽過氣墊船這種交通工具嗎？氣墊船是一種很特別的交通工具，當氣墊慢慢注入空氣的時候，氣墊便會慢慢膨脹，它就會慢慢地上升，氣墊船會變得愈來愈輕，愈來愈輕，最初氣墊船會離開地面少許，最後它會完全地升起來。現在，每當你呼吸一下，你的手便會好像氣墊船一樣愈來愈輕。你可能感到好奇，你的潛意識選擇那一隻手變成了一部氣墊船，可能是你左手，可能是的右手，或者是兩隻手一起，變成了一部氣墊船，慢慢地注滿空氣，開始變得愈來愈輕，開始慢慢地上升……」

升手催眠指令舉例

「當你現在正在催眠狀態的時候，我想告訴你一些有關潛意識的有趣特性，你的潛意識在每一天都會透過你身體的不同動作表現他的智慧。當你在走路的時候，你的潛意識會自動地控制大腿裏面不同的肌肉，抬高然後放低你的大腿，跟着他會控制另一隻大

腿的肌肉，抬高然後放低你的大腿，你的意識根本不需要干擾這個過程，因為你的潛意識擁有獨特的智慧，很有韻律地自動控制大腿的肌肉。現在，當你正在催眠狀態的時候，我很高興告訴你，你潛意識會用很多不同的途徑，透過你的身體表現他的智慧。例如，你的潛意識可以透過升起你的左手或者升起你的右手來表現他的智慧（幫助當事人把手放在大腿上）……

在你的潛意識升起你的手之前，我正在想，你有聽過氣墊船這種交通工具嗎？氣墊船是一種很特別的交通工具，當氣墊慢慢注入空氣的時候，氣墊便會慢慢膨脹，它就會慢慢地上升，氣墊船會變得愈來愈輕，愈來愈輕，最初氣墊船會離開地面少許，最後它會完全地升起來。現在，每當你呼吸一下，你的手便會好像氣墊船一樣愈來愈輕。你可能感到好奇，你的潛意識選擇那一隻手變成了一部氣墊船，可能是你左手，可能是的右手，變成了一部氣墊船，慢慢地注滿空氣，開始變得愈來愈輕，開始慢慢地上升……你可能正在想，究竟會是你的左手首先升起抑或你的右手首先升起？……

你可能已經開始感到你的手有些震動……最初會有輕微的動作……慢慢你的潛意識便會加大這些動作……當它現在開始上升的時候，你想它上升得快一些或慢一些？當這隻手愈來愈貼近面部的時候，你的催眠狀態亦愈來愈深。

現在，它上升得愈來愈流暢，它好像有自己的生命似的，你甚至感覺到它好像從你的身體分離了出來，你根本不需要用力它就會很容易地上升……」

未來演進（Future Progression）

未來演進的意思，就是當事人經常想着未來即將發生的事情，而且這些事情都以很具體的感官元素表現出來，以致這些事情對當

事人來說變得非常真實。焦慮症（Anxiety）就是未來演進的一個例子。例如一個很害怕要演講的人，他頭腦經常想着未來演講的景象，看見台下觀眾不屑的眼神，聽見自己沒有信心説話，感到內心不安……我有一個當事人，他非常害怕失去工作，經常想着未來失去工作所帶來的負面後果，其實他們雖然沒有被催眠，但卻自動地進入了催眠狀態，透過未來演進表現出來。催眠師經常透過未來演進，幫助當事人加強對於未來要發生事情的信心，使他們更有把握完成手頭上的工作，又或者加強他們的學習能力。

米爾頓・艾克森催眠治療與傳統心理治療其中一個最大的分別，就是時間上的處理。後者例如心理分析（Psycho-analysis）會分析當事人過去還沒有處理好的事情，而前者則主要幫助當事人製造未來成功的經驗。米爾頓・艾克森是一個對生命非常正面的人，他相信治療師幫助當事人製造未來正面的經驗，會帶來更佳的治療效果。就算要當事人回想過去的事情，前者的方向都只是利用過去某些正面經驗的資源，來達到製造未來成功經驗的目的。在這裏要注意的是，未來演進以及想像未來是完全不同的效果。未來演進，能夠使當事人實實在在地感受到未來的經驗，就好像將發生在現在一樣的真實。可是想像未來，只會使當事人感覺到事情並不是真實的，只是一種對於未來的聯想。因此，未來演進能夠改變當事人的信念，製造具有治療作用的自我預言實現的效果（Yapko, 2003）。

透過幫助當事人製造未來正面的經驗，當事人的神經系統會得到正面的感覺、激勵、從而產生行為上的改變。對於一些比較負面的人，最極端例子就是抑鬱症病患者，本技巧能夠有效幫助他們從經常回想過去負面經驗的模式中解脱出來，使它們的焦點放在對未來的正面盼望之中，使他們重新感受到希望。

這個技巧對於改進某些表現，例如提升運動員的臨場表現、演講的表現、見工面試的表現等，非常有幫助的。我有一位當事人，他經常要向一些公司的總裁老闆推銷有關他公司的顧問服務，他對

於自己的服務以及有關的專業意見非常熟悉，可是每次都感到非常緊張，效果自然不理想。我決定透過未來演進，幫助他建立演講的信心，引導他在演講的時候，表現得非常有信心，引導他看見現場的老闆，都非常欣賞他的表現。在那次催眠的經驗中，那個未來的經驗對他來說，非常之實在，以致他不能夠分辨這是想像出來的還是真實的情況。那次催眠進行了四十五分鐘，後來他告訴我，過去那種緊張情況已經消失了，取而代之的是一種實在、平靜、以及有信心的感覺。

本技巧在英語上有很多不同的名稱，包括 Future Progression、Age Progression、 Pseudo-orientation、Time Projection 等。

如何引發未來演進現象

1. 安裝反應框架（Response Set）

「每一個人都曾經夢想未來，想像他們的人生在未來會變得更好，小朋友更加會發揮他們的想像力，想像未來會變成一個怎樣的人。那些夢想是這樣的真實，以致每一個人都很享受夢想的過程。現在，當你正在催眠狀態的時候，你的潛意識亦開始夢想⋯⋯」

2. 引導至未來（Future Orientation）

「我不知道你的潛意識會引導你到未來甚麼時間，可能是數日之後，數星期之後，又或者數個月之後⋯⋯你看見自己出現正面的改變⋯⋯」

3. 假設（Presupposition）

「我正在想，當那個問題消失之後，你看見自己有怎樣的改變？感受到你的心情會有怎樣的不同？⋯⋯」

「現在，你即將要發現一些有關你自己的很重要的事情……當你容許你的潛意識發揮他創造的能力，你便會開始看見你成為一位一流的催眠治療師……」

4. 隱藏指令（Embedded Command）

「我正在想，你的未來會出現甚麼不同，以致到你能夠感覺到比現在更好……」

「我不知道你亦未必知道你的潛意識會怎樣容許你開始慢慢看見更好的未來……我唯一能夠肯定的，就是你的潛意識能夠容許你感到比現在更好……」

5. 二擇一法（Double Bind）

「你能夠容許你的潛意識幫助你看見一個更好的未來，或者你能夠容許你自己享受一個比現在更好的未來……我不知道你的潛意識會怎樣選擇，我只知道你的潛意識會為你帶來改變……」

6. 意識及潛意識抽離（Conscious/Unconscious Dissociation）

「當你現在正在催眠狀態的時候，你的意識可能已經忘記了過了多少時間，而你的潛意識會用一種完全不同的方式，讓你經驗到改變，他開始幫助你看見一個不同的未來，可能是數日之後，數星期後，又或者數個月之後，我正在想，當你容許你的潛意識為你帶來改變，你看見你自己在未來甚麼時間……你有甚麼改變……」

7. 利用（Utilization）

「你的潛意識能夠容許你看見更好的未來，亦即是説，你的潛意識至少有一個部份能夠為你帶來改變……」

治療師亦可以利用當事人有關未來的各種美好感覺及資源，邀請當事人的潛意識帶回來現在，亦把他們帶回來現在，甚至可以化成為某種象徵（Metaphor），幫助當事人現在面對問題：

　　「現在，你可以把這種美好的感覺以及所有正面的資源帶回來現在這一刻，你亦可以邀請你的潛意識，把這些感覺及資源化成為一種象徵，以致每次當你回想這個象徵的時候，你內心就會很自然地立刻浮現出這些所有的美好的感覺……」

未來演進舉例

看見自己成為出色的催眠治療師

　　「每一個人都曾經夢想未來，想像他們的人生在未來會變得更好，小朋友更加會發揮他們的想像力，想像未來會變成一個怎樣的人。那些夢想是這樣的真實，以致每一個人都很享受夢想的過程。現在，你即將要發現一些有關你自己的很重要的事情……你的潛意識開始夢想，他開始發揮創造力，讓你看見你成為了一位優秀的催眠治療師……

　　你能夠容許你的潛意識幫助你實現這個夢想，或者你能夠容許你自己享受成為一位優秀的催眠治療師……我不知道你的潛意識會怎樣選擇，我只知道你的潛意識會為你帶來改變……

　　現在，我不知道你的潛意識會引導你到未來甚麼時間，可能是數星期之後，又或者數個月之後，又或者數年之後……你看見自己成為了一位優秀的催眠治療師……我正在想，你看見些甚麼？看見自己有甚麼改變？可能你看見你有自己的治療中心，看看四周的環境是那樣的美麗、舒服和寧靜，周圍有你最喜歡的顏色以及擺設……可能你看見很多人的生命都因為你而改變，變得更好，你甚至看見他們面上流露出滿足的笑容，你聽見他們誠心向你道謝，你衷心感受到自己的價值，以及生命的意義……

你的潛意識能夠容許你看見你成為了一位優秀的催眠治療師，亦即是說，你的潛意識至少有一個部份能夠為你帶來改變……至少有一個部份相信你是能夠做到的……

你可以繼續容許你的潛意識一直帶領你去經驗這些改變，容許你的潛意識幫助你體驗成為一位優秀催眠治療師的感覺，我正在想，你的潛意識把你帶引到甚麼地點？甚麼時間？你看見自己正在做些甚麼？……你能夠完全投入在這些經驗當中，好好享受一下成為一位優秀催眠治療師帶給你的美好感覺……容許你的潛意識發揮他的能力幫助你成為一位優秀的催眠治療師，容許這種美好的感覺流遍你的全身，使全身每條神經、每條血管、每個細胞都充滿了這種美好的感覺……

現在，你可以把這種美好的感覺以及所有正面的資源帶回來現在這一刻，你亦可以邀請你的潛意識把這些感覺及資源化成為一種象徵，以致每次當你回想這個象徵的時候，你內心就會很自然地立刻浮現出這些所有的美好的感覺……」

分離 （Dissociation）

分離是經常被使用的催眠現象。Michael Yapko Ph.D. 在他的著作《催眠狀態的工作》（*Trance Work*）中把分離定義為「把一個整體性的經驗拆開成為某些部份，在減少對其他部份的知覺的同時增大對其中一個部份的知覺。」

（「To break a global experience into its component parts, amplifying awareness for one part while diminishing awareness for the others.」）

在日常生活中，經常出現分離的自然現象，例如，正在進行馬拉松跑比賽的選手的腳部可能受傷，但是他們的注意力全部放在完

成比賽上，以致他們沒有感覺到腳部的痛楚。又例如有些曾經承受過嚴重傷害的人，當他們提及那些傷害的經驗的時候，會表現得很平靜，就好像一個第三者描述那次事件一樣。其實他們的潛意識為了避免再次承受傷害的感覺，透過分離，使當事人不能夠重新體驗那些感覺。有些人對人生感到很冷漠或者麻木，觀看某些很感性的電影亦沒有感覺，因為他們的潛意識已經使他們對生命的感覺從內心分離了。又例如對於吸煙的人來說，他們忘記了吸煙會常常咳，也忘記常常吸煙令到衣服帶有煙味，這也是分離的一種方式。在日常生活中，有大量的自然發生的分離例子。而在催眠狀態中，催眠治療師能夠刻意引發這種催眠現象，帶來各種治療的效果。

事實上，催眠的過程本身已經為被催眠者的神經系統帶來分離的效果。在被催眠者的意識（左腦）充滿了催眠師的指令的同一時間，被催眠者的潛意識（右腦）亦同時以另一種方式運作，例如回想過去的記憶，進行想像，為催眠的指令給予特定的意義等。意識及潛意識抽離（Conscious / Unconscious Dissociation）指令就是其中一種引發這種分離效果的方法。因此，分離現象是催眠的一種特有的現象。

分離的治療應用

1. 處理憂慮及壓力

對於一些經常憂慮未來，又或者下了班之後仍然不能夠忘記工作的人，甚至因此而失眠的人，又或者那些不能夠忘記過去生命中某些事情的人，催眠治療師就可以透過分離，幫助這些人從那些事件或情緒狀態中抽離出來。雖然事情沒有得到真正的解決，但是他們內心能夠感到多一份的平靜，從而擺脫被各種負面情緒控制的困局，以及能夠更加理性地面對問題。

2. 止痛

對於一些患有長期痛症的病人，例如頭痛、背痛、膝蓋痛……等，催眠治療師可以引發分離現象，幫助這些病人的感覺與那些痛楚分開，從而減輕病人的痛苦。

3. 處理抑鬱

對於很多患了抑鬱症的病人來說，他們會經常無意識地回想過去生命中的挫折以及失敗的經驗，這種心理機制會反覆出現，以致他們不能夠從過去中解脫出來，這就是抑鬱症的一種特徵，當事人感到沒有出路，感到被圍困。催眠治療師可以透過分離現象，幫助抑鬱症患者從過去的各種負面經驗中抽離出來，同時幫助他們把注意力重新放在過去那些開心的或成功的經驗上，使他們有更多的資源，以及有更好的情緒狀態幫助他們面對人生的挑戰。事實上，每一個人的潛意識都儲存了很多正面，以及能夠幫助他們面對困境的各種經驗及資源，可是由於病人的潛意識，已經把他們與這些種種正面的資源分離了出來，他們的症狀本身亦是自然的分離現象。因此，催眠治療師的責任就是看透這種實況，幫助當事人重新與潛意識中的正面資源結合，使當事人更有力量面對問題。

4. 無痛分娩

催眠治療師可以透過分離來幫助孕婦在分娩的過程中與痛楚分開，使分娩的痛楚減至最少。

5. 製造潛意識的部份

潛意識擁有各種資源及能力幫助當事人解決生命中的問題。那麼，為甚麼有那麼多的人被各種各樣的問題困擾？根據米爾頓・艾

克森所説：

「病人之所以成為病人，是因為他們跟自己的潛意識失去了親和感……病人是擁有太多程式的人，他們被設定太多的程式，以致跟真正的自己失去了接觸。」

病人之所以被問題困擾，原因就是他們的潛意識中有一些沒有效果的程式，以致潛意識的各種資源不能夠被有效地提取及使用。這就好像一部電腦被錯誤的程式控制，不能夠開啟硬碟中的正確檔案，最後只會輸出錯誤的結果。讓我舉一個例子：有一個人發現自己經常做出一些頗為衝動的決定，他感到無能為力。表面上看來，他的問題是來自他的性格，而真相是，他的潛意識並沒有一個會考慮導致失敗的可能性的部份。另外一個原因，就是他習慣了與那些決定帶來的行動感覺，過度連結在一起，以致他被那些本能的衝動感覺控制。

催眠治療師可以做的工作，就是首先幫助他的潛意識建立從那些衝動的感覺分離的效果，建立一個或者分離出一個「批評的部份」，這個部份的功用，就是要找出那些衝動決定有可能導致的負面後果，然後，再由一個理智的部份想出解決的辦法，經過這個全新的決定程序，他的決定會更加成熟。為了達到這個效果，催眠治療師可以設計類似以下的指令：

「我正在想，你是否有聽説過一些很理智的人，他們做決定的策略是與一般人不同的？我很想告訴你他們秘密，當他們對某個想法感到很好的時候，就好像它們的潛意識中有個部份負責體會到這種感覺，而同時另一個負責批評的部份就好像一個第三者從抽離的角度觀察這個過程……這個部份會立即出現一把聲音：『STOP！這個決定會有甚麼負面的後果呢？有甚麼可能性會導致失敗？有甚麼

因素會導致這個決定不能夠執行？』然後，他們就會想出很多沒有想過的問題，他們潛意識中的創意部份，便會開始想出很多解決的辦法……當你現在正在催眠狀態的時候，有一件很高興的事情我要告訴你的，就是當你的意識聽到這些理智的人做決定的方式，你的潛意識亦在更深的層次，學習模仿這些理智的人做決定的方式……」

在這個例子中，催眠治療師幫助當事人的潛意識建立起一個批評的部份，以及一個創意的部份，並且使這兩個部份合作無間，更直接一點來說，就是在當事人的神經系統中，建立一個新的神經渠道，就好像開一個新的引水道一樣，使這個人在他下次作決定的方式會出現不同。

如何引發分離現象

1. 反應框架（Response Set）

「潛意識的運作是那樣的奇妙，我正在想，你是否有留意到或者聽說過日常生活的一些有趣的現象？……你可能曾經聽說過在非常寒冷的氣候中，當一個人把手暴露於空氣中足夠長的時候，他會感覺到那隻手好像並不屬於自己的身體似的，就好像從身體分離了出來一樣……又例如，當一個人正在看着非常吸引他的電視節目的時候，他正在一個催眠狀態中。他並沒有察覺到右腿的感覺是怎樣的，又或者沒有意識到左腳的存在，它們就好像從他的身體中分離了出來似的……」

2. 分離語言（Dissociation Language）

「從身體分離出來」、「有一個部份能夠獨立地運作」、「你

可以放下那個部份」

「容許那個部份離開」

3. 假設（Presupposition）

「稍後當你發現那個部份好像從你的身體分離開了出來的時候，你便會進入更深層的催眠狀態⋯⋯」

「在你的潛意識決定從過去那些經驗中抽離出來之前，我會幫助你進入更深層的催眠狀態，以致你發現你能夠更容易完成這個過程⋯⋯」

「我正在想，你的潛意識打算怎樣幫助你從那些感覺中抽離出來，以致你開始感到愈來愈平靜⋯⋯」

4. 二擇一法（Double Bind）

「當你正在聽我的說話，我正在想，你的潛意識會打算立即分離抑或會逐漸地分離？」

「你容許你的潛意識分離八成以上抑或九成以上？」

「你會選擇現在立即分離抑或稍後當你進入更深的催眠狀態才分離？」

5. 意識及潛意識抽離（Conscious/Unconscious Dissociation）

「你的意識能夠從現在開始把注意力集中在準備下星期的演講上，而你的潛意識會把注意力放在過去成功的經驗上⋯⋯」

「你的意識可能正在想這個過程是怎樣發生的，而你的潛意識正在意識的範圍以外為你帶來改變⋯⋯」

「你的意識能夠感受到放鬆的身體帶給你的舒服感覺，而你的潛意識正幫助你逐漸遠離那個感覺⋯⋯你好像在這裏，那個感覺在

那裏……」

6. 方向上的字眼（Words of Direction）

催眠治療師可以使用「這裏（here）」代表一個部份（例如舒服的部份），用「那裏（there）」來代表另一個部份（例如頭痛）：

「當你聽到我的說話的時候，你開始有一個很重要的發現……你有一個舒服的部份坐在這裏……而你的其他部份正飄浮到那裏……在另外一邊……就好像從你的身體分離了出來似的，愈漂愈遠……」

7. 隱喻（Metaphor）

「每一個小朋友都曾經在白天的時間做夢，當他們望着天空的時候，他們甚至會想像飛上半空的感覺，是那樣地輕鬆，那樣地自由……他們的身體在這裏，而他們的意識已經飄浮到那裏，一個自由自在的半空……每一個小朋友都有這種能力，當你正在催眠狀態的時候，你亦可以把這種能力浮現出來，用你的潛意識幫助你從身體飄浮出來，飄上去半空，你的身體在這裏，而你的意識飄浮到那裏，一個自由自在的半空……你甚至開始看見自己坐在椅子上……你感到愈來愈輕，愈來愈輕……感受到輕鬆自在的感覺不是更好嗎？每一個人都想生活得輕鬆自在，現在，你不再需要過去的憂慮，不再需要那份感覺，因為你的潛意識選擇了享受輕鬆自在的感覺，為何不把那些不需要的感覺全部放下？……你可以容許潛意識選擇他的方式，現在放下那些感覺，就好像放下那些行李一樣……開始享受自由自在的感覺，享受你的靈魂自由自在地在空中飄浮，變得愈來愈輕，愈來愈輕鬆，愈來愈輕，愈來愈輕鬆……」

分離舉例

使手部從身體分離出來

「當你現在正在催眠狀態的時候，你的意識聽到我的說話，而你的潛意識繼續引導你的身體進入更深層的催眠狀態，你的意識可能正在想你的潛意識如何幫助你的身體進入更深層的催眠狀態……潛意識的運作是那樣的奇妙，以致他可以用一些獨特的方式引導你的身體進入更深層催眠狀態……

現在，當你正在聽着我的說話的時候，我正在想，你是否有留意到或者聽說過日常生活的一些有趣的現象？……你可能曾經聽說過在非常寒冷的氣候中，當一個人把手暴露於空氣中足夠長的時候，他會感覺到那隻手好像並不屬於自己的身體似的，就好像從身體分離了出來一樣……又例如，當一個人正在看着非常吸引他的電視節目的時候，他正在一個催眠狀態中。他並沒有察覺到右腿的感覺是怎樣的，又或者沒有意識到左腳的存在，它們就好像從他的身體中分離了出來似的……

現在，你開始有一個很重要的發現……你的身體有一個舒服的部份坐在這裏……而你身體的某個部份正逐漸從身體分離出來，我不知道你的潛意識會選擇身體的那一個部份，可能是你的左手或者右手，我只是知道你其中的一隻手開始逐漸從身體分離出來，飄浮到那裏……在另外一邊……就好像從你的身體分離了出來似的……飄浮到愈來愈遠的地方……你可以容許那一隻手進入更深層的催眠狀態，就好像睡着了一樣，正如進行馬拉松跑比賽的選手的腳部可能受傷，但是他們的注意力全部放在完成比賽上，以致他們沒有感覺到腳部的痛楚，他們的腳部好像從身體分離出來，失去了知覺……而你現在把注意力放在身體的其他部份，感受其他部份舒服的感覺，感受其他部份放鬆的感覺……

這可以是一種很有趣的經驗，因為你身體的某個部份失去了知

覺，甚至感到麻木，你可以容許那個部份停留在那裏，那個很遠的地方……而你在這裏繼續享受舒服放鬆的感覺，享受舒服放鬆的感覺……」

幻覺（Hallucination）

幻覺是一種特別的現象，可以分為不存在幻覺（Negative Hallucination）及正面幻覺（Positive Hallucination）。不存在幻覺指的就是當事人看不見、聽不到、感受不到或者嗅不到某種真實存在的事物。例如牆上面有一個時鐘，被催眠者卻看不見。不存在幻覺不一定出現在深層的催眠狀態中，就算是日常的生活，也經常出現這種情況。例如，我有一次要從書櫃上找一本有關催眠的書，但找了數次也找不到，心裏面實在覺得奇怪，那本書去了哪裏呢？過了一段時間之後，我無意之中看看那個書櫃，竟然發現那本書就在書櫃的中央，在幾本一系列與催眠無關的書的裏面。原來我的潛意識相信我不會把催眠書放在這些系列的書的中央的，因此產生了不存在的幻覺。相反，正面的幻覺（Positive Hallucination）指的就是看見一些真實不存在的事物，或者聽到不存在的聲音，或者嗅到不存在的氣味，或者感受到不存在的感覺等。例如，催眠師告訴被催眠者手上面有一個橙，被催眠者手上面事實上沒有橙，但他卻真實地看見有一個橙在手中。日常生活有很多正面幻覺的例子。例如，你聽到別人叫你的名字，但是回頭看一看，卻發現並沒有人在叫你。又或者突然嗅到一些餸菜，例如煎鹹魚的香味，卻發現並沒有人在煮餸。

以下為你再詳細介紹如何運用這兩種具有治療作用的催眠現象。

正面幻覺（Positive Hallucination）

正面幻覺的臨床應用

正面幻覺可以被利用來處理各種各樣的雜症。我打算舉很多的例子，使你首先有一個概括的認識及印象。這樣，對於你在何時使用正面幻覺來幫助病人是很有幫助的。

首先，你可以透過正面幻覺處理一些在某些情境感覺到壓力的案例。例如，對於一位經理，當他要開會的時候，便感到非常大的壓力，又或者一個在見工面試經常緊張的人，催眠治療師便可以透過正面幻覺，使他在開會或者見工的時候聽見一些聲音，例如：「深呼吸，慢慢放鬆自己，你可以做得很好！」等類似的說話。又例如，對於一些有不安全感的人來說，他可能感到在家中不安全，甚至有人想謀害他，催眠師便可以透過催眠為他製造正面的幻聽，例如：「你在這裏很安全，你可以放心！」等。

正面幻覺對於處理婚姻關係也是很有幫助的。例如，一對經常吵架的夫婦，催眠師可以透過正面幻覺，使丈夫或太太在感到開始要與對方吵架的時候，便立即浮現出過去某一個愉快相處的情景，或者一個很浪漫的約會，或者對方如何幫助自己的回憶，又或者聽見結婚行禮的時候，情深款款地向對方說過的承諾等，這些回憶可以立即改變當事人的心理狀態，這樣就可以即時減少他們的怒氣，從而減少他們的衝突機會。

我經常使用正面幻覺來處理一些飲食上的問題。我會告訴當事人，假如她想進食那些容易致肥的食物的時候，她的潛意識便會立即浮現出一個很肥很重很難看的自己，然後會聽見一把很大的聲音：「STOP！」，跟着他便會幻想正在做其他的事情，或者進食一些不會致肥的食物，例如生果。我發覺這是一個非常有效的方法阻止不健康的飲食習慣。

傑弗瑞・薩德（Jeffery K. Zeig Ph.D.）曾經利用正面幻覺幫

助一些有幻聽的精神分裂症病者。他教導這些病人，把那些聲音從身體中移動到手中，並透過搖動雙手把那些聲音釋放（John H. Edgette and Janet Sasson Edgette, 1995）。

米爾頓‧艾克森經常使用正面幻覺來帶出治療效果。曾經有一位患有十年乘飛機恐懼症的女士要求米爾頓‧艾克森為她治療。她患上這個恐懼症的原因是，十年前她乘搭的飛機發生意外，自此之後她對於乘搭飛機愈來愈恐懼。當飛機開始起飛的時候，她便會全身發抖，甚至會全身出汗，直至飛機降落為止。在催眠狀態中，米爾頓‧艾克森引導她出現正面幻覺，就是使她幻想正在三萬五千尺高空的飛機上，她的恐懼反應如常地出現，米爾頓‧艾克森然後對他說：「我想你的飛機開始下降，當它到達地面的時候，你所有的驚慌、恐懼及所有的折磨，將會從你的身體中溜出來，去到你旁邊的椅子上。」當這位女士回復清醒狀態之後，她立刻離開椅子並跑到治療室的另一邊。然後指着另外那張椅子說：「它們在那裏！它們在那裏！」後來她有一次在機場告訴米爾頓‧艾克森，過去的恐懼反應已經完全消失了。（O'Hanlon, 1990）

在另一個案例中，一個患有末期骨癌的中年婦人告訴米爾頓‧艾克森想在離世之前看一看她住宅的每一間房間，可是這個婦人的主診醫生警告他，這樣會使病人的臀部折斷。米爾頓‧艾克森不顧醫生的警告，決定完成這個病人的最後心願。當他把病人帶進催眠狀態之後，告訴病人在她的身體上放進了一個腰帶，這個腰帶使她感覺到愈來愈輕。他甚至告訴病人，在行走的期間，她根本不能夠移動她的臀部，也只能夠移動膝蓋以下的部份。後來這個婦人終於能夠起身看一看她的住宅，甚至自己去洗手間，過了一段時間之後，她便離開了（O'Hanlon, 1990）。

正面幻覺對於當事人來說，可以成為一種象徵式的價值（Symbolic Value）。透過這種象徵式的價值，治療師可以利用作為一種治療上的暗示。米爾頓‧艾克森曾經有一位較難與別人（包

括米爾頓・艾克森）建立關係的女當事人，他透過正面幻覺，幫助這位當事人看見一隻狗站在她的身旁，這是米爾頓・艾克森的狗。對於這位當事人來說，這隻狗代表了忠誠、友善、保護。這隻幻想出來的狗，成為了建立他們關係的有效橋樑（Zeig, 1978）。

如何引發正面幻覺

1. 反應框架（Response Set）

「當你現在正在催眠狀態的時候，你的眼睛已經合上。我正在想，你可能已經注意到眼簾上開始出現一些閃光，出現一些持續不斷或者以某種形式出現的閃光……當你注意到這些閃光的時候，你的潛意識亦慢慢開始活躍起來……」

「潛意識的運作是那樣的奇妙，我正在想，你在甚麼時候曾經體驗過日常生活的一些有趣的現象？……你可能曾經突然嗅到一些餸菜的香味，卻發現並沒有人在煮餸。又或者你聽到別人叫你的名字，但是回頭看一看卻發現並沒有人在叫你……你的潛意識能夠自然地製造一些特別的經驗……現在，當你正在催眠狀態的時候，你潛意識的這種能力亦開始浮現出來……」

「你是否有聽過收音機或者看過電視節目？當你從這些地方聽到某一首流行曲的時候，就算那首流行曲已經播完了，可是你的頭腦卻不斷盤旋着這首流行曲，你潛意識正幻想着那一首流行曲。這些聲音是那樣的真實，就好像收音機仍然播放着一樣……」

「每一個小朋友都曾經望着晴朗的天空，看見天上一朵朵的白雲，他們的潛意識很自然地開始幻想那些白雲變成各種有趣的動物，它們的形狀是那樣地逼真，以致他們真的能夠看見那些動物……」

2. 假設（Presupposition）

「當你開始聽到那個聲音／看到那個圖像／感受到那種感覺／嗅到那種味道，你便會進入更深層的催眠狀態／你便會對這種現象更加好奇／你便會愈來愈享受這個過程……」

「在你的潛意識決定幫助你聽到那個聲音／看到那個圖像／感受到那種感覺／嗅到那種味道之前，我會幫助你進入更深層的催眠狀態，以致你能夠更容易完成這個過程……」

「我正在想，你的潛意識打算在甚麼時間讓你聽到那個聲音／看到那個圖像／感受到那種感覺／嗅到那種味道？……」

「我正在想，那個精靈向你講了些甚麼有趣的說話？……」

「我正在想，當你看見你的父親坐在對面的椅子上，你會有甚麼的感覺？……」

3. 運用全方位的感元（Modality）

正面幻覺愈是真實，對當事人的影響愈大。要使當事人的幻覺顯得更加真實，治療師可以運用各種感元，包括視覺、聽覺、感覺、嗅覺描述的催眠指令。例如，治療師想當事人幻想出一個檸檬，可以說類似的說話：

「想像在你手中有一個新奇士檸檬。它是鮮黃色的，你把它握在手中，你覺得它有涼快感。黃色的皮好光滑。這個檸檬在你手中，有些重量感。現在，你把它放在鼻前嗅一下，你感覺到一陣清新的氣味。你現在拿一把刀，把它切成兩半，你見到鮮黃色的檸檬肉。你把其中一半放入口中用力一咬，檸檬汁流晒入你個口腔裏面，你感覺到很酸的味。」

以上的說話對潛意識來說是無法抗拒的，因為它包含了全方位的感官信息。你可以想像這位當事人會有甚麼反應？對了，就是他的口腔會分泌唾液！

4. 意識及潛意識抽離（Conscious/Unconscious Dissociation）

「你的意識可能正在想怎樣會看見不存在的東西，而你的潛意識正開始幫助你逐漸看見那個美麗的水晶球……」

「你的意識可能會懷疑這個過程是怎樣發生的，可是你的潛意識開始幫助你聽到那個聲音……」

「你的意識可能會想你應該怎樣做，而你的潛意識能夠用很自然的方式讓你看見……」

正面幻覺舉例

1. 幻想一部 CD Player

「每一個小朋友都曾經望着晴朗的天空，看見天上一朵朵的白雲，他們的潛意識很自然地開始幻想那些白雲變成各種有趣的動物，它們的形狀是那樣地逼真，以致他們真的能夠看見那些動物……每一個人的潛意識能夠自然地想像……當你現在正在催眠狀態的時候，你的眼睛已經合上。我正在想，你可能已經注意到眼簾上開始出現一些閃光……出現一些持續不斷或者以某種形式出現的閃光……當你注意到這些閃光的時候，你的潛意識亦慢慢開始活躍起上來……你是否有聽過收音機或者看過電視節目？當你從這些地方聽到某一首流行曲的時候，就算那首流行曲已經播完了，可是你的頭腦卻不斷盤旋着這首流行曲，你潛意識正幻想着那一首流行曲。這些聲音是那樣的真實，就好像收音機仍然播放着一樣……

稍後，你會看見在你的手上有一部 CD Player，並且播放一首你喜歡的音樂或者流行曲……你的意識可能正在想怎樣會看見不存在的東西？而你的潛意識知道怎樣能夠幫助你看見那一部 CD Player……在你看見之前，你可以開始進入一個更深層的催眠狀態，

以致那一部 CD Player 會變得更加真實……（加深催眠狀態）……

　　稍後我會由一數到五，當我數到五的時候，你就可以輕輕的打開你的眼睛，想像在你手中出現一部 CD Player……當你打開眼睛的時候，你仍然在一個很深的催眠狀態，以致你的潛意識可以透過這個狀態發揮他想像的能力……一、二、三、四、五，現在輕輕的打開你的眼睛，望住你的手，開始想像出現一部 CD Player……你把它握在手中，有些重量感，你可以用手摸它，感受它的質感似怎樣的……它的型號及顏色是你最喜歡的……你甚至可以嗅到它的氣味……現在，我想你按下『Play』那個掣，你開始聽到一首你很喜愛的流行曲或者音樂……調校音量的大小，使音量聽起上來最舒服……注意這首曲的旋律……我正在想，這首歌的旋律給你甚麼感覺？……令你想起些甚麼？……你可以好好享受這首樂曲帶給你的感覺……完全投入去享受這個過程……」

2. 增強見工面試的信心

　　「你下星期一見工面試，當你踏進面試的房間的時候，你會聽到一個智者的聲音，他充滿力量地跟你說：『相信你自己！你會表現得好好！You are bright！』」

3. 飲食控制

　　「現在每當你想起進食的時候，你只會想起及選擇健康的食物，同時進食正確的份量。每當你已經有七成飽的時候，你會聽到一個聲音：『STOP！停止進食！』然後你看見一個已經達到理想體重的自己，擁有美好的線條，穿着美麗的外衣，內心感覺到很滿意。你因此立刻停止進食，跟住享受那份良好的感覺。容許那份自信，自我控制的能力感覺，以及平靜的感覺流遍全身。」

不存在幻覺（Negative Hallucination）

　　不存在幻覺指的就是當事人看不見、聽不到、感受不到或者嗅不到某種真實存在的事物。日常生活有大量不存在幻覺的例子。你有否曾經搬屋的經驗？當你搬去新的住宅的時候，你竟然發現有很多嘈雜的聲音，例如街上的車聲。可是當你居住了一段時間之後，你再也聽不見那些車聲了。其實那些車聲一直存在，只是你的潛意識發揮了不存在幻覺的能力，使你感到舒服一點罷了。假如你有駕車的經驗，你的雙眼不斷環顧四周，可是你卻看不見馬路上的某個路牌，而做出一些不當的駕駛行為。這些都是日常生活中不存在幻覺的例子。

不存在幻覺的臨床應用

　　與正面幻覺一樣，不存在幻覺亦可以處理各種各樣的雜症。我們可以從不存在視覺（Negative Visual Hallucination）、不存在聽覺（Negative Auditory Hallucination）及不存在感覺（Negative Somatic Hallucination）三方面去討論：

1. 不存在感覺

　　不存在感覺最常見的應用是消除身體痛楚。我可以舉一些例子。

　　有一個患了骨癌的病人被轉介到米爾頓・艾克森那裏去。這個病人並不相信催眠能夠為她帶來效果，當米爾頓・艾克森到達病房的時候，他發現病人的女兒正在她的身旁。他首先利用病人的女兒來說服這位病人。當他把女兒帶入催眠狀態之後，告訴她的女兒，她的身體失去了所有的感覺，然後他用手打她的大腿，女兒竟然沒有任何反應，這位病人問她的女兒是否有感覺？但是女兒沒有回答。經過兩次催眠她的女兒之後，這位病人被說服了，終於願意透

過催眠幫助她消除痛覺。（O'Hanlon, 1990）

另一個同樣患了癌症的 35 歲女病人，身體承受極大的痛楚。他想透過催眠來取代副作用大的藥物。米爾頓·艾克森用了接近四小時才能夠把他帶進催眠狀態，他幫助病人發揮潛意識不存在幻覺以及分離的能力，非常有效地減輕了病人的痛楚。（O'Hanlon, 1990）

2. 不存在視覺

不存在視覺可以應用在關係問題上。例如，幫助一位太太只是看見丈夫的優點，卻看不見他的缺點或者一些壞習慣。或者幫助一些仍然不能夠忘記以前的情人的人，使舊情人在內心的影像消失，從而擺脫過去的影響，增加發展一段新感情的可能性。（John H. Edgette and Janet Sasson Edgette, 1995）

對於一些經常抱怨的人，例如抱怨公司的工作環境，治療師亦可以幫助這類的當事人看不見那些負面的環境，只是看到公司美好的一面。

對於一些運動員來說（例如奧運會），治療師可以幫助他們比賽的時候只是看見自己的表現，或者幫助他們的注意力放在好好發揮自己的表現，使他們看不見在場的評判或者觀眾，從而有效提升他們的臨場表現。同樣的原理，對於一些要參加駕駛考試的人來說，治療師亦可以幫助他們在考試的時候看不見在旁的考試官，只是看見自己表現得很鎮定及順暢，這樣便能夠大大增加合格的機會。

對於一些要演講的人來說，治療師可以幫助他們把注意力放在那些欣賞他的觀眾身上。另一方面，使他完全看不見那些面目可憎的或者不欣賞他的觀眾，這亦能夠很有效地幫助他發揮能力。

3. 不存在聽覺

顧名思義，不存在聽覺就是聽不見某些聲音。對於一些很容易被周圍環境的聲音影響而不能夠入睡的人來說，這實在是他們天大的喜訊。治療師可以幫助他們在入睡的過程中，完全聽不見環境的聲音，只是好好地享受睡眠。

至於那些需要一個很寧靜的環境才能夠專注地工作的人來說，治療師亦可以幫助他們聽不見環境的嘈雜聲，使他們專注地工作。

有些人習慣用很大的聲浪講電話，如果有某個人因此感到煩躁，甚至因此而影響大家的關係，假如那個人不願意改變，或者很難改變的話，治療師就可以幫助另一個人在潛意識裏降低那個人的聲音，使他感到舒服一些。

如何引發不存在幻覺

1. 反應框架（Response Set）

a. 不存在感覺

「每一個人都曾經有過這樣的有趣經驗，當他從熟睡中醒來，還是半夢半醒的時候，他發覺他的手就好像不屬於他似的，因為他的手已經麻痺，就算這隻手是屬於他的，他也感受不到那隻手的感覺，這可以是一個很有趣的經驗，因為他的潛意識選擇了不去感覺他的手……」

b. 不存在視覺

「你可能聽過或者自己也曾經歷過從書櫃上找一本書，但找了數次也找不到，心裏面實在覺得奇怪，那本書去了哪裏呢？過了一段時間之後，你無意之中看看這個書櫃，竟然發現那本你要找的書

就在書櫃中，那本書其實一直在那裏，只是潛意識選擇了看不見那本書，因此產生了不存在的幻覺……」

c. 不存在聽覺

「潛意識的運作是那樣的奇妙，我正在想，你是否有留意到一些有趣的現象？當你搬去新的住宅的時候，你發現有一些雜聲，例如街上的車聲。可是當你居住了一段時間之後，你發覺那些聲音出現的次數變少了，再過了一段時間之後，你再也聽不見那些車聲了。其實那些車聲一直存在，只是你的潛意識選擇了不去聽那些聲音……」

2. 隱喻（Metaphor）

米爾頓·艾克森是運用隱喻的高手，他曾經向一位病人講述有關他自己的故事，來引發病人潛意識的不存在聽覺能力。他說當他年紀還小的時候，他曾經到過一間製造鍋爐的工廠，可是那裏的聲音太嘈吵了，以致他聽不到任何其他聲音。他看見工人們在互相說話，可是他根本聽不到他們在講些甚麼。在那一天他得到管工的許可，可以在工廠地上用睡袋睡一晚。當他在第二天早上醒來的時候，他發覺那些嘈雜聲音變小了，而他竟然能夠清楚地聽見那些工人們的說話。（Erickson, M.H., & Rossi, E.L., 1979）

這個隱喻當然就是暗示他的潛意識在第一天發揮了不存在聽覺的能力，以致他不能夠聽見工人的說話，而事實上他是能夠聽見的。

另外一些隱喻：

「想像你帶了一個隔音聽筒，想像環境那些嘈雜聲音經過這個隔音聽筒大幅度地降低……甚至聽不到……你只是看見他們的嘴唇在動，卻聽不到他們的聲音……這可以是一個很有趣的經驗……」

「就好像你用紙捲了一個紙筒，你從紙筒的這一邊望進去，你只是看見前面很小的地方，至於其他大部份的空間，你都不能夠看到……」

3. 假設（Presupposition）

「當你發現你能夠選擇性地接收外界的信息，你便會明白以及親身體驗到潛意識的驚人力量……」

「我正在想，你潛意識打算怎樣幫助你只是看見那些欣賞你的聽眾……」

「你很快便會覺察到能夠感受到身體的其他部份，只是除了你的右手之外……」

4. 二擇一法（Double Bind）

「我正在想，當你正在比賽的時候，你的潛意識會選擇把視線放在發揮自己的能力上，抑或會選擇去感受你裏面的信心？」

「你能夠選擇聆聽自己的呼吸聲或者享受在床上放鬆的感覺……」

「你可以選擇現在立即喪失那個感覺或者開始容許那個感覺慢慢消失……」

5. 意識及潛意識抽離（Conscious/Unconscious Dissociation）

「你的意識決定忽略那些聲音，而你的潛意識知道如何能夠做到……」

「你的意識選擇了只是看那些欣賞你的觀眾，而你的潛意識已經開始了把你的視線集中在正確的位置上……」

「你的意識可能正在想怎樣能夠令到那些感覺消失，而你的

潛意識能夠用很自然的方式，讓你開始感覺到那些感覺逐漸減少……」

不存在幻覺舉例

治療背痛

「每一個人都曾經有過這樣的有趣經驗，當他從熟睡中醒來，還是半夢半醒的時候，他發覺他的手就好像不屬於他似的，因為他的手已經麻痹，就算這隻手是屬於他的，他也感受不到那隻手的感覺，這可以是一個很有趣的經驗，不是嗎？他的意識不知道在他的身體裏面發生了怎樣的過程的，可是每一個人的潛意識都有這種能力，選擇忽略感覺身體某部份的能力……這就好像馬拉松賽跑比賽的選手的腳部可能受傷，但是他們的注意力全部放在完成比賽上，以致他們沒有感覺到腳部的痛楚……當你現在正在催眠狀態的時候，有一件很高興的事情我要告訴你，就是你亦能夠容許你的潛意識發揮這樣的能力，選擇去忽略那個痛楚……

每個人都曾經這樣做過，很多事情都在意識範圍以外發生，每一個人都不會注意那些習以為常的事情……就好像每次你回到家中，一切都是那樣熟悉，因為你已住了好一段時間，以至你不會注意那些用了很久的傢俱，不會注意那些電器，更加不會注意背後的牆紙（比喻他的背痛），它們根本上不能夠引起你的興趣……每一個人都喜愛注意新鮮的事物，至於那些陳舊的東西，你的意識看見它們，可是你的潛意識已經在另一個層次忽略了它們，就好像它們不存在一樣……當一個人認為某樣東西不再重要的時候，他甚至看不見、聽不到、感覺不到那東西的存在……就好像當你搬去新的住宅的時候，你發現有一些雜聲，例如街上的車聲。可是當你居住了一段時間之後，你發覺那些聲音出現的次數變少了，再過了一段時間之後，你再也聽不見那些車聲了。你的潛意識選擇了不去聽那些

聲音……因為你潛意識認為他們已經不再重要，你那個痛楚已經存在好一段時間了，它已經不再重要，不再重要……你可以選擇去忽略它或者你能夠選擇去忘記它，我正在想，你潛意識打算怎樣幫助你？……為何不讓你的潛意識自然地容許那個痛楚逐漸消失？……容許那個痛楚逐漸消失……逐漸消失……每一個人都喜歡滿足好奇的心理，當你容許那個感覺消失，你將會發現這是多麼有趣的一種經驗……」

綜合運用
各種治療策略

「每個人都是本自具足的。」

——佛家智慧

　　我今天會繼續講如何透過 Milton Erickson 的催眠方式將一些比較複雜的症狀，亦即是同一個症狀有幾個問題存在，我們叫這些問題做問題空間（problem space），怎樣將問題的結構透過潛意識入面的資源，把它轉化。

　　Milton Erickson 的催眠有三個最重要的原則，就是合作、利用、靈活。這是一個屬於「利用」與「靈活」原則的運用個案，這是與一個盲人做的真實的個案，因為他們有很多不愉快的經驗、身體上的缺陷，他們有很多的情緒。這一位盲人曾經搭地鐵，搭錯腳在月台與車中間，試過三次，於是產生了很大的恐懼，發覺他的問題空間是去到月台，當車一到的時候，打開門，他就無信心，有很大的恐懼，當用 stick 量度差距，準備行入去車廂就會疾步。以前不是這樣的，是可以很順暢地行入去。同時我也注意到當他進入催眠狀態時，會好緊張，入不到放鬆的狀態，當我找出他有甚麼資源、專長、偶像等，這些都是一些很重要的資源，就好像海底的珊瑚魚一樣。他告訴我在年少的時候，很喜歡去撐艇，撐到湖中心去享受湖的景色，他覺得好 enjoy、好悠閒，我將他說的字眼記錄下來，我就運用撐艇的資源做了一個隱喻幫助他提升信心。這個隱喻就是從前有一個人好鍾意撐艇，逢星期六、日都會去湖中心撐艇釣魚，但有一次，可能是落過雨，碼頭濕滑，他一不小心，整個人就跌在艇和碼頭中間的水中，整個人都濕了，以後他就很驚，凡是撐艇出去都很驚。在開始的時候，我們要去 pace 他的現時經驗。同時當我們去做隱喻的時候要留意：第一步是要去跟從（pace）當事人的經驗，亦即是問題狀態（problem state）。

　　我用撐艇踏錯腳跌落水，就是去 pace 他現時的經驗。最後必須設定理想狀態（desired state），我設定的理想狀態就是以後他

落艇時都會好自然、好順暢，已沒有了過去的恐懼。但問題狀態與資源狀態中間會有一個 gap，我們利用搭橋，才可轉移到另一個狀態，如何搭橋，就要靠技巧，一定要很 make sense，我們要放入一些資源作搭橋之用。我講了一個故事，有一晚他發了一個夢，在夢中見到一位很老的智者，智者對他說：「後生仔，我知道你過去有一個恐懼的經驗，但是你可以放下這份驚的感覺，因為你過去都曾經好有信心能夠上到艇……。」其實在這個夢入面，我是做了一個多層次的溝通，表面上是智者與他溝通，但實際上，所有隱藏指令是全部放入其中。例如：後生仔，不要再怕，因為你過去能夠好有信心上到艇，「好有信心」就是一個隱藏指令。所以你現在一樣都可以好有信心、好順暢地上到艇，這些都是隱藏指令，你們可以看到在故事中適當的時候，加插了很多隱藏指令，令到故事聽起來對他而言是一個催眠。這夢中有夢，就是多重隱喻。

繼續要處理疾步的情況，原來他好鍾意打籃球，最喜歡米高佐敦、姚明等，我就利用這些偶像做第二個隱喻，就是這些偶像在成名之前射籃都會射失球，「射失球」就表示他踏錯腳。他們去射籃時，信心不夠，也會疾一疾，「疾一疾」就是 map 過去他疾步的情況。之所以這些偶像會成為運動明星，因為他們不會執着於過去的挫敗，也不會擔心射籃，他們不斷去練，最終都可以很易射籃，到現在他們已經不需要再想，也不需要再驚，完全好順利投籃，這就可以 map 過去。最後當事人初初入催眠狀態時都好緊張，我找到他的資源是在小孩的時候，喜歡到綠油油的田園玩耍，好喜歡欣賞景色，覺得好 enjoy、好悠閒，我就用綠油油的田園做一個資源，我對他說：當你入催眠狀態的時候，與你看到綠油油的田園好類似，好悠閒，好 enjoy，這就是利用當事人入面的資源。有時候一些問題不一定是 complex 的情況，例如搭飛機恐懼，有一些人在搭飛機之前，腦內已有未來演練，會想一想下一刻搭飛機的情況，例如看見引擎着火，心中開始驚，繼而見到飛機跌下去，看見飛機殘骸，在

他們的腦內，是有一個次序去想一些讓人產生恐懼的經驗。所以有時問題可能是一個次序，有時可能是一個 complex。現在大家可以試做這個練習，利用六條問題找出你的資源。

找出資源的問題：

1. 你有甚麼是做得好的？請描述做的過程以及完成後的體驗、感覺？

   _____

   _____

2. 你有甚麼嗜好？為何你這樣喜歡？

   _____

   _____

3. 在你需要休息充電的時候，你會做甚麼？這些事情帶給你甚麼？

   _____

   _____

4. 你最成功的經驗是甚麼？

   _____

   _____

5. 你最欣賞誰？欣賞他甚麼？

   _____

   _____

6. 你欣賞自己些甚麼？

_____

_____

在開始的時候，要首先建立一個反應框架（Response set），使他相信他的潛意識可以學習，令他相信他是有很大的智慧，讓他準備好接着下來的催眠。Seeding 是催眠的一種策略，就是種一些信念入去他的潛意識裏，不同情況種不同的種子。Reponse set 也是種種子的一個過程。這個過程，我會比喻為讀中學的時候，你可能要學中文、英文、數學、文化……，甚麼也要學，去到大學的時候讀專科。在這個步驟，主要是擴闊當事人的選擇，當事人所以有問題，是因為有 X 的發生，當事人只可以這樣，沒有辦法，這是沒有選擇的，我們要做的就是要擴闊當事人的選擇，加上隱喻，利用當事人真實的經驗，擅長的偶像，如果當事人是擅長打籃球，偶像是米高佐敦，而你的隱喻就説成是踢足球，充滿活力地衝去龍門……，引不起當事人的感覺，所以應該利用當事人專長的。透過這一個部份，可以用不同的隱喻，在每一個 complex 上都用一個隱喻，在每一個隱喻加入隱藏指令，在這步驟，我們是運用了靈活的原則，也利用他已有的資源，擴闊他的選擇。當完成這個步驟，加了一個催眠後暗示，意思是指有標準模式，例如見工，很多人未見已很恐懼，加催眠後暗示，你在星期一去見工的時候，你會表現得好鎮定。有時當事人很理性，時常有懷疑，沒有信心，我也會加插一個催眠後暗示：「當你一陣間清醒之後，你的意識會完全忘記我同你所講的全部説話，但你的潛意識會記得我所講的全部説話，在潛意識的層次會影響你的行為。」完成催眠後暗示之後，我也會加插一段短的時間，例如半分鐘或一分鐘，我會説一些類似的説話：「在稍後一分鐘，我會保持沉默，而你的潛意識會整合我剛才的所有説話，使你能在這過程中，對你的幫助最大。」讓他的潛意識去

整合我所講的元素、資源。完成後，可以引出，回復清醒狀態。那一次我做的不只這一個部份，我有做「升手」這部份，升手是一個催眠現象，本身已是一個隱喻，在「升手」的過程中，你會愈來愈有信心，自己擁有能量，如果是處理恐懼時，當你放低手的時候，同時間你亦放低你的恐懼。

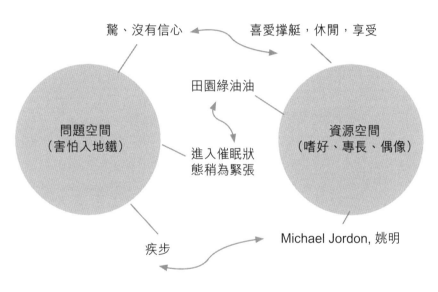

運用資源空間擴闊問題空間

個案一：上車恐懼症（以下兩個案例用了假名）

背景：

明輝在多年前雙目失明。有數次在他乘搭地下鐵路的時候，不小心把腳踩到地鐵車廂與月台之間的夾縫中。自此之後，無論他進入地鐵車廂或者上巴士都有一份恐懼感，久久不能平息，這數次的意外為他的生活構成很大的不便。治療師（賴柏諭）綜合運用了多種催眠策略，包括失憶（Amnesia）、隱喻（Metaphor）、升手（Arm Levitation）。

第一部份：運用米爾頓導入法把他帶入催眠狀態

（由於這部份內容過長，在此省略。有興趣的朋友可以參考 Phyllis 的個案。）

第二部份：透過隱喻與對方的潛意識溝通。在進行這次催眠治療之前，治療師曾了解當事人在失明前的嗜好，發現他很喜愛在湖上划艇。治療師在這裏運用了米爾頓催眠常用的利用原理（Utilization Principle），講述一個有關在湖中垂釣的故事。黑色的字體是隱藏的指令（Embedded Command）。

很久之前，有一個人好鍾意撐艇，逢星期六、日他都會去碼頭邊，撐艇去到湖中心，欣賞周圍的景色，好平靜，帶給他一份好靚、好舒服、好悠閒的感覺。這個人甚至在湖面垂釣，他享受釣魚的過程，享受湖帶給他舒服的感覺。每個星期六、日他都會重複這個習慣，他會在碼頭好輕巧地用一隻腳踏入艇中，好容易在碼頭上落到艇上，對他來說，一點都不困難，沒有特別。

直至有一日，當這個人在碼頭上想落艇的時候，因為碼頭之前

曾落過雨，地下有點跣，他一個不小心，就跌落到艇和碼頭中間的水裏，整個人都浸濕了，由頭到腳整個人都濕了，他在水裏掙扎，幾經辛苦，才能回到碼頭，但發現他整個人都濕了，而且因為這一次，他內心產生了一份驚的感覺。最後這個人無停止，他都繼續落艇去到湖中心釣魚。但自那次之後，不知點解，雖然他可以落到艇，但他的內心有一份驚的感覺，他驚不知會不會跌落湖底，他發覺這份感覺甚至影響了他在湖中心釣魚，影響了享受湖一切美麗的景色，如是者，過了很久的時間，有年幾兩年的時間。

直至有一晚他發了一個夢，在他的夢裏見到一個智慧老人，對他說了一番說話，老人對他說：「後生仔，你知不知道我是誰？我是來自一個遠方的山入面，我是一個智者，我對你說的話好重要，你要聽好，就是你以後都不需要驚，你以後不需要再無信心，因為你過去是曾經好容易就可以落艇，過去好多年無數次，你都發覺這個過程是好順暢，你都是好有信心，就可以落到艇，根本上這份能力、信心，從來沒有離開過你，一直都在你的潛意識入面。而現在在這夢境裏，我要你做的，就是容許你自己將這份信心、能力重新取出來，我沒有甚麼好教你，也沒有甚麼要告訴你。只有一件事，就是我要你重新相信你自己的能力，相信你自己好容易，好流暢就可以落到艇上。直至某一日，可能是明天，可能是後日，又或者是一個星期之後，我不知道，你亦未必知道，你的潛意識會選擇甚麼時間，甚麼地點，你會發現過去的那份恐懼已經消失，已經不再存在，取而代之，是一份過去的信心重新浮現出來，重新浮現出來。」這個老人同後生仔講：所以你可以放心，你的潛意識會做餘下的工作。如是者，這個後生仔每晚都發這個夢，他覺得好奇怪，點解每晚會有這麼奇怪的夢出現。

直至去到兩個星期之後，因為在這兩個星期之內，他實在太忙，無時間去垂釣，兩個星期之後，他又再去碼頭撐艇出去湖面釣魚。但好奇怪，當他撐艇去到湖中心釣魚的時候，突然醒起，點

解剛才落艇的時候，沒有了驚的感覺？去了哪裏？難道是那個夢境，讓這份感覺消失了？這個後生仔覺得好好奇，直到這一刻他才知道，潛意識是擁有這麼大的能力，幫助他去改變。原來在夢境裏面，他的潛意識對着意識溝通，你可以放心，因為過去的恐懼，信心不足已完全消失。潛意識的確是很有趣，他是擁有很多我們意識不能覺察的能力，幫助我們生活得更好。

第三部份：開啟潛意識忘記事情或感覺的功能（失憶）。

就好似現在，當你的注意力集中在我說話的時候，你的潛意識開始忘記周圍的一切，你開始忘記你坐着的沙發，你開始忘記隔籬的背囊，你開始忘記這間房的門。你完全集中在我的說話上面，你同時也開始忘記過去上車時的信心不足，你開始忘記，你的潛意識可以有很多種不同的方式，幫你去忘記。例如，你可以選擇記得去忘記過去那些搭車的恐懼，或者你會忘記去記得過去那些感覺。現在當你聽着我同你講這些說話的時候，我不知道你的潛意識，即係你入面智慧的那部份，會選擇哪一個方式幫助你去改變，但是，值得高興的是，你的潛意識會為你選擇一種最適合的方式，幫助你去改變。你是可以有好多種不同的方式，好多種不同的心情去上車，例如當你去到空位（gap 位）的時候，當你用物件去量度那個空位（gap 位）的時候，你可能重新感受到一份信心的感覺，又或者你會感受到一份平靜的感覺，又或者有可能你會感覺到一份自在的感覺，幫助你去上車。

第四部份：第二次運用隱喻增加當事人上車的信心。在這裏治療師運用了籃球明星投籃的例子。籃球亦是當事人過去喜愛的運動。

這個過程好似一個 NBA 的球星去投籃的時候，好順暢，球就可以入到籃中一模一樣，在這個投籃的過程中，這一個球星可能是

Michael Jordan，可能是姚明，甚至可能是任何一位球員。在投籃的過程中，他們根本上不會有任何的恐懼，不會驚甚麼，相反，他們是充滿信心去完成投籃的過程，你會發現他們投籃的時候，過程是非常的順暢，充滿信心地投籃，這亦即係他們有咁高身價的原因。所以當你的潛意識聽着我講這一番說話的時候，他亦學習一種好順暢的方式，或是一種好有信心的方式，幫助你去上車，當你發現有個空位時，你發現你自己好有信心，好流暢可以入到車裏面，現在這個行為，這個動作對你來講，一點困難都沒有，你會發現好容易，好容易地完成這個過程。

第五部份：治療師給予當事人潛意識一分鐘的時間去整合剛才所講的所有說話以及指令。

你的意識好聰明，我想你的意識會完全聽得明我同你講的所有說話，但你的潛意識比你的意識聰明好多倍，他知道可以用甚麼方式去幫助你，去帶來所有的轉變，所以你要做的是信任你的潛意識，容許他幫助你去改變。現在我沉默大概一分鐘，在這一分鐘裏面，你的潛意識是會整合剛才我所講的所有說話，幫助你在裏面改變，一分鐘之後我就會再繼續我要同你講的說話。

第六部份：在這裏治療師透過催眠當事人的拇指，作為另外一種象徵式的隱喻，使當事人的潛意識放下過去的恐懼。

現在當你繼續聽我講這番說話的時候，我在想，你身體的某一部份，可能有一些反應。我在想，會不會是你的左手拇指，或者是右手的拇指，你可能發現到兩隻拇指的肌肉有一些細微的移動，現在你潛意識聽我同他講這些說話的時候，好可能是你的左手的拇指，或者是右手的拇指開始向上升，開始慢慢向上移動，你開始感覺到左手或者右手拇指的肌肉正在移動，可能動作好細微，但是他

開始向上移動，無錯，做得好好，愈來愈高，愈來愈高。當一陣間他上升到最高的位置的時候，你就會進入一個最深層的催眠狀態。你想移動得快一點，抑或是移動得慢一點，你想他更加順暢向上呢，抑或是更加緩慢地向上升呢。無錯，做得好好。當他繼續向上移動時，你會愈來愈感覺到你潛意識的力量，好可能一陣間他上升去到一個好高的位置，甚至乎可能會變成90度，甚至是垂直，好似一支旗杆一樣。無錯，做得好好。甚至乎你會感覺到你的拇指變得堅硬。在一陣間，我會引導你兩隻拇指放低，當你兩隻拇指開始慢慢放低的時候，你的潛意識亦放低對過去信心不足的執着，放低對過去上車的恐懼，放低過去不再需要的感覺，當你兩隻拇指繼續放低的時候，慢慢放低的時候，當你發現它們變得柔軟，當你發現它們愈來愈回復平靜，愈來愈回復到剛才的位置的時候，你的潛意識已經完成了那個過程，已經完全完成那個過程，做得好好。

第七部份：運用催眠現象 —— 升手再一次加強當事人上車的信心。

跟着我想將你兩隻手輕輕放在兩隻腳上面，我想你繼續聽我同你講這一番說話，當你繼續聽我同你講這番說話的時候，我想你去感覺一下你的左手抑或是右手，我在想，會是哪隻手會向上升？會是左手抑或是右手？你開始感到兩隻手一些細微的肌肉的郁動。有一種交通工具叫做氣墊船，當氣墊慢慢注滿空氣的時候，氣墊船就會慢慢向上漂浮，所以現在當你兩隻手放在兩隻大腿的時候，我在想，會是哪一隻手？是左手抑或是右手向上漂浮？無錯啦！係啦！好可能你發現兩隻手，可能是左手或是右手，會開始變得愈來愈輕，甚至乎開始離開你的大腿，好似一個氣球慢慢向上升，變得愈來愈輕，無錯啦！甚至乎好似被十個巨型的氫氣球一樣一直吊上半空，一直向上升。你想它升得快些？抑或升得慢些？你想它跳躍般上升？抑或是好自然地向上升？這個過程就好似一個人跑步的時候，根本上不用理會哪一隻腳去移動，他的潛意識在跑步的過程，

就會控制身體的肌肉，控制他兩隻腳去跑步，而現在你的潛意識亦是一模一樣，他控制你身體的肌肉，幫助你上升得更多更快，更流暢。

　　我在想，當你意識聽到我講這番說話的時候，而你潛意識會打算將手上升到哪個高度呢？會不會是你的膊頭？抑或是去到眉心的高度？當他繼續向上升的時候，你可能已經覺察到你的潛意識的力量，他在移動你的手的肌肉，這些移動是好細微、好有趣。這個移動你會發現是好流暢，好自然。你發現你的手就好似有佢自己的生命一樣，你發現你的手在移動的時候，你不能否認你的潛意識正在做他要做的工作，你的潛意識正在透過你手的移動，透過手的上升去幫助你去建立你的信心，幫助你重新擁有生命的能量，幫助你重新對你的生命，重新對上車的時候，重新擁有信心，擁有能量。現在他移動得好順暢、好自然、好流暢，就好似當你上車的時候，你發現這個過程是好流暢、好自然，好有信心一樣，做得好好。你想你的手上升得快些抑或慢些？甚至乎你現在好可能已感覺到你的手，甚至乎同你的身體分離了一樣。當你的意識現在聽我講這番說話的時候，而你的潛意識已經在那個空間幫助你的手上升得更多，更加流暢。的而且確，你的意識是可以在現在聽我講這一番說話的時候，而你的潛意識，你的感覺，你的手的感覺是可以在那個空間做他要做的工作，就好似同你的身體分離了一樣，就好似他擁有自己的能量，擁有他自己的生命一模一樣。無錯，做得好好。當他上升得愈來愈高的時候，我們亦發現你入面的信心愈來愈大，重新建立對你自己那份的信心，重新建立對生命的信心，（加強語氣）現在重新建立對生命的信心，重新建立對自己的信心，重新建立上車時的信心。做得好好。

第八部份：完成升手的過程，以及加入後催眠暗示（Post Hypnotic Suggestion）。

　　你的潛意識正在做他要做的工作，你可能會覺得這個過程相當之有趣，相當之好玩。無錯啦！容許你的潛意識去做他要做的工作，容許他要完成的工作。一陣間，當你的手揸到你臉部的時候，你就進入一個最深層的催眠狀態，無錯，做得好好。亞德，現在你比過去任何一個時間更加有信心，你對你自己愈來愈有信心，（加強語氣）對你的未來愈來愈有信心，你知道你能夠做到，你絕對能夠做到，因為你已經體會到潛意識的力量，當你下次上車的時候，你完全感受到你入面那份信心，過去的恐懼已經完全消失，永永遠遠地消失，你發現你好流暢、好自然地進入車廂，你好自然，好流暢地完成這動作，你亦對你自己的生命愈來愈有信心，你不會再因為身體小小的毛病而焦慮，你認為完全沒有這種必要，你對潛意識充滿信心，因為你知道他能夠幫助你生活得更加之好，更加之有信心，生活得更加之快樂，生活得更加之享受。現在你可以容許你的潛意識開始慢慢放低你的肌肉，容許那隻氣墊船慢慢放低，慢慢容許你的肌肉放鬆。因為這個過程已經完成了，你的潛意識已經完成了所有要完成的步驟、工作。無錯，做得好好，非常之好。

第九部份：把當事人帶回清醒的狀態。對於某些人來說，特別是與理性的人，他們會很容易在清醒之後回想以及分析剛才催眠治療的內容，這樣對於催眠治療的效果會有影響的。因此，催眠師在這裏輸入一個叫當事人的意識忘記所有向他說過的話的指令。

　　一陣間，我會慢慢由一數到十，每數一下，你就會愈來愈清醒，當我數到五的時候，你會清醒一半，而當我數到十，你會完全清醒，回到這裏，然後張開雙眼，回復清醒的狀態，到時候，你的意識會完全忘記了我所有同你講的說話，但你的潛意識完全記錄了

我同你講的所有說話，然後在潛意識的層次去幫助你去改變。

　　準備，一……二……三……現在慢慢開始清醒，四……五……現在你已經清醒了一半，六……七……你開始留意這間房周圍的環境，你坐的沙發，你的背囊，前面的書櫃，周圍的一切，八……還有兩下，你就可以回到這裏，張開雙眼，回復清醒狀態，九……十……現在可以慢慢張開雙眼。

　　（約三十一分鐘）

個案跟進：

　　治療完成後的一個月內跟進當事人兩次。明輝表示接受治療之後，過去上車的恐懼已經完全消失。

▍個案二：上樓梯恐懼症

背景：

　　Phyllis 在上落樓梯的時候有驚的感覺。在行一些軟軟的不實在的泥路也會有此感覺，尤其是上樓梯的更甚，甚至會有暈，以及想向後跌的感覺，原因不明。以下的過程就是那次治療示範。在這次示範中，催眠治療師運用了米爾頓催眠治療方法（Ericksonian Hypnotherapy）。

治療過程：

第一部份：治療師首先查看當事人所填寫的「資源訊問表」，找出適當的資源，以作為催眠內容的素材。

　　賴柏諭：選擇一種顏色代表你的問題狀態。

Phyllis ： 紅色。

賴柏諭 ： 形容你的問題狀態。

Phyllis ： 上落樓梯的時候有驚的感覺。在行一些軟軟的不實在
的泥路也會有此感覺，尤其是上樓梯時更甚。

賴柏諭 ： 在上樓梯的時候，你的身體有甚麼反應？

Phyllis ： 會有暈的感覺。

賴柏諭 ： 除了暈的感覺之外，還有沒有其他的徵狀，看到或感
覺到，有關各方面。

Phyllis ： 不安全，當我上樓梯的時候，就會有向後跌的感覺。
所以我落樓梯是沒有上樓梯那麼驚，因為沒有感到向
後跌。

賴柏諭 ： 選擇一隻顏色代表你的資源狀態。

Phyllis ： 綠色。

賴柏諭 ： 好多人都會選擇綠色。讓我看看你的資料，你都鍾意
聽音樂，在甚麼的情況下聽，是不是在有壓力的時候
聽。

Phyllis ： 在家中就會聽。

賴柏諭 ： 最鍾意聽甚麼音樂？

Phyllis ： 很多也鍾意，例如純音樂或唱歌都鍾意，看看那時是
甚麼心情。

賴柏諭 ： 最鍾意的音樂是那一首？

Phyllis ： 戰颱風。

賴柏諭 ： 你有甚麼感覺？

Phyllis ： 有一種動力。

賴柏諭 ： 你成功的經驗是你的女兒出世，我對你女兒出世前，
你的狀態好有興趣。

Phyllis ： 出世前多久。

賴柏諭 ： 大約 24 小時前啦。

Phyllis ： 很緊張的。

賴柏諭 ： 有沒有擔心出生是否順利？

Phyllis ： 有的。

賴柏諭 ： 你知啦，有些媽媽會流產，有擔心也是很正常的事。
當你女兒出世之後，你有甚麼感覺？

Phyllis ： 好奇妙。

賴柏諭 ： 我真羨慕你有這奇妙的感覺，男人就沒有啦！
你都好鍾意整理文件，令你好有滿足感和好開心，我
一定要聘請你來我公司啦！（同學們大笑）

Phyllis ： 整理完文件覺得好整齊。

賴柏諭 ： 文件亂七八糟，你會有甚麼感覺？

Phyllis ： 好煩。

賴柏諭 ： 還有，如果不能達到公司的「死線」，你會有甚麼感
覺？

Phyllis ： 有急的感覺。

賴柏諭 ： 你鍾意做甚麼的運動？

Phyllis ： 現在較少做，以前鍾意做瑜伽。

賴柏諭 ： 感覺如何？

Phyllis ： 好舒服。

賴柏諭 ： 你想做完這次的治療後，你的理想狀態是怎樣的？

Phyllis ： 我想有安全感。

賴柏諭 ： 我會用少少「失憶」，做完之後再解釋。我會用
Milton Erickson 的導入法，你們留意一下怎樣做和為
甚麼要這樣做。
你鍾意甚麼動物？蝴蝶鍾意嗎？

Phyllis ： 鍾意。

第二部份：催眠師透過米爾頓導入方法把當事人帶入催眠狀態。

　　我想你過去進出進入好多次的催眠狀態，同過去一模一樣，放

鬆心情去做這個練習就可以了。稍後我會對你說大量的說話，但這些說話好可能同你這個問題無關，也有些是有關係的，你的潛意識會為你選擇如何去演繹這些說話，因為你知道你裏面有個內在的智慧，它識得點做一個治療，你所要做的是相信你的潛意識，它為你帶來的改變，在開始的時候，放鬆是好的，因為放鬆能與你的潛意識作一次的溝通。

現在將注意力放在你的呼吸上，注意每一下的吸氣，每一下的呼氣。無錯啦！好多人用這種方式，開始的時候慢慢放鬆下來，愈來愈放鬆。現在你坐在這張椅上，聽到我同你講的說話，你的潛意識已開始幫你慢慢放鬆。在過去這麼多次經驗裏，你已經注意到放鬆是一個好自然的過程，所以你不需要刻意放鬆自己，你所要做的只是需要一切順其自然，在一陣間你的催眠狀態裏，你會感到好舒服，好享受，好 enjoy，因為好多人話催眠狀態本身就是一個舒服的狀態。好多我的 client 都說在催眠狀態實在太舒服，不想走出來。所以在這個過程，容許你自己放鬆，容許自己享受這些放鬆帶來的舒適感覺。

現在當你開始愈來愈放鬆的時候，我在想那份舒服享受的感覺幾耐會出現，會不會是一份內心平靜的感覺。當你開始發現這份感覺開始出現的時候，證明你進入愈來愈放鬆的狀態，亦即是一個催眠狀態。這是一件好好的事情，因為你的潛意識已出來和你溝通。在這過程你可以用好多種不同的方式，進入一個適當的催眠狀態，適當的意思，是你會得到一個真正的改變，例如容許你自己用一個好 relax 的方式進入一個催眠狀態，或且，Phyllis，你可以用一個好舒服方式進入催眠狀態，或者你可以用一種順其自然的方式進入一個更深層的催眠狀態，或者用一個緩慢適合你速度的方式進入催眠狀態，所有這些選擇，對你來講，都是最好。我不知道，你也未必知道你的潛意識會為你選擇那一種方式進入催眠狀態。值得高興的是，你的潛意識，你裏面的智慧會為你選擇最適合你的方式進入一

個適當的催眠狀態，為你帶來種種正面的改變。可能是一陣間，可能是半分鐘之後，也可能是兩分鐘或者三分鐘之後，這狀態就會慢慢出現。你不需要留意這狀態幾時出現，你所要做的，不過是容許這狀態出現和享受這個過程帶給你的舒適的感覺。

　　當你的潛意識聽我在和你講的這一番說話的時候，你的潛意識已開始了這個進入催眠狀態的過程，而當你的潛意識開始幫助你進入這個適當的催眠狀態的時候，而你的意識容許自己好好享受帶來的舒適感覺，當你意識正在繼續聽我講這番說話的時候，你亦可以同時進入更深層的催眠狀態。所有這一切都是最正常、最恰當，所有這一切對你來講，是最好的現象，任何人在這一個狀態裏面，他們都會對未來有一個盼望，他們會知道會出現一個改變，所以在這個過程，你只需要順其自然和容許自己去發現。

第三部份：催眠師透過 BB 仔學習用兩隻腳去行路的隱喻，安裝一個正面的反應框架（Response Set）：潛意識的天生學習能力在催眠狀態之中浮現出來，幫助她改變。這亦是一個安裝信念的過程。信念具有自我預言實現（Self Fullfilling Prophecy）的特質，催眠治療師會在適當的時間利用，當事人過去的經驗來安裝這個啟動改變的的信念。

　　跟着我想同你講的是，你可能已覺察到潛意識是多麼有趣，你亦對潛意識有一份好奇。在我們過去的時候，我們剛出世，我們可能用兩隻手兩隻腳在地面上爬行，但每一個 BB 仔都有一個天生的本能，是懂得怎樣學習用兩隻腳企起身行路，好可能他的潛意識會選擇「遞」起左手的肌肉，也可能選擇右手的肌肉，他的潛意識會為他選擇適當的肌肉去改變，BB 仔覺得這個過程好有趣，有時候在這個過程跌在地上，但不重要，這個過程是必經的過程，BB 仔會好快爬起身，繼續這個學習，最終他會好自然用兩隻腳去行路，這個過程帶給他們的喜悅不能用文字來形容，甚至對他們來說，是一份狂

喜的狀態，因為他們終於知道他們是擁有天生的學習本能去改變，去成長，變得與以前，比以前更加之好。

你的意識好聰明，但你的潛意識比意識聰明好多倍，你裏面有好多意識尚未覺察的能力和學習，現在當你正在催眠狀態的時候，我並不是要你，Phyllis，學一些新的技能，我要你做的是，只是容許你內裏的潛意識的學習和能力浮現出來，去幫助你出現種種正面的改變。你會發現這改變是相當之有趣和自然，好可能你已經感到好奇。

（催眠治療師進一步使當事人相信，在催眠狀態中，改變是有可能出現的。）

在人生裏面有很多不同的人，有很多人覺得對人生無控制的能力，有些人在人生裏面有控制的權利，無論這些人遇到怎麼大的困難，過去面對幾大的逆境，無論這些人對過去有幾大的恐懼，他們最終都能成功，最終都能克服，最終成為成功的人，成為人生的贏家，所以不同的人對人生的理解，對人生的選擇，你們對人生的信念影響了人生的結果。你知道我們的人生，只不過是潛意識裏面信念的結果，你覺唔覺得，這是很有趣？人生就是由我們每個人內心的信念而改變，你覺得這是不是很有趣呢？所以在潛意識的空間，在催眠狀態裏面，好多可能性會發生。好多好有趣的改變都會出現，因為催眠大師 Milton Erickson 和他的徒弟 Stephen Gilligan 都曾經說，當一個人在催眠狀態是有一個可能改變的空間，種種可能的改變都會出現。

第四部份：催眠治療師透過南美洲蝴蝶的隱喻，使當事人的潛意識相信在很高的地方也會感到安全。注意黑色的字體是隱喻中的多層次散佈指令（Embedded Command）。

現在你聽着我對你講的說話，我會對你講一些故事，內容並不是故事的本身。你知道當一隻蝴蝶在蛹的時候，好可能有一段好

長的時間，在蛹的幼蟲可能在大自然的環境，這蛹可能在某地方。你知道在南美洲有一種好特別的蝴蝶，與一般的蝴蝶不同，特別的地方是蝴蝶的蛹和幼蟲會選擇在好高的樹結蛹。蝴蝶的幼蟲在蛹內不停，在蛹內，雖然在蛹外面，我們看不到有甚麼變化，在裏面，是另一個故事，好可能在蛹出面，這些蝴蝶的蛹會選擇在這麼高的地方，離開地面可能是幾十尺高的地方，但在蛹的幼蟲，不知道外面發生甚麼事，當這條幼蟲在適當的時候，在蛹內咬爛蛹，變成蝴蝶時，腳伸出來，兩隻眼看到外面世界很不同，牠會看到外面好光猛、好靚，上面見到藍天白雲，雖然在那麼高的地方，但牠會感到好舒服。隨着牠不斷的成長，牠會慢慢將腳伸出去，牠會開始呼吸新鮮的空氣，當牠呼吸到新鮮的空氣，牠們或會感到好奇妙，也會感到好舒服，當牠們不斷從蛹走出去。雖然在那麼高的地方，但這隻蝴蝶會感到安全，內心感到安全，因為牠知道牠已經改變，牠不再是蛹內的幼蟲，牠已經成長，是一隻等待起飛的蝴蝶。我不知道牠是甚麼顏色，這隻南美洲的蝴蝶可以是好多顏色的蝴蝶，好可能是綠色，也可能是白色，也可能是藍色，或是其他的顏色。

牠們是相當的罕有的。土人會講一些故事教導部族的子女，原因是這些蝴蝶在這麼高的地方。但牠們都不會驚，也不會感到恐懼，因為牠們相信自己的能力，牠們蝴蝶有一種起飛的能力，雖然在這麼高的地方，在內心依然感到好舒服，感到好安全，事實上在蛹內去到成蟲，在改變的過程，蝴蝶的幼蟲是可以有很多不同的改變出現，值得高興的是牠們在蛹內是有很多不同的改變，例如牠們會選擇咬爛蛹，走出去世界時，牠們會選擇內心好舒服，又或者內心會選擇感到安全，又或者當牠們見到這麼高的地方，牠們會選擇充滿信心的感覺，因為這種蝴蝶的本性，本能是容許有很多種不同狀態出現。值得高興是，在蛹內有很多不同的改變會出現（暗示在催眠狀態之中有很多改變的可能）。最後當這隻幼蟲選擇了最適當的狀態時，會飛出去，在空氣中飛舞，最終成為好自由的蝴蝶，可

能牠的內心感到安全，或者好 enjoy。這個過程，或者可能好舒服，這些一切的改變都是最適當。

蝴蝶會選擇最適合的方式為牠帶來改變，你不覺得這是很有趣嗎？當這隻蝴蝶飛了出去之後，在半空中，好自由自在地飛舞，牠感到周圍一切環境都很好奇、有趣，有時候牠會飛到鮮花上面吸花粉，在吸花粉這過程，牠會感到好享受、好美味的花粉，牠可能去到另一株樹，見到樹的周圍都是綠色的樹葉，牠們看到和感覺到好寧靜、好舒服，好享受這個過程，過去那些擔心、那些驚，已完全忘記，現在當蝴蝶集中注意力去享受這個森林的環境，享受鮮花，享受空氣，享受這個森林帶給牠的舒服感覺時，牠開始忘記過去的蛹，也開始忘記過去在樹上的高度，牠會完全忘記一切，只是集中精神去享受森林這麼舒服的感覺。

第五部份：這部份運用了當事人的女兒出世的成功經驗，作為一種正面的資源，改變當事人上樓梯的感覺。

你可能已經感到這個過程相當有趣，當你進入愈來愈深層催眠狀態，我想對你講好多的故事，就是好可能在你的人生裏出現各種各樣的經驗，有些經驗會帶給你好開心的感覺，甚至是驚喜的感覺。現在當你開始慢慢回想起這些經驗，你的內心也開始慢慢浮現開心的感覺，好可能過去曾經發生的是你 BB 出世的時候，對你來講，或者對好多媽媽來說，是一件了不起的經驗，是一個非常奇妙的歷程，因為一個生命的誕生是相當的奇妙，在生命誕生之前，做媽媽的可能會驚、會擔心會不會這麼順利，會不會有意外出現，會不會在過程裏失去知覺，會不會暈，種種擔心都是正常，因為對好多媽媽或對你來說，都是一個全新的體驗，但你終於成功，你看到、感覺到 BB 從身體走出來，你感到 BB 出現，尤其是 BB 第一次叫喊的聲音，實在是非常奇妙，非常有趣，你的內心充滿好大的喜悅，終於出了世，你可以感覺一下護士將 BB 放在你身邊的時候，你

可以感受和她合一的感覺，好趣致，她是你生命的一部份，相當之有趣，相當之奇妙，在出世之前，過去的驚和擔心的感覺已完全忘記，你記得的就只是開心、奇妙，享受安全的感覺，現在當你和BB在一起的時候，內心感到非常安全，我想這種安全的感覺，永遠記錄在你潛意識的空間裏面，也想你安全的感覺一直帶去未來某個時刻，可能是你上樓梯某一個時候，我想你想像這安全的感覺將整個人包圍，化成為一個保護罩，感到好開心、好實在的感覺，對啦！你也可以邀請你的潛意識，也可邀請那隻蝴蝶加入這個過程，用你的潛意識能力，想像某一日，可能是明日，可能是某一日，或者是一陣間，你會見到自己上樓梯，但你發覺你可能已經注意到你已經改變，你已經注意到上樓梯的時候有很多不同感覺出現，例如你會感到安全，你會感到充滿信心，你會感到內心有一份平靜，What is a nice thing to know，你的潛意識已經改變，你，Phyllis，你的潛意識已容許為你帶來改變，他會選擇一種最適當的方式，他會選擇一種最適合你的改變，當你上樓梯時，你會改變，你已經改變，我正在想，你好可能已覺察到這些改變帶給你那份內心好美好的感覺，你要做的是，將所有這些改變、好的感覺儲存在你的潛意識空間，當你意識聽到我在講這所有的說話的時候，你的潛意識已經將所有一切的改變永遠記錄在潛意識的空間。當你的潛意識決定為你帶來這所有改變，你的意識，都可以容許所有的改變出現，當你意識聽我講這段說話的時候，你也可以容許自己帶來這些改變。現在我會保持大概半分鐘的沉默，在這半分鐘入面，你的潛意識會進一步整合我剛才所有一切的說話，使所有的說話對你有一個更加深層正面的改變。

第六部份：在治療完結之前，催眠治療師描述小艇在濃霧中消失，出現美麗風景的隱喻，向當事人的潛意識暗示過去的恐懼開始消失。

最後在完結之前，我想同你講最後一個故事，以前有個人撐

一隻艇，在湖邊碼頭，去到湖中心欣賞美麗的風景，周圍一切都好大霧，當這個人將艇撐去湖心的時候，艇慢慢愈來愈遠，愈來愈小，最後艇消失在濃霧當中，碼頭已看不到艇，因為艇已消失在濃霧中，過了一個鐘頭，濃霧開始慢慢消散，後來湖周圍的景色慢慢浮現出來，艇已完全消失，不知去了那裏，你所見到的是好美麗的風景，你感覺的是一份好舒服、好自在和一份好安全的感覺，無錯啦，做得好好。

第七部份：把當事人從催眠狀態帶回來清醒的狀態。

在一陣間，我會慢慢由一開始數到十，每數一下，你會愈來愈清醒，當我數到五，你會清醒一半，當我數到十，你會完全清醒，打開雙眼。準備，一……二……三……四……你開始愈來愈清醒，五……已清醒了一半，六……七……留意你坐的椅，留意電視機，八……你慢慢清醒過來，還有兩下，可以回來，打開雙眼，九……十……現在可以回來，打開雙眼，回復清醒狀態。

（治療過程約四十五分鐘）

個案跟進：

Phyllis 表示接受治療之後，上落樓梯比起過去感到安心了許多。

處理壓力

每一個人的一生少不免會有壓力，尤其是在 21 世紀的今天，在全球一體化的影響下，世界變化的速度比上一個世紀更加快速。處理壓力已經變成了全世界的重要課題。可是每人對壓力的反應也不相同；有些事情對你來說是一種「壓力」，但對另一個人來說，卻是一項「挑戰」，或者一次機會。如果不能好好處理壓力，身心便會遭受傷害，甚至出現生命的危險。

　　心理學家塞耶博士說：「並非事件本身，而是你對事件的認知會造成不同。」當一個人能夠以學習、接受挑戰，或者心平氣和的態度面對壓力，自然能發揮出自己的潛能，或壓力轉化為動力。當然，每一個人都希望能夠控制自己的想法及態度，可是為甚麼大部份人都不能夠做到呢？原因就是他們對於壓力的反應都是由潛意識控制的，就好像你喜歡那種食物，不喜歡那種食物都是由潛意識決定的，大部份人的意識都沒有話事的權利。因此，催眠對於處理壓力便能夠大派用場了。

　　究竟甚麼是壓力呢？如果我們給他一個定義，壓力就是「當一個人必須要面對一些事情，而他本人相信他沒有能力處理，他便會產生一份感覺，這份感覺就是壓力。」壓力的來源主要有四個：

1）環境因素：

例如污染、沒有私人空間、噪音、擠逼、滋擾……等。

2）社會因素：

財務壓力、身份地位、演講、工作表現、家庭壓力、人際溝通、喪偶……等。

3）生理因素：

病痛、受傷、失眠……等。

4）心理因素：

思考、信念、看事物角度、內在對話、自我價值低落。

哈佛大學心理學家 Walter B. Cannon 於上一世紀提出「Fight or Flight」理論。當某人面對挑戰或威脅的時候，他的大腦會產生一系列的生化反應。包括由下丘腦（Hypothalamus，位於中腦（Limbic System），應激反應的主要按鈕）刺激及啟動交感神經系統（Sympathetic Nervous System）分泌出腎上腺素（Adrenaline），使心跳加速，瞳孔放大，血液被輸送至主要肌肉，整個身體處於激發狀態，以準備跟該事物作戰（Fight）或逃跑（Flight）。大腦會在極短的時間內作出選擇。這個過程是人類賴以為生的生存機制，但是，假如有人長期處於激發狀態，對他的生理功能會有負面的影響。腎上腺分泌過多的皮質固醇（Corticoids）阻礙消化，細胞修補功能，減弱免疫系統等。身體健康會受到破壞。

　　當一個人面對壓力的時候，他在行為上、情緒上、以及身體上都會出現各種症狀。以下是一個壓力測量表，請把你現在的症狀確認出來，愈多症狀代表你面對的壓力愈大。

處於壓力下的症狀	行為上
	<ul><li>咬手指甲</li><li>常嘆氣</li><li>常打呵欠</li><li>工作效率下降</li><li>常做錯決定</li><li>出現負面思想</li><li>失去幽默感</li><li>失眠</li><li>不欲交往</li><li>失去耐性</li><li>性情暴躁</li><li>容易抱怨</li></ul>

身體上	情緒上
• 疲累	• 焦慮
• 頭痛	• 緊張
• 背痛	• 困擾
• 肌肉緊張	• 擔心
• 心跳快速	• 煩躁
• 常有感冒	• 憂傷
• 食慾下降 / 上升	• 抑鬱
• 性慾下降	• 挫敗感
• 睡時磨牙	• 恐懼
• 腸胃不適	
• 體重驟減 / 升	

催眠減壓

以下是一個透過催眠減輕壓力，以及該面對壓力的反應的策略。當一個人面對壓力的時候，他的身體、情緒及行為上便會出現一些不理想的反應，看看以下的例子：

壓力來源	身體、行為及情緒上的反應
1. 兩天後要交報告，手上一大堆工作還沒有完成。	1. 心跳加速，緊張，頭痛。
2. 經濟不景，公司沒有生意。	2. 心跳，不安，焦慮，沒有心機工作。
3. 常被老闆指責辦事不力，無情批評。	3. 自責，失去信心，胡思亂想。

以上的身體、行為及情緒上的反應就是一種問題狀態（Problem State），是一種本能的「Fight or Flight」反應。催眠可以幫助我們

改變這些問題狀態成為理想狀態（Desired State），紓緩神經系統的「Fight or Flight」反應。例如：

壓力來源	理想的反應
1. 兩天後要交報告，手上一大堆工作還沒有完成。	1. 相信自己一定能夠完成，能夠坐下來冷靜地重新分配工作。
2. 經濟不景，公司沒有生意。	2. 保持心境平靜，更加積極開拓市場。
3. 常被老闆指責辦事不力，無情批評。	3. 當被老闆指責時能夠保持抽離，保持心境平靜，集中精神如常工作。

現在，寫下三個你的壓力來源／身體、行為及情緒上的反應以及理想的反應：

壓力來源	身體及情緒上的反應／理想反應
1. ＿＿＿＿＿＿＿＿＿＿＿＿＿＿＿ ＿＿＿＿＿＿＿＿＿＿＿＿＿＿＿ ＿＿＿＿＿＿＿＿＿＿＿＿＿＿＿	1. ＿＿＿＿＿＿＿＿＿＿＿＿＿＿＿ ＿＿＿＿＿＿＿＿＿＿＿＿＿＿＿ ＿＿＿＿＿＿＿＿＿＿＿＿＿＿＿
2. ＿＿＿＿＿＿＿＿＿＿＿＿＿＿＿ ＿＿＿＿＿＿＿＿＿＿＿＿＿＿＿ ＿＿＿＿＿＿＿＿＿＿＿＿＿＿＿	2. ＿＿＿＿＿＿＿＿＿＿＿＿＿＿＿ ＿＿＿＿＿＿＿＿＿＿＿＿＿＿＿ ＿＿＿＿＿＿＿＿＿＿＿＿＿＿＿
3. ＿＿＿＿＿＿＿＿＿＿＿＿＿＿＿ ＿＿＿＿＿＿＿＿＿＿＿＿＿＿＿ ＿＿＿＿＿＿＿＿＿＿＿＿＿＿＿	3. ＿＿＿＿＿＿＿＿＿＿＿＿＿＿＿ ＿＿＿＿＿＿＿＿＿＿＿＿＿＿＿ ＿＿＿＿＿＿＿＿＿＿＿＿＿＿＿

以下就是有關的催眠指令：

「當你現在繼續聽着我的說話，你可能已經覺察到不同的人面對同樣的人生會有不同的結果，因為不同的人對人生會有完全不同的選擇及回應的方式。他們對人生有怎樣的想法，就會有怎樣質素的人生，你感到有趣嗎？每個人都要面對壓力，有些人會選擇感到緊張，而有些人則選擇心平氣和去面對，每一個人都可以選擇不同的態度回應壓力。當你現在正在催眠狀態的時候，我要告訴你一件值得高興的事，就是你的潛意識會重新學習面對壓力的反應。現在，想像你穿了一件盔甲，這件盔甲很紮實，這件盔甲能夠保護你，周圍的壓力並不能侵襲你，因為這件盔甲能夠保護你。你想像自己穿着這件盔甲走到過去使你有壓力的地方。你看見周圍有壓力向你侵襲，可能是別人的一些說話，又或一些聲音，又或者是看着壓力怎樣向你侵襲，這些壓力亦噹、噹、噹的反彈了開去。你感覺到很安全、很平靜、很有信心。因為你知道這件盔甲能夠保護你。周圍愈大壓力，你愈能保持心境平靜。因為你是一個能夠在壓力當中保持心境平靜的人。你就好似一個潛水銅人一樣，在深海巨大壓力當中仍然能夠活動自如。你能夠選擇新的行為反應，當你（**講出導致壓力的事情**）的時候，你能夠（**講出新的行為反應，加以重複**）這個新的行為反應能夠使你感到良好，因為你能夠擁有控制自己反應的能力，這個新的行為反應在每一天會不斷加強，你亦會感覺到愈來愈好……」

你可以每次只處理一個行為反應，你甚至可以把這段催眠指令記錄在光碟或錄音帶上，每天聆聽一次，直至舊的行為反應已經消失，以及新的反應已經建立為止，然後再處理另一個行為反應。

放鬆練習

　　以下是另一個較為簡單的催眠練習，假如你想在壓力中放鬆一下，你可以使用這個催眠指令：

　　「注意你每一下的呼吸。現在，深呼吸一下，呼氣的時候把所有壓力釋放⋯⋯同時開始放鬆。開始注意你的身體變得愈來愈放鬆的感覺。放鬆是一個好自然的過程，你可以用好多種不同的方式放鬆你自己。例如，你可以順其自然放鬆自己，或者你可以慢慢放鬆自己，又或者有些人會選擇好舒服咁樣放鬆自己。無論你選擇那一種方式放鬆自己，你都會好享受這個過程。現在，每當你呼一口氣的時候釋放所有身體上及心靈上的壓力，容許它們離開，容許它們遠去。每當你繼續呼氣的時候，每呼一口氣都會使你愈來愈放鬆，愈來愈放鬆。現在，你能夠開始容許身體上的肌肉放鬆。容許你的雙腳開始放鬆。你的雙腳開始變得愈來愈放鬆，愈來愈放鬆。你雙腳上每條肌肉都變得愈來愈放鬆，想像他們就好似兩條好濕的毛巾一樣，好濕的毛巾一樣。放鬆你膊頭的肌肉。你的雙手亦開始放鬆，想像你的雙手變得愈來愈放鬆，愈來愈放鬆，想像他們亦好似兩條好濕的毛巾一樣，好濕的毛巾一樣。現在放鬆你的前額，放鬆眉心，放鬆面部肌肉，對了。每當你繼續呼氣的時候，每呼一口氣都會使你愈來愈放鬆。現在把注意力放在眼皮上，你的眼皮開始變得愈來愈重，愈來愈重，愈來愈放鬆。它們就好像被膠水黏住一樣。你愈想打開它們你愈不能夠打開。現在，容許這份放鬆的感覺蔓延至全身每一個細胞，每一吋肌肉，每條神經。放鬆你的胃部⋯⋯。現在，你想像去到一個很平靜、很舒服的地方，可以是一個沙灘，一個森林，一個平原或者可以是其他地方。想像你正在這裏，同時享受舒服的感覺。用些少時間欣賞一下這裏美麗的景色：晴朗的天空、翠綠的樹木、美麗的鮮花、任何你所看見的，聽一下你聽見的

美妙的聲音：水聲、微風的聲音、雀仔的聲音，想像微風吹在你面頰上面，感受一下皮膚上面溫暖的陽光。甚至你可以聞一下空氣中清新的味道。一切都令你感覺到很舒服，很平靜，很放鬆。現在，你可以舒服地坐下或者躺在這個特別的地方。望上去，你看見藍天、白雲。你進入愈來愈深層的放鬆狀態，你內心感到平靜，你被安全、自在的感覺擁抱。你係一個有能力的人，你能夠平心靜氣處理身邊的事情，你已經釋放了壓力，你能夠坦然面對一切，你會容許生命中的一切順其自然發展，你每日都會感覺到美好，生活得自在。無論周圍環境有幾大的壓力，你都能夠感受到放鬆、自在、釋放。你對自己，對未來愈來愈有信心，你能夠享受到生命中每一刻的快樂，你內心得到釋放。

現在，當你準備好，你可以返回來。等一會，我會從一數到十，我每數一下，你會清醒十分之一，當我數到十，你會完全清醒，然後感到很精神，很清醒，重新充滿能量。一……二……三……（慢慢開始清醒）四……（還有一下就會清醒一半。）五……（你已經清醒了一半）六……七……（愈來愈清醒）八……（還有兩下你就會完全清醒）九……十。現在，你可以慢慢打開雙眼，享受美好的感覺。」

處理憂慮

憂慮症（Anixety Disorder）可以分為強迫症（Obsessive Compulsive Disorder）、驚恐症（Panic Disorder）、社交焦慮症（Social Anxiety Disorder）、恐懼症（Special Phobia）、創傷後情緒病（Post-traumatic Stress Disorder）以及經常焦慮症（General Anxiety Disorder）。本催眠治療主要處理的是經常焦慮症。

焦慮使我們神經緊張，浪費大量能量，使我們難以集中精神。焦慮的背後往往帶有非理性的想法，例如常常害怕被裁員、害怕沒有生意、害怕不能完成手頭上的工作等……。這些想法若不消除，往往會成為自我預言實現的種子。本催眠透過內心嬰兒（Inner Baby）、身體接觸（Somatic Touch）、正面暗示（Positive Suggestion）、未來演進（Future Progression）等幫助當事人放下擔憂的事情，加強自信心，重新把注意力和能量放在處理事情上，使緊張的情緒得以釋放，重新獲得力量處理好事情，達到期待中的目標。

催眠指令：

「你知道憂慮只不過是你身體的自然反應，對你沒有任何傷害。從現在開始，你會愈來愈有自信，愈來愈有力量，你能夠處理你的憂慮，使到它們自然消失。現在，想像你正在一個好美麗的草原上面漫步，這個草原很平靜，很舒服，你聽到雀仔的叫聲，你看見上面晴朗的天空，這個就是你內心的草原。現在，容許內心憂慮的感覺浮現出來……，注意這份感覺在你身體上那一個部份……，你可以用一隻手，輕輕地按住這個部份……想像這些感覺化身成為一個嬰孩，出現在草原上面……看看他的樣子，你看見他不開心，無助，不安全，他正在大聲叫喊……這個嬰兒是你潛意識的一部份，他需要你的愛，想像你慢慢走過去，帶住愛心慢慢抱起他，好溫柔輕輕撫摸他，你可以用你的方式關懷、支持他，使到他感受到

你的愛護，以及安全的感覺。你一邊撫摸，一邊告訴他：「It's OK. It's OK...」。想像他感受到你的愛心，慢慢平靜下來，愈來愈平靜，愈來愈平靜，他內心感到安全……。你看見他慢慢露出了笑容和笑聲……。草原回復以往的平靜。你再次聽到雀仔的叫聲，上面晴朗的天空以及清新的空氣令你感到好舒暢。

現在，你內心感到平靜，你對於事情有新的反應……你感到舒服、平靜……從現在開始，你愈來愈有自信，愈來愈有力量，你沒有甚麼好害怕，沒有甚麼好擔心，你正面及樂觀地面對一切。你有足夠的能力處理那些事情，無論在幾大壓力的環境之下，你都能夠平心靜氣，你有能力控制大局，你不再浪費你的能量……你把注意力和能量集中處理那些事情，你完全專心完成你需要完成的事情，你對未來愈來愈有信心，你正面及樂觀地面對一切……雖然，你可能面對一些逆境，你把它們看成為幫助你自我提升的機會，你因此不斷加強內心力量……從現在開始，你勇敢面對生命的挑戰，對於任何的處境，你都能夠坦然面對，你的內心都會感到安全，你對未來充滿信心。

在你入面，有一個隱藏了的智慧，他會一直引導你創造美好的未來。現在，想像在某一日，你正在完全投入在工作裏面……你看見自己充滿能量……完全專心完成你的工作，你看見自己身心合一……你的能力得到充份發揮……想像你為自己帶來好多新的機會……想像周圍的人都好欣賞你……你感受到信心和力量……想像在未來某一個時間，可能是一日或兩日後，又或者一個星期，或一個月後……你看見那些事情已得到了很好的進展。你已經釋放了舊有的恐懼和憂慮，它們已經成為過去……你看見你已經成功達到了目標，想像在你面上露出了滿足的笑容，想像自己變得高大，你充份感受到滿足的感覺……你為自己感到自豪，你知道你能夠做到，你是一個好有價值的人，你對未來充滿信心。想像你充份感受到自信和力量的感覺，你看見自己好成功，周圍的人都好欣賞你……你的潛意識是你力量的泉源，

他擁有足夠力量幫助你達成目標……你對未來充滿信心，你正面及
樂觀地面對一切……」

醫治失眠

失眠是城市人共有的一種症狀，普遍失眠的模式包括：

1. 你每晚睡在床上感到焦慮，因為你不能進入睡眠狀態。最後你只睡了很少的時間。
2. 你會很快進入睡眠狀態，但是在半夜醒來，然後不能入睡一直到天亮。
3. 你會入睡數分鐘然後醒來，重複交替出現這種情況，最後到天亮你仍覺得非常疲倦。

事實上，失眠只不過是一種表面症狀，背後可能涉及其他更複雜的問題，例如對於很多抑鬱症患者來說，都會有容易早醒的問題。而對於一些焦慮症患者來說，則比較難以入睡。如果當事人的失眠問題背後有較大的問題存在，催眠治療師在運用本章的催眠指令的時候，必須要配合處理當事人的根源問題。另外，我有一位當事人，她已經連續服用安眠藥（Stilnox）七個月了。在沒有食安眠藥的那一個晚上，她便會在床上輾轉反側不能入睡。當她來到我的治療室的時候，我舉了很多催眠治療失眠非常有效的案例。（我的目的就是要她相信催眠對於治療失眠是有效的。）我介紹她聆聽我的催眠光碟，結果在下一次會面的時候，她告訴我在那天的晚上當聽完了我的催眠光碟，那天晚上便睡得非常好了，可是在當天晚上她並沒有吃 Stilnox。這個案例是非常鼓舞的，因為它證明了很多需要服食安眠藥的人來說，安眠藥對於他們來說，只不過是一種安慰劑效應（Placebo Effect），亦即是說，那些安眠藥之所以有效，原因是使他們感覺到安心，使他們相信安眠藥能夠幫助他們當天晚上睡得好。或者直接來說，安眠藥的效果至少有一部份來自改變病人的信念。

催眠之所以有效，原因就是催眠是一種非常強大的工具改變當事人的信念。一旦當事人的信念改變了，他們的身心便會出現正面的改變。

催眠用語：

「今天已經完結了。無論你有甚麼壓力，有甚麼煩惱，有甚麼
牽掛，你都可以放下它們，你尊重你的身體，好好地休息……你身
處這個特別的地方，你沒有其他地方要去，沒有其他事情要做，只
需要休息，只需要容許自己享受舒適的睡眠。你可以好放鬆休息，
你可以自然休息，或者你可以安心休息。我不知道你的潛意識會選
擇那一種方式，我所知道的是，你的潛意識會為你選擇最舒服，最
享受的方式，使你在明天睡醒之後，感到重新充滿能量。現在，
你已經釋放了壓力及緊張。你愈來愈放鬆，愈來愈舒服……你變得
愈來愈少意識到周圍的聲音及環境，你的意識愈來愈模糊……. 你
整個晚上都會進入深層的，舒適的睡眠。如果你需要睡醒的話，只
要當你回想這個特別的地方，你會很容易再度進入深層的、舒適的
睡眠，深層的、舒適的睡眠。當你在明天睡醒之後，你會感到好精
神，重新充滿能量。現在你沒有甚麼可做，沒有甚麼可想，沒有甚
麼牽掛，你只是享受這個特別的地方。享受舒適的睡眠，舒適的睡
眠……，睡眠……，睡眠……」

催眠瘦身

我經常透過催眠幫助一些當事人處理飲食行為問題，達到瘦身的效果。催眠對於控制飲食行為是非常見效的。曾經有個非常喜愛吃朱古力的女士接受我的催眠，她進入了一個恍惚的迷糊狀態，甚至連我所説的部份催眠指令她也聽不到。那些催眠大概做了四十分鐘。可是過了數星期之後，當我在會見她的時候，她報告説竟然完全沒有吃過朱古力，就算她看見前面有她最愛吃的朱古力，她已經沒有任何衝動進食。雖然她的意識已經聽不到我的説話，可是她的潛意識卻在另一個層次接收我的説話，從而為她帶來改變。另一個當事人每晚在睡眠之前，都會在床上進食花生以及其他的零食。她還有其他不良的飲食習慣，包括與同事飲茶的時候，專食那些容易致肥的食物。經過了一次長約四十五分鐘的催眠治療，兩星期後她報告説她已經沒有再吃花生及零食，而且在與同事飲茶的時候，只會選擇那些清淡的食物。催眠對於控制飲食行為是非常見效的。

可是有些催眠治療師發現催眠瘦身並沒有效果，或者效果不持久。原因並不是他們的催眠指令設計得沒有效果，而是那些當事人表面上想控制飲食行為，可是潛意識卻不願意改變。為甚麼呢？這就涉及到隱藏得益（Secondary Gain）的問題。所謂隱藏得益的意思就是在那個症狀背後當事人往往會得到某種好處，以致當事人的潛意識並不願意放棄那個症狀或者改變行為。對於大部份飲食行為來説，隱藏得益都是有關可以幫助他們紓緩壓力，或者享受食物帶來的美好感覺，或者享受與朋友一起的歡樂感覺，或者排除孤獨感等……

因此，假如一位當事人來要求你幫助他控制飲食行為，或者戒煙等有關行為習慣的問題，催眠治療師要做的第一步就是改變他的信念，使他相信這些行為習慣只會帶給他更大的痛苦。事實上，我並不會幫助那些認為催眠是為魔術，甚至認為他們根本上不需要做任何事情，催眠就可以幫助他們改變的當事人做催眠治療的。這樣對我對當事人都沒有好處。因為我知道當事人的這種心態會使催眠

治療失去任何意義，當然根本不會有任何效果。對他來說，會使他對催眠以及自己的改變失去了信心。對我來說，我會有一個不成功的經驗。因此，在進行有關行為習慣改變的催眠治療之前，治療師必須首先改變當事人的心態。

那麼，要怎樣才能夠改變當事人的心態，使他們下定決心改變呢？我的做法就是會首先詢問當事人甚麼對他來說是最重要的。他們的答案可能是工作、子女、外表、健康等……

然後，我就會配合他們重要的價值，引導他們想像假如在不改變他們的飲食行為，假如再繼續肥胖下去的時候，他們將要失去那些重要的價值。例如，對於一個子女才是最重要的母親來說，我便會引導她想像他正在睡房中，也正在食最喜歡的零食，可是她看見她已經太肥胖，不能夠下床，卻看見她的子女可憐地站在那裏，沒有人照顧他們。我會引導她把這些痛苦感覺加強三倍，我要她實實在在的體驗那種痛苦的感覺。人類的潛意識是追求快樂逃避痛苦的，透過這種方式改變他們的決心是非常有效的。

催眠指令：

「當你現在正在催眠狀態的時候，有一件很高興的事情我要告訴你，你能夠改變不良的飲食習慣，建立新的健康飲食習慣。每一個小孩子都曾經有吸吮手指的習慣。沒有人知道他們從那裏學習這種習慣，只是當他們慢慢長大的時候，到了某一天，他們在發覺這個習慣已經不再存在，已經消失，因為他們的潛意識知道這個習慣對他們的健康是沒有好處的。因此，他們的潛意識自然地幫助他們忘記那個行為……你的意識很聰明，但是你的潛意識比意識更聰明。現在，當你正在催眠狀態之中，你的潛意識亦正在學習忘記那些不再重要的行為……現在你想像前面有一張枱，枱上面放滿了很多你喜歡食，但對你的身體有害的食物，包括零食、糖份高的食

物、甜品、容易肥胖的食物。枱後面有一塊很大的鏡，你看見自己的倒影……枱上的食物會增加你的體重，影響你的身體健康，破壞你的自你形象。你的潛意識很清楚知道這些食物對你的影響……看看前面的鏡，鏡裏面慢慢浮現一個三年後非常肥胖的你……你看見自己體重已經超出了正常體重，全身都是脂肪……（**在這裏配合當事人的價值而設計催眠指令，目的就是要製造痛苦的感覺，使他/她相信再不改變他/她便會失去這些價值**）……你完全不能夠接受自己變成這樣，所以現在你把這些食物掃走，把它們從枱面上掃走，使它們遠離你的身體。你的身體拒絕這些食物，你身心一致都拒絕這些食物。現在在這張空的枱上面你放上其他你會喜歡的健康食物，一些低熱量的食物，例如：（描述那些健康的食物）上面有你喜愛的生果及蔬菜。你看見它們清潔、新鮮、健康。想像進食這些食物，想像慢慢進食這些食物。你充份及完全能夠意識到進食的份量，同時你能夠決定進食適當的、適可而止的份量然後停止，同時這樣能夠使你感覺良好，使你感覺良好。你進食正確及合理的份量，同時你完全感到滿意，完全感到滿意。你滿意一餐食完之後到下一餐，兩餐之間並且放棄零食。

現在每當你想起進食的時候，你只會想起及選擇健康的，熱量低的，能夠幫助你達到理想體重食物，同時進食正確的份量。每當你已經進食大約八成的份量後，你聽到裏面出現一個很大的聲音：「STOP！」然後你立即停止進食，你失去任何衝動進食那些食物，你只是停止進食，然後享受那份良好的感覺。你能夠控制自己，你感到很滿意，因為你感受到潛意識的能力。你現在比起以往任何一刻更加積極建立最健康、最正面的形象。

你為自己感到自豪，你知道你能夠改變，你能夠改變，現在你在鏡中看見自己已經達到理想體重，你擁有優美的身段，全身充滿線條，你看見自己充滿自信及魅力，你感覺到很輕鬆以及充滿能量，你成為一個很有吸引力的人，四周的人都很欣賞你。你對這個

形象非常滿意。各種零食對於你已經不重要，已經不重要，因為重要的是你理想的形象。

所以現在，每當你需要進食的時候，你只會選擇健康的、熱量低的，能夠幫助你達到理想體重的食物，同時進食正確的份量。你的潛意識會為你帶來這些改變……」

有關瘦身的其他考慮因素

我發現有很多人在達到理想體重後，很快又再次肥胖，甚至出現暴食症、厭食症等情況，心理出現極大困擾。根據我的觀察，這些瘦身療程都忽略了致肥的心理因素，包括：

1. 隱藏了的負面指令（Negative Embedded Command）

人類的大腦天生並不能夠處理負面指令。例如，有人現在叫你千萬不要去想一隻粉紅色的大象，你想甚麼也可以，就是不能夠想一隻粉紅色的大象，你會想了甚麼？就是一隻粉紅色的大象。因為你的心靈焦點（Mind Focus）會放在「粉紅色的大象」上面。但不幸地有些瘦身療程都沒有注意到這一點，例如有些廣告強調「減去多餘體重」，「減去身上多餘脂肪」等。你的大腦便會把注意力放在「多餘體重」，「多餘脂肪」上面，而這樣的運作是在潛意識的層面，因此不容易覺察。你事實上正是指示大腦增加體重和脂肪。有效的做法是把這些字句改成為正面敍述，例如，「成功幫助你達到理想體重」，「使你身形更加苗條」，「使你更健康」等。

2. 人類行為的正面動機
（Positive Intention of Human Behavior）

　　每一個人類行為背後都有正面動機。因不能控制飲食而致肥亦是一樣。例如我最近有一個當事人，她患上了暴食症，她也不知道為甚麼會這樣。但是當我跟她的潛意識溝通後，發現原來她最近因為工作、財政等面對巨大壓力，她的潛意識因此透過不斷進食去減輕壓力。又例如我的另一位當事人，他每在深夜看電視的時候，就會控制不住自己要食即食麵以排除無聊的感覺。一位女士童年時不幸被強姦，長大後不斷進食導致癡肥，原因是她的潛意識學習了肥胖的身體不會使她再度被強姦。

3. 信念因素（Belief Factors）

　　在體重控制中，你如何看待你的身份是非常重要的。這是甚麼意思？行為學家 Konrad Lorenz 曾經研究鴨子的行為。他發現剛出生的鴨子看見甚麼會移動的物體，就會把那樣物體當成為自己的母親，跟着那物體走。有一次，鴨媽媽被調走，而自己則在小鴨子出生的時候走來走去，後來小鴨子都跟着他，把他當成為鴨媽媽，甚至後來找回來鴨媽媽，小鴨子完全不理會牠，繼續跟着 Konrad 走。Konrad 甚至發現剛出生的小鴨子會把滾動着的乒乓球當成為鴨媽媽！這叫做一個印記（Imprint）。

　　人類行為亦復如是。有些人終身都解決不了肥胖的問題，就是因為在童年成長過程（特別是 0-11 歲，因在這過程，理性思維還沒有完全發展。）在身份的層次產生了印記。例如個案一，一位女士在童年時期看見她的母親很瘦削並且常常生病，她在潛意識認定了瘦就是等於不健康（製造了一個信念），因此她認為自己一定要是一個肥人（身份）。她的行為成為經常進食，環境就使她變得肥胖。個案二，一個女孩在童年經常被人叫做「肥妹」，因此她認定

了她永遠就是一個肥人。她們在潛意識中都深信不疑自己是肥的，因此這個信念便驅使她們在飲食習慣上不斷使自己肥胖。

另外，一個在成長過程未能建立足夠自我價值（Self Esteem）的人（身份層次），並不懂得去肯定、欣賞自己，潛意識之中總是認為自己很欠缺，因此他們認為需要不斷從環境中獲取以作補償（信念價值），例如在自助餐拼命進食，而且總是食最貴的食物（行為）導致肥胖（環境）就是一個例子。

有些人經歷數次瘦身失敗後，形成了我不能夠瘦身的信念。一旦形成這樣的信念，無論他如何努力也無補於事。

絕大部份的瘦身療程，只是集中處理當事人的行為或環境的層次，例如不准當事人吃容易致肥的食物、消脂療法、食藥使自己覺得飽等……。一個能夠提供長期效果的療程，必須同時配合處理當事人有關身份及信念層次的問題。

二分鐘內戒除食物的方法

每一種食物在我們的頭腦內都佈一個編碼，叫做「內在表象」（Internal Representation）。食物的內在表象主要是視覺、感覺及嗅覺組成。內在表象就好像每個罐頭上的 Barcode，只要我們改寫了 Barcode，電腦系統便再也不能確認這些罐頭。以下介紹的技巧，相當實用，亦很好玩，可以使你即時對容易致肥的食物失去進食的衝動，有效幫助你瘦身。我有一位當事人，她非常喜歡吃朱古力甜筒雪糕，以致相當肥胖。我就是用這個方法，使她明白永遠也不再吃朱古力雪糕。

步驟：

1. 現在找一處舒服、寧靜的地方坐下，合上眼睛，在腦內回想一種你很喜愛吃，但容易肥胖的食物，注意它的顏色、形狀、大小、光暗等元素。

2. 問一問自己，如果零分代表沒有任何感覺，十分代表非吃不可，給這幅圖像一個分數。

3. 現在發揮你的想像力，想像這件食物發生甚麼變化，以致它的吸引力下降兩分，例如九分下降致七分。注意食物改變後的圖像，口味以至氣味。

4. 重複三個過程，直至吸引力下降至零分。

5. 假如你想加強效果，繼續下面的步驟，否則跳去步驟七。

6. 繼續發揮想像力，想像這件腦內的食物可以有甚麼改變，以致吸引力下降至負分。想像把這件食物貼近鼻子，聞一聞它的氣味，然後放入口中，嚐一嚐它的味道。

7. 打開雙眼，在內心感覺一下現在對這種食物的感覺如何。怎樣？還有沒有衝動想食這種食物？潛意識的其中一個運作方向，是追求快樂，逃避痛苦，因此只要你向他證明這種食物只會帶給痛苦的感覺，你的潛意識便會改變你的飲食行為，記住，你的頭腦是你最好玩的玩具。

痛症的移除

催眠對於處理痛症是非常有效的。米爾頓・艾克森曾經指出所有催眠現象（Trance Phenomena）均能夠有效處理痛症（1980）。催眠師首要的工作就是找出對當事人來說，哪一種催眠現象對他是最有效的。至於怎樣使用催眠現象來達到治療的效果，在前面的章節已經詳細探討過了。對於處理痛症，這裏還有一些值得商討的地方，是每一位催眠治療師都需要注意的。

1）對於某些痛症來說，背後可能伴隨着某些隱藏的得益（Secondary Gain），例如一個還有長期背痛的病人來說，可能透過這個痛楚提醒他不要再搬重物。另外，一個經常頭痛的女人，有可能透過頭痛企圖吸引她的丈夫的關心。假如催眠治療師發現治療的效果不持久，又或者痛症重複出現，這就往往可能反映出的而且確有個隱藏得益的存在。除非你打算處理這個隱藏得益，否則，任何企圖移除這個痛症的方法最終都會沒有效果，甚至進一步加強那個痛症。因此，對於處理痛楚，我的建議是：如果在移除後痛症重複出現，最好的處理方法就是容許症狀繼續存在，然後找出隱藏的得益。對於一些短期的痛楚，例如手術後的痛楚、意外發生後的痛楚、小孩誕生以後的痛楚等，一般來說都並沒有隱藏得益。對於這一類的痛楚，催眠治療師可以使用普通的催眠方法去處理。對於一些長期的痛症，催眠治療師如果懷疑那個痛症背後有隱藏得益的存在，最好的方法就是在移除那個痛症之前，詢問他的潛意識是否容許移除那個痛症。

2）對於長期的痛症來說，催眠治療師可以使用年齡回溯（Age Regression）、信念重整治療（Beliefs Reforming Therapy）等的方法找出最早出現痛症的時間，了解痛症背後的原因。有些時候潛意識在過去學習到利用痛症來達到某些目的，可是在很

多年之後，這種策略已經不再適用了，催眠治療師就可以透過與當事人的潛意識溝通，使潛意識學習放下那些痛症，使用另外一些策略，或者從另一個角度了解當時的問題，從而使痛症消失。不過有一點要注意的是，由於潛意識在當年已經選擇了最適當的方法，催眠治療師必須使用一種尊重對方潛意識的語氣及方向，這樣潛意識才會感到放心改變。

3）催眠治療師必須相信，每一位病人都已經擁有足夠的資源可以控制痛楚。Jeffrey K. Zeig Ph. D. 及 Brent B. Geary Ph. D. 曾經提及催眠治療師在控制痛楚的過程中，就是要在病人內在創造一種有趣的經驗性的學習及連結（to create an appeal to the experiential learnings and associations that exist inside the patient.）（Zeig, 2001）。透過催眠，病人能夠主觀地製造一些有趣的感覺、經驗，從而改變他們對於痛症的感覺。米爾頓‧艾克森曾經向病人敘述一些日常生活的例子，來製造這種主觀的經驗。例如他會告訴病人當他們正在聽一場非常精彩的演講，他們並不會注意到椅子的不舒服感覺。

本章介紹你另外一種方法來處理痛症，叫做「透過視覺象徵消除症狀」（Symbolic Removal of Symptoms）。有些時候，症狀可能是身體上的一些不舒服的感覺，例如頭痛、胸口悶等。本技巧透過與當事人潛意識溝通，把症狀視覺形象化，然後使之消除。

步驟：

1. 引導當事人注意該份不舒服的感覺。
2. 把感覺在身體上定位：
   「現在，這份感覺在你身體上哪個位置？」
3. 引導當事人形容這份感覺的形狀、顏色、質感、溫度、重量等。

4. 引導當事人發揮想像力改變次感元：
   - 把顏色調校成為使自己較舒服的顏色。
   - 改變形狀使較為舒服，例如把尖角磨掉，把不規則形狀變為圓形。
   - 用一種較舒服的材料代替，例如把粗糙改為細滑。
   - 減輕重量，例如想像質料變疏，好像發泡膠或者餅乾一樣。
   - 減輕溫度，例如想像灑上凍水，用濕毛巾包住。
5. 引導當事人把象徵物件帶離開身體：
   「現在，當你看着這個物體，我想你容許你的想像力幫助你使這個物體離開你的身體……現在它在哪裏？」
6. 引導當事人使象徵物件消失：
   「好好，現在再次容許你的想像力幫助你想出一個方法使這個物體消失，請你告訴我你可以怎樣做？」
   幫助當事人使它消失。

案例：背痛

　　陳小姐右面背脊經常感到一種莫名的痛楚。她從事行政文職工作的，她經常要使用電腦，用右手記錄客人的資料，而且往往在非常大的壓力下工作。公司人手嚴重不足，而且他的上司對她要求非常嚴格，要求她用很快的速度完成工作。催眠治療師（賴柏諭）幫助陳小姐進入催眠狀態之後，引導陳小姐把注意力放在那個痛楚上面，然後問她那個痛楚看起來像些甚麼，陳小姐回答說很像一些很緊張的纖維。我引導她想像把一些柔順劑向那些纖維倒下去，並引導她想像那些收緊了的纖維重新變得柔軟放鬆。整個催眠做了二十分鐘，陳小姐報告說，在完成這次催眠治療的的一年之內，她的背痛已經完全消失。

信念重整治療

「一日修心千載寶，百年貪物一朝塵。」

——佛家智慧

　　有關人類的其中一個秘密是：很多人是沉睡的。或者更接近事實的講法是，很多人自以為清醒，但卻是被催眠了。無論是白天或晚上，他們都被催眠了。別以為你張開眼睛，看這個世界會看得很清楚，其實你所看見以及經驗到的世界，都只不過是被催眠了的心靈的一種反映。有人說，人生是掌握在自己的手裏，這句話是錯的。正確的說法是，人生是掌握在自己的心裏。通往真正自由的唯一途徑就是要去解放你的心靈。除此之外，所有的方法都只不過是一種謊言。

　　在 1976 年的夏季奧運會上，舉重運動員瓦西里‧阿列克賽耶夫成功地刷新了新的世界紀錄。在舉重的運動中，五百磅的重量一直被認為是人類的極限，在過去從來沒有一位運動員能夠打破這個紀錄。有一次當瓦西里‧阿列克賽耶夫在練習的時候，他的教練告訴他，他將要舉的重量是一個新的世界紀錄，這個重量是 499.5 磅。他終於舉起來了，他顯得非常高興。可是，教練卻告訴他，他實際上舉起了 501.5 磅，他看看磅上的數字，的而且確是 501.5 磅。幾年之後，瓦西里‧阿列克賽耶夫在奧運會上舉起了 564 磅。

　　是誰在一開始催眠了我們？那些個人包括父母、朋友、傳媒，還有我們自己。每一個人一生都不斷被告訴自己這是不可能的，成功沒有我的份兒，那裏有這樣容易？這麼多人都做不到，我又怎樣能夠做到呢？活在這樣的催眠狀態中，無論你做甚麼都是沒有意義的。除非有一天你終於覺醒你正在處身於這種狀態之中，否則你永遠無法從牢獄之中釋放出來。

在人類數千年的歷史中，沒有人能夠在四分鐘內跑完一英里，一般認為這是不可能的。但是在 1954 年 5 月 6 日，賽跑選手羅傑・班納斯特透過不斷在大腦中想像模擬少於四分鐘跑完一英里。結果，他的神經系統就像一部電腦一樣，被輸入了強而有力的指令，最後他成功創造了少於四分鐘跑完一英哩的記錄。這個消息很快傳了開去。令人震驚的是，在六星期後，澳洲選手約翰・倫狄創出了更快的紀錄。在隨後的一年裏竟然有 37 人做到，而在往後的一年裏，更有多達三百人打破紀錄。

人類的潛能是無限的，可是為甚麼有那麼多的人生活得不成功不愉快呢？原因就是在絕大部份人的心中，都有很多限制性的信念（Limiting Beliefs），相信這樣不能，那樣不可以，以致他們的能力都不能夠釋放出來。沒有效果的信念就像孫悟空的緊箍咒一樣，就算我們有多大的力量，亦不能夠發放出來。可是當信念一旦被改變之後，就好像以上那些突破紀錄的的運動員一樣，你會發現你能夠做到很多驚人的效果。信念就是開啟人類龐大潛能的金鎖匙。

信念是從甚麼時候形成的？

人類在大約 0-11 歲的時候，負責理性思維的前額葉（Pre-frontal Cortext）還沒有發展成熟（比較近期的腦神經研究發現，有些人甚致在二三十歲前額葉還未完全成熟），在這段時間的孩子是完全生活在潛意識的世界中的。換句話說，他們是很單純的，其他人特別是一些有權威性的人物例如父母、老師等會對他們有關自己及這個世界的信念構成很大的影響。例如，當一個嬰孩肚餓的時候，他會自然地叫喊，這些喊聲就是一種要求他媽媽關注他的行動。想像他的媽媽因為嬰孩的誕生而帶來很大的壓力，媽媽聽見嬰

兒的叫喊聲感到很煩躁，她無意識地把憤怒發洩在嬰兒身上，嬰兒的潛意識是完全能夠感受到媽媽的憤怒的，他內心因此感到驚恐。嬰兒的潛意識便漸漸形成了一個想法，認為向別人要求一些東西是危險的。當這個嬰兒慢慢長大的時候，過去的經驗已經逐漸被遺忘，可是由於那次經驗而製造出來的信念卻牢牢地安裝在潛意識中，一直在影響着他的行為，使他永遠不會主動向別人提出要求一些他值得擁有的東西。每一個信念背後都涉及一些情緒，無論這些情緒是正面的或是負面的。情緒愈是強烈，信念的力量愈是強大。

主要信念及次等信念
（Primary Beliefs and Secondary Beliefs）

這些帶有情緒的信念一旦被製造了出來，便會成為一種能量，吸引其他類似的次等信念，形成了一層又一層非常複雜的信念結構。例如，上面那一位製造了「向別人要求是危險的！」信念的嬰兒，這個核心信念會阻礙他得到人生中應該得到的成功快樂，以致到他在成長的過程中，製造了另一個信念，就是「我是很難成功的」，或者「別人比我強」等。

這個人終其一生都不會看到、經驗到真實的世界，因為他是活在複雜的、扭曲了的信念結構中，就好像坐牢一樣，他整個人生都只不過是內心信念的反映。

可是當那些負面的核心信念被找了出來，經過修正、改變和轉化之後，整個信念的結構便會得到全面的提升。那個人的命運、人生際遇亦會自然地改變。

形成信念的過程

　　潛意識的運作方向就是不斷企圖把事情簡單化，就好像小朋友一樣。人類潛意識的最重要功能是保護我們的生命。例如，當你發現有一隻老虎在你面前出現的時候，你的潛意識便會立即啟動交感神經系統，使心跳加速，從而使大量血液流向腿部的肌肉。於是你的雙腳便會得到能量立即逃跑，從而保全了性命。因此，潛意識需要把信念盡量簡單化，從而使處理五官（眼、耳、鼻、舌、身）涉入的資料的過程更為快捷，以致你能夠第一時間立即向外界回應。這種把事情簡單化的過程可以分為扭曲（Distortion）、刪減（Deletion）和一般化（Generalization）。

扭曲的例子：

　　有一位當事人，在他上小學的時候，他的班主任總是沒有稱讚他，他因此製造了「我是一個不值得別人稱讚的人」。其實他的班主任並沒有這樣的想法，這只不過是他自己製造出來罷了，這就是一種心理上的扭曲。

刪減的例子：

　　太太相信她的丈夫不愛她，原因是她的丈夫從來沒有說一句「我愛你！」。可是她的丈夫是一個不善多言的人，事實上她的丈夫對她是非常好的，例如幫助做家頭細務，與她一起到外地旅遊，可是丈夫的這些行為她都看不見，全都被她刪減了。

一般化的例子：

　　一般化的意思是認定世界上所有的事情都只是從一種特定的形

式出現，可以細分為：

1）以偏概全式：

以單一經驗認定所有情況都是如此。話語中常帶有「從來」、「永遠」、「總是」……等字眼。

「他從來沒有關心我。」

「我永遠都是孤獨的。」

「沒有一個男人是好人！」

2）能力限制式：

a. 可能性（Modal Operator of Possibility）

包括不可以、不可能、不能等字眼。

「可能性」句子顯示了說話者的限制性信念。

例子：

「我不可以放鬆！」

「我不可能成功！」

「我不能集中精神！」

b. 需要性（Modal Operator of Necessity）

包括必需、應該、一定等字眼。

「需要性」的句子表達了說話者的規條，把信念、價值加諸對方身上，限制了對方的選擇。

例子：

「我必需要贏別人！」

「我不應該爭取！」

「我一定要比別人成功！」

信念貯存在大腦內甚麼地方？

在人類的進化過程中，發展出邊緣系統的兩個主要功用：學習與記憶。這兩個重要的功用大大地提升了人類的生存能力。例如有一個人曾經被火燒傷，在被火燒的一刻，本能的生存機制使邊緣系統內的杏仁核立即產生震驚、恐懼的情緒，驅使這個人立即離開那個危險的地方。杏仁核就是情緒記憶的貯存倉。無論是正面或負面的情緒，杏仁核受到的刺激愈強，烙下的印記愈深。

這個機制可以使我們假如再一次碰到類似的情境，例如看見火，我們便會立即受條件反射的影響而避開，從而減少了再受傷的機會。那次經驗的細節（不涉及情緒的部份）例如地點、時間、受傷的部位……等則透過海馬體貯存成為長期記憶。杏仁核製造出來的情緒使他深深相信，火是危險的。愈是強烈的信念，涉及的情緒愈是強烈。因此，信念主要是與邊緣系統有關。

信念不單止影響人類潛能的釋放，更加能夠影響身體機能的運作，有些人甚至因為某些信念而產生一些病症。這種由心理影響生理的症狀叫做身心症（Psychosomatic Symptom）。我有一個當事人，自小經常出現海鮮敏感的症狀。凡進食蝦、蟹、魚等海產類食物即出現皮膚敏感。原因不明。透過與他的潛意識溝通，得知敏感症的來源是與童年時期一件與母親相處的事件有關。他因某些不被接受的行為而被母親嚴刑責罰、甚至用麻繩捆綁起來毒打，導致他產生嚴重負面情緒，烙印在杏仁核中。他的潛意識亦因此製造了限制性的信念（一般化），就是他沒有能力控制環境。他的潛意識因此透過海鮮敏感的症狀（免疫系統功能障礙）來證明這個信念。

潛意識在某一個經驗之中學習到的信念，會與當事人在那次經驗之中所處的身心狀態（Psychophysiological State）有直接的關係。這種透過身心狀態學習回來的信念叫做「狀態連結的學習」（State-Dependent Learning, Ernest L. Rossi, 1986）。本章所介

紹的信念重整治療可以引導當事人返回那次經驗之中，然後改變那次經驗帶給當事人的身心狀態，從而改變當事人潛意識在那次經驗之中學習回來的沒有效果的信念。

身心互動的生理研究結果

有關身心研究最重要的貢獻首推 20 世紀的加拿大的生理學家 Hans Selye。Selye 畢生致力研究心理以及身體的壓力如何引致身心症的出現。他在 1936 年發現將牛卵巢的萃取物注射到老鼠的身上會引發脾臟、淋巴結和胸腺的淋巴組織萎縮。他在開始的時候，以為這些作用是由於萃取物中的某種荷爾蒙所組成，然而接下來的實驗結果顯示，注射不同的物質也會產生相同的結果，甚至當他把老鼠放到一個很冷的環境，或者把老鼠丟到水裏，讓他們在水裏游泳直到筋疲力竭，都會造成相同的結果。這些結果顯示，這些不同的過程似乎是經由一個共通的神經路徑作用，而產生了相同的影響。他把這些稱為壓力反應的過程，經過許多實驗後，他認為當生物體面對壓力的環境時，會產生自我重新調整的一種非特異性反應，他把這些非特異性反應總稱為「全新性適應症候群」（General Adaptation Syndrome）。

那為甚麼不同的人對於同一樣的情境，例如外界的壓力會有不同的身心反應呢？ Selye 的研究顯示，這與中腦的三個組織有關，就是邊緣系統（Limbic System）內的下杏仁核（Amygdala）、海馬體（Hippocampus），以及丘腦（Hypothalamus）和垂體（Pituitary）。

邊緣系統儲存了狀態連結的學習（State-Dependent Learning）的記憶、信念。它們就好像一個過濾器（Filter），用它的方式過濾、演繹外界的刺激，控制着下丘腦（Hypothalamus）

和垂體（Pituitary）。下丘腦控制神經系統中的自主神經系統（Autonomic Nervous System）以及免疫系統（Immune System），垂體則控制內分泌系統（Endocrine System）。這三個生理組織所組成的英文名稱叫做 Limic-hyppthalamic-pituitary System，簡稱 LHP 系統。LHP 系統是神經系統之內連結心靈（Mind）以及身體（Body）的重要路徑。LHP 系統存在過去人生在各種經驗之中所學習回來的信念密碼，這些信息是心靈與身體溝通的關鍵性資料。不同的人對於同一樣的情境，例如外界的壓力會有不同的身心反應，原因就是他們的 LHP 系統內貯存着不同的信息。

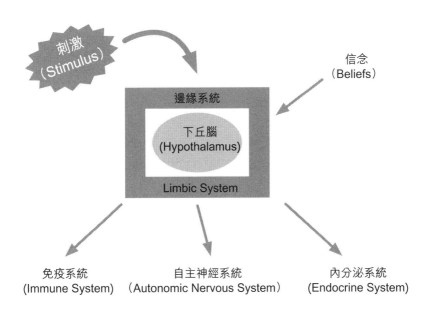

邊緣／下丘腦系統（LHP System)

治療示範

　　這是一個我在一次課程之中的示範。為了尊重當事人，在以下的治療個案中，當事人的名字用了假名。Mary 經常有一種莫名的孤單、不安的感覺，原因不明。

個案：我永遠都只得自己一個！

治療師　：　Mary，你想我幫到你甚麼？

當事人　：　我想找回我自己。上次做目標設定時，目標消失了。

治療師　：　可否講多一點那個過程是怎樣的？

當事人　：　其實我目標設定了後，就看 Anson 做示範，其實我已經一邊看，一邊自我回答那些問題。其後到我做的時候，發覺已經沒有了那個畫面，跟着再做下去，亦不知道自己在做甚麼了。

治療師　：　即是之前開始的時候，是有那個畫面的，但是不知為何做下去就沒有了那畫面？

當事人　：　是。就好像將我一路做的全部推翻。

治療師　：　一路將進行中的全部推翻。是甚麼引致你做的事全部被推翻？是你感覺到，抑或是你看到，還是你聽到甚麼而覺得被推翻？

當事人　：　其實上了課程後，我覺得取回了一些成功的感覺，但在那刻，我回想不到。

治療師　：　但在那刻，你回想不到過去成功的感覺？

當事人　：　是。

治療師　：　你有嘗試找尋，是嗎？

當事人　：　有，其實在這個工作坊前，我已經嘗試找尋，但找不到，那時我已好不開心，跟着我做其他練習，嘗試製造些成功感覺給自己，但是……（開始流淚）

治療師：　你所指的「製造」是指你刻意製造一些成功感覺給自己，是嗎？

當事人：　因為我覺得只要我做到效果就一定有這份成功的感覺，我經常提醒自己一定要有這份成功的感覺（一邊説，一邊流着淚）……

治療師：　所以好 push 自己去取回那份成功的感覺……唔……

當事人：　其實身邊朋友都有讚我的……但是在那刻站在那兒……

治療師：　通常讚你甚麼？

當事人：　説我改變了很多……

治療師：　改變了很多……

當事人：　説我肯聆聽他們説話。

治療師：　即是以前就不是很聆聽別人説話的？

當事人：　我好快表達自己。但現在我會把表達自己放到最後。

治療師：　現在就把表達你自己意見的放到很後……甚麼令你把你的意見放至很後？甚麼阻止到你不去表達你的意見？

當事人：　我在這兒，學會了每個人都有不同的看法，所以就先聽別人的講法。

治療師：　但是聽下別人的講法的同時，你的意見亦很重要的。沒有兩個人是一樣不等於漠視自己的意見，只不過我們在尊重別人的同時，亦都要尊重自己。

當事人：　但是不知為何當我講出自己意見的時候，他一定不會再聽我講。

治療師：　啊，一定就不會再聽你講……這個是某個人，亦或是你發覺你有這個 pattern（模式）在這個情況？

當事人：　（想了想）我經常都是這樣……

治療師：　經常都是這樣……

治療師：　（向大組學員）我現在是首先找出當事人的一些pattern，究竟是一些甚麼模式，令當事人有困擾的情緒呢？至於當事人的symptom（問題）是怎樣呢，我要再弄清楚一下。

治療師：　Mary，如果今次治療完成之後，真正幫助到你了，可以解決到你的問題，你想你的理想狀態是怎樣？你想有些甚麼改變？

（在開始治療之前，設定一個治療目標可以有效幫助出現效果，特別是對一些經常把焦點放在問題上的當事人，這個策略對他們會有很好的幫助。）

當事人：　我想重新肯定自己。

治療師：　你想重新肯定自己。你想重新肯定自己的意思是……

當事人：　我好像很依賴我身邊的人給我的feedback（回應）。

治療師：　你好像很依賴你身邊的人給你的feedbacl（回應）。

當事人：　好像自己做每一樣東西，不知道是否自己真的有心去做，做好多東西都好像為很多人而做……

治療師：　唔……做好多東西都好像為很多人而做……是否好像不是為自己去做？

當事人：　好像……好像我就是想……我好像好好人，做好多東西幫人，但是……其實可能我是想人（忍着淚說）……

治療師：　做好多東西去幫他人……

當事人：　我想人讚（忍着淚說）……

治療師：　唔，想人讚……係，有時得到別人的讚美是非常重要的，是嗎？……我們幫人是要付出的，是嗎？

當事人：　……但當那人沒反應的時候，我就會（忍着淚說）……

治療師　：　會有甚麼感覺呀？

當事人　：　我就會覺得自己不好（忍着淚説）……

治療師　：　你就會覺得自己不好……

當事人　：　跟着我就會放棄了……

治療師　：　如果是沒有人讚呢，一般的反應就會是：「噓！為甚麼這樣的？都不稱讚我的。」然後就算了，但是他不讚你，你就會覺得自己做得不好，是嗎？

當事人　：　我不會問那人為甚麼他不讚我……

治療師　：　（向大組學員）這裏很明顯就是一般化的信念，肯定過去發生了一些事令 Mary 的潛意識 generalize（一般化）這些事了，所以我稍後就會尋找過去發生甚麼事。

治療師　：　即是你做了一些事後，如果沒有人讚你，你就會覺得自己做得不好，亦不會 complain（投訴），同時間你都會覺得好不開心，好不舒服，是嗎？這個就是你現在的問題，是否這樣？

當事人　：　是。

治療師　：　good，非常好……那你的理想狀態就是你可以重新認同自己，認同的意思是你做了一些事，如果我沒了解錯誤的話，就算其他人沒讚你，你都會認同你自己的做法，覺得自己做得好好的，對嗎？

當事人　：　是，因為我不想再逃避。

治療師　：　你不想再逃避。

當事人　：　之前我就是因為這樣，其實不停地發生，無論大事或者是我工作上，我日常生活對人對事都好，無可能我每次都這樣就此走開。

治療師　：　你走的意思是辭工？

當事人： 我之前那份工就是了。就是因為我拉得好緊，其實那份工……（邊回想，邊落淚）在那時我好有成功感的，我好快我就去到一個 level（位置）我無 expect（預期）到。同老闆之間的關係亦都好好；但是因為一路做下去，要顧及銷售，追數追得很厲害，我做不到了。我做了一些我發覺我自己都不想做的事，我站在街上叫，其實我不想做的，但是……

治療師： 但是你要被迫去做。

當事人： 為了條數（哭訴着），even（就算）有朋友走過都覺得為何我要這樣做（哭着）……

治療師： 覺得沒面子，是嗎？

當事人： 那跟着我就（哭着）……

治療師： 很多時做 boutique（店舖）都要在街上自我宣傳的……

當事人： 其實我並非嬲，我覺得其實所有其他分店都是這樣做，我無可能不做，更何況我是這間 boutique（店舖）的（哭訴着）……

治療師： 你覺得無用，是嗎？

當事人： 是，我覺得無用。

治療師： 在這件事上，除了你覺得無用之外，還令你想起甚麼？有關於你自己的。

當事人： 不明白為何讀了這麼多書都要這樣做（哭訴着）……

治療師： 不明白為何讀了這麼多書都要做這些事，是嗎？還有呢？……你不能夠接受，如果我沒聽錯的話，你不能夠接受，自己讀了那麼多書，都要這樣做，是嗎？……背後其實令你想起些甚麼？你相信了些甚麼是有關你自己的？……讀了那麼多書，都要做這

樣事……

當事人：　其實我爸媽好 proud of（引以為榮）我讀完 U（大學）的，他們知道我在公司做的位置是甚麼，但是不知道我在公司做甚麼……

治療師：　你的 generalization（一般化）是甚麼？有關你自己的。

當事人：　（想着）

治療師：　讀了這麼多書都要做這些事，這個是甚麼？這個是 Belief level（信念的層次）。但是我在想，如果再上高一層至 Identity（身份）level，你會想起甚麼，是關於你自己的？

當事人：　（想着）

治療師：　有沒有一些 generalization，首先檢查一下……

當事人：　我有些朋友和我差不多時間畢業，我覺得他們不用那麼辛苦，但是他們的前途好我很多。

治療師：　不用那麼辛苦，但是他們的前途好你很多，順利很多，是嗎？

當事人：　因為我最好的朋友曾經（忍着淚）……因為我最好的朋友最近曾經跟我講，其實那個時候他見到我時，他很心痛，因為（忍着淚）……

治療師：　他原因是為甚麼而心痛？

當事人：　（流着淚）

治療師：　他見到你和他做的工作好不同？

當事人：　當時我剛入職時，在 boutique（店舖）剛做 trainee（見習生），在最初的時候，基本上所有工作都要做，那天晚上他就打算晚些來接我，所有閘關了時，他見到我在地上（忍着淚）……

治療師：他見到你在地上做些低微的工作，是嗎？

當事人：（流着淚點頭）⋯⋯

治療師：是否這些？這樣令他很心痛⋯⋯

當事人：（流着淚點頭）⋯⋯

治療師：你自己呢？⋯⋯反而我有興趣想知道，Mary 你在這些事件裏面，你產生了些甚麼信念，有些 Belief，甚麼你相信了？我有興趣的是你的 Belief 是些甚麼？在這幾次事件裏面，在你人生中這麼多經歷裏，你製造了些甚麼 Belief，你相信了些甚麼？

當事人：只要我肯做，就可以向上爬。

治療師：只要你肯做就可以向上爬⋯⋯這個不是你的 Belief，這個只不過是你意識上的 Belief。因為你這麼多的情緒呢，如果你的 Belief 是這麼正面的話，是不會有這麼多的情緒，但你有這麼多的情緒，證明你入面有一些好 negative（負面）的 Belief（信念）── generalization（一般化）出來了，製造了出來⋯⋯

當事人：（想着）

治療師：想到嗎？

當事人：（想着）

治療師：你現在想像你在這裏看電影，用抽離的角色，看着你剛才所描述的片段，在 boutique（店舖）做一些好低微的工作，你朋友見到你做一些好心痛的工作，看一看這個過程，這個過程你看到的時候，令你想起些甚麼，有關你自己的？⋯⋯有無？

（治療師可以引導當事人從抽離的角度去了解整件事情，這樣可以使當事人講出對那件事件的信念。）

當事人： 永遠都是得我自己一個。

治療師： 永遠都是得自己一個，好明顯這個就是一個
generalization（一般化），永遠都是得自己一個。
這 Belief（信念）令你有剛才的情緒，是嗎？難受，
是嗎？

當事人： （點頭）

治療師： Good……非常之好。

治療師： （對大組學員）所以信念重整治療就是要重整
一些非理性的信念了。其實這個只不過是一個
generalization（一般化），未必等於真實的。

當事人： 這是事實的。

（當事人已經把他的信念看成為事實，治療師必須在這裏改變
當事人的想法，使他相信他內心的信念製造出這種事實，否則整個
治療是沒有效果的。）

治療師： 你的潛意識如何想，亦都會製造成事實，是嗎？你
的人生，你的生命的實相是由你去創造出來的。是
嗎？……如果你相信你永遠都是只有你一個時，就
算有其他人走近你身邊，想和你做朋友的時候，見到
Mary 好像不想和我傾談的，又或者好 cool（冷淡）
那他就會離去的了……一切都是由你的心去創造，
但是如果你的心是想着我是可以有好多朋友的，好
開心的，那你就會吸引到好多人到你身邊。

（對大組學員，舉一個治療例子作隱喻）我想與各位分享一個
個案。我有一位當事人，他是一位男性，大約三十歲，一直都找不到
對象，後來經過與他的潛意識溝通，發現他在中學預科的時候，喜歡

了一位女同學，他曾經向這位女同學表示好感，並展開追求，可是那位女同學說了一些傷害他感情的話，結果，他的潛意識在那次經驗當中，相信了追求異性是痛苦的這個信念。這個信念一直存在他的潛意識中，控制了他的一生，其實他身邊並非沒有機會，只是他的潛意識一直在控制他，使他遠離女性罷了。後來我引導他回想起那次經驗，並且改變了他的信念，使他相信他是能夠擁有一段很好感情的。兩個月之後，當我再與這位當事人聯絡的時候，他告訴我他已經有一位女性朋友了。其實一切都是由心製造出來，只要你願意改變想法，你的人生便會改變，你同意我的說話嗎？很好。所以我們跟著就要找出究竟過去甚麼事，令你製造這個信念出來，永遠只有我自己一個，好嗎？

當事人：（點頭）

現在請你閉上雙眼，先做幾個深呼吸，先做幾個深呼吸，大力吸氣，呼氣，對了，再大力吸氣，呼氣……每一下呼氣，都會令 Mary 愈來愈放鬆，愈來愈放鬆，對了，做得好好，每一下呼氣都會令你更加放鬆，因為你知道放鬆才可以與你的潛意識好好地溝通，當你現在開始進入一個更放鬆的狀態時候，你的潛意識亦都開始愈來愈活躍，愈來愈活躍；你開始慢慢進入潛意識的世界，亦都能夠和你的潛意識去做溝通，做得好好……接著下來，我想你回想過去曾經最近發生一次令你有那種「我只是剩我一個，永遠都是自己一個」的經驗，回想那次經驗令你的情緒不開心，只剩下我自己一個，好辛苦，好不想做，留意那份情緒在你身體哪一部份出現最明顯，我會數五下，由五數到一，當我數到一的時候，你就去到最近出現最強烈的情緒「我只是剩我一個，永遠都是我自己一個」的經驗，留意那份情緒，預備五，四，愈來愈接近那次的經驗，三，開始飄浮到那次的經驗，二，愈來愈接近，情緒開始愈來愈明顯了，

愈來愈明顯了，重新體驗那次「我永遠都是我自己一個」經驗，感覺，一，我想你 Mary 注意這份感覺，我不知為何「永遠都是剩下我自己一個」的經驗感覺，是了，對了，出現了是嗎？好，非常之好，注意這份情緒，注意它，若出現了的話，請你透過你左手的食指給我信號。

當事人：（左手的食指動）

治療師：好，非常之好，Mary 請你把這份情緒，這份感覺放大，我會由一數到三，每數一下，你就把這份情緒放大，因為這份情緒會能夠幫助你找回你過去最早出現這份情緒的經驗，預備……一，現在你把這份情緒慢慢放大，二，再繼續把這份情緒加強，三，現在去到最大，我想你現在帶着這份情緒，帶着這份不好的感覺，帶着這份信念「我永遠都只是剩我自己一個」一直好像時光倒流，一直飄浮回到你的過去，我會由十開始倒數到一，每數一下，你就會飄浮回更早的時間，就好像時光倒流，當我數到一的時候，你就會回到你過去最早出現這份情緒和這份信念的經驗，好可能是你很年少的時候，預備十 - 九 - 八 - 時光一路向後倒流，七 - 你見到你自己愈來愈年少，愈來愈年少，六 - 對了，繼續向後飄浮，愈來愈年少，你只需要信任你自己的潛意識，容許你的潛意識把你帶回去最早出現這份情緒的時間，五 - 四留意你的潛意識讓你看到聽到任何圖像，聲音和感覺，三 - 愈來愈接近了，二 - 還有一下你就返回最早出現這份情緒的事件和時間，一，你現在已返到你最早出現這份情緒的時間那裏，Mary 我想你告訴我，你見到你自己在室內或室外？

當事人： （想着）

治療師： 立即答我，室內或室外？

當事人： （想着）

治療師： 告訴我，室內或室外？不需要想，first impression （直覺）。

當事人： （想着）

治療師： 日間還是晚間？

當事人： 室內。

治療師： 室內，very good （好好）。 日間還是晚間？

當事人： 日間。

治療師： 日間的。好好。你見到你自己幾多歲？

當事人： （想着）

治療師： 大概幾多歲？

當事人： （想着）

治療師： 很年少，是嗎？

當事人： 剛剛坐起身的 BB。

治療師： 剛剛坐起身的 BB。你正在做甚麼？

當事人： 望住窗口。

治療師： 望住窗口。還有呢？

當事人： 坐着。

治療師： 周圍有沒有人在？

當事人： （搖頭）。

治療師： 一個人都無。你見到 BB 她好不開心？她有甚麼感覺？

當事人： （嘴唇震動着）

治療師： 她覺得很孤獨？

當事人： （流着淚）

治療師： 那個 BB 女叫甚麼名？其他人怎樣叫她，她爸媽怎樣叫她？

當事人： （流着淚）

治療師： 她叫甚麼名？

當事人： （想着）

治療師： 我們就叫她做 BB 女吧，她坐在 BB 床上。

當事人： 坐在地下，有張蓆子墊住。

治療師： 坐在地下，有張蓆子墊住。她甚麼都沒做到，是嗎？

當事人： （點頭）。

治療師： 但是間房子是你的家，對嗎？

當事人： 在廳內。

治療師： 在廳內，但周圍都沒有其他人？

當事人： （搖頭）

治療師： 沒有人，知不知道爸媽去了哪兒？

當事人： （搖頭）

治療師： 不知道……你相信了些甚麼？

當事人： （想哭）

治療師： 你想到些甚麼？

當事人： （流着淚）

治療師： 有些甚麼說話突然間在你腦海裏浮現出來？

當事人： 我等他們。我等他們回來。

治療師： 有甚麼令到你好想等他們回來？

當事人： （想着）

治療師： 跟着我講，我覺得好甚麼？……你講一次，我覺得好……

當事人： （想着）

治療師： 我覺得好甚麼？

當事人： （想着）

治療師： 跟着我講，我覺得好……

當事人： （想着）

治療師： 有些甚麼你想講？

當事人：　（想着）

治療師：　在這件事上，你是否相信了你永遠都只是剩你一個人？

當事人：　（點頭）

治療師：　非常之好⋯⋯

治療師：　（對大組學員）那我們應該找到了那個顯著情緒事件了。

治療師：　我們現在在此停一停，我們再試下飄浮更早的時候，看一看有沒有更早的時間令你有這個信念。現在試下飄浮回更早的時間，如果你想返回出生之前，亦都可以的，試下現在一直飄浮，返回更早的時間，在媽媽的胎盤裏，或出世前都可以。一直飄浮返去，就好像時光倒流一樣。容許你的潛意識搜尋一下過去有無那一件事件導致到你有類似的感覺和永遠都是自己一個的信念？一直搜索，一直去到出世甚至出世之前⋯⋯有無？有無見到另外一件事件，有無？⋯⋯好似見到一些東西，是嗎？

當事人：　（想着）

治療師：　好似見到一些東西，是嗎？見到抑或見不到，是或否？

當事人：　我只是見到間房子，房子沒有人。

治療師：　見到間房子，房子沒有人。見不到自己的，是嗎？

當事人：　（搖頭）

治療師：　現在我想你飄浮回去 BB 女一個人在間房那次的經驗，一路飄浮返過去，我想你現在做一個抽離的角度，你是一個第三者，你是從一個抽離的角度，去看一看這個畫面，看着 BB 女，我想你問一問 BB 女她需要些甚麼？在現在這一刻，她最需要些甚麼？

當事人：　（想着）

治療師：　她最需要些甚麼？她最需要些甚麼資源？以致她的反應會有所不同？以致她會開心了？

當事人：　個 BB 女個心裏面……她甚麼都不需要（哭着）。

治療師：　她甚麼都不需要……

當事人：　（哭着）

治療師：　因為甚麼令她覺得甚麼都不需要？

當事人：　（哭着）

治療師：　她覺得甚麼都不需要，因為甚麼？

當事人：　（哭着）

治療師：　（對大組學員）好明顯就是有很多的 deletion（刪減式），所以我要透過 Meta Model（檢定語言模式）去找出她背後的 map（實相）。因為只是她講的説話，幫不到的。要找回她背後深層的東西。

治療師：　你見到 BB 女，她告訴你她甚麼都不需要了，因為些甚麼？

當事人：　Even 她想要些甚麼……她都未必真正拿到。

治療師：　（對大組學員）她想要些甚麼，她都未必真正拿到，好明顯這個就是核心信念了。

治療師：　她想要些甚麼，都未必真正拿到，只可以……

當事人：　只可以等。

治療師：　只可以等。是些甚麼令你有這個想法：她想要些甚麼，都未必真正拿到？是甚麼人，或者發生甚麼事，令你有這想法？

當事人：　（想着）

治療師：　信念永遠不會自己無中生有，一定是有一些事發生了，有某些人會令到她有這信念，所以我正在想你過去曾經，BB 女小時候曾經發生了些甚麼事，更早

的時間令她有這想法呢？就算她需要甚麼都未必真正
拿到。

當事人：　（回想中）

治療師：　容許你的潛意識帶領你看到那件事，那次的經驗，與
甚麼人有關，與爸爸有關，還是與媽媽有關？

當事人：　（回想中）

治療師：　容許你的潛意識，帶去導致這個信念的原因現在浮現
出來……放心，你在這個空間，你好安全……你好安
全，你可以放心容許你的潛意識 Mary 將那次的經驗
浮現出來……假如你見到的話，請你告訴我……

當事人：　（回想中）

治療師：　告訴我是在室內還是室外？

當事人：　室外。

治療師：　日間還是晚間？

當事人：　日間。

治療師：　日間。Good……除了你之外還有誰在場？

當事人：　我爸爸媽媽……在檔攤那兒……

治療師：　在檔攤那兒……有甚麼發生？

當事人：　我坐在個箕裏面……被擺放在個箕裏面……

治療師：　你爸媽正在做甚麼？

當事人：　他們正在做生意。

治療師：　他們正在做生意……BB 女呢，你看見她有沒有甚麼
感受？……她有沒有哭？

當事人：　（搖頭）

治療師：　沒有……她覺得如何？……

當事人：　（想着）

治療師：　她有否覺得好孤獨好不開心？

當事人：　（想了很久）……沒有。

治療師 ： 你看到 BB 女她在個箕的時候，她相信了甚麼？

當事人 ： （想着）

治療師 ： 她相信了甚麼？是否相信了剛才你提到的信念？

當事人 ： （想着）

治療師 ： 是否相信了「無論她需要甚麼，她都未必真正拿到」這個信念？是否因為這次事件令她有這個信念？

當事人 ： 她知道爸媽工作這刻不可以理會她，她只是不出聲，坐在箕上等，等他們下班。

治療師 ： （對大組學員）剛才我提到人在 0-30 歲，尤其是 0-11 歲，是好 sensitive（敏感）的潛意識，在很多發生的事件中，製造很多非理性的信念，放在腦袋裏。

治療師 ： 我正在想……你在這次經驗裏面，亦都有可能相信了爸媽因為要做生意，所以沒有時間理會 BB 女是嗎？

當事人 ： （想着）

治療師 ： 看一看這件事件如何影響你將來成長了的你？……有啟發嗎？

當事人 ： （點頭）

治療師 ： 有啟發了，是嗎？非常之好……我們找到問題的核心了。她要正在等她的爸媽，是嗎？

當事人 ： （哭着）

治療師 ： 對於一個 BB 仔來説，父母是永遠最重要，比起任何人都是最重要的，因為 BB 仔的生命永遠是來自父母，所以你在思想着等誰，我在此覺得好詫異，好奇怪，我覺得好像 BB 女與父母的生命好像切斷了，沒了 connection（連結），切斷了……

當事人 ： （哭着）

治療師：是否切斷了？⋯⋯你不覺得他們是你的父母，BB
　　　　女，你是不想他們重新理會你，是嗎？⋯⋯你想不想
　　　　他們重新理會你？

當事人：（哭着）

治療師：你甚至覺得他們不愛你，是嗎？

當事人：（哭着搖頭）⋯⋯

治療師：不是的意思是甚麼？

當事人：（哭着）

治療師：你覺得他們在你心裏是完全不重要？不需要他們再理
　　　　會你是嗎？

當事人：（哭着不語）

治療師：如果不是的話，會是甚麼原因呢？

當事人：（流着淚）

治療師：你是否很嬲他們？

當事人：（搖頭）

治療師：不嬲。你想不想他們再理會你，如果可以的話，有這
　　　　個可能性的話，如果他們有可能再理你的話，你想不
　　　　想他們再理會你？

當事人：（不語）

治療師：告訴我你裏面正發生甚麼事，告訴我你裏面的感覺，
　　　　你的想法，你現在這樣我幫不了你，你已沉默了好
　　　　久，我幫不了你，告訴我你裏面的想法，你的感覺是
　　　　怎樣？對於你爸爸和媽媽。

當事人：我無權去嬲他們⋯⋯

治療師：你無權去嬲他們，但你有權去甚麼？

當事人：我有權等⋯⋯

治療師：等甚麼？⋯⋯等他們是嗎？

當事人：（點頭）

治療師 ： 其實你是很想他們再理會你的，是嗎？……因為他們
都是你的爸爸媽媽，是嗎？……因為你的生命都是由
他們傳給你的。

當事人 ： （點頭）

治療師 ： 有他們才有你的存在。

當事人 ： （點頭）

治療師 ： 所以在你的潛意識來說，你的父母都是非常重要，是
嗎？

當事人 ： （點頭）

治療師 ： 如果有可能的話，如果可以再理你的話，如果有這可
能性的話，你會否嘗試？

當事人 ： （不語）

**（其實當事人很想父母理會她，可是她有限制性的信念，認為
她沒有權去爭取，以下是這個治療很重要的過程， 目的要改變她的
信念。）**

治療師 ： 你會否嘗試？ 如果有這可能性的話。

當事人 ： （不語）

治療師 ： 既然你認為他們在你心目中這麼重要，這即是表示你
都好想他們重新再理會你，是嗎？

當事人 ： （點頭）

治療師 ： 既然你都好想他們重新再理會你，第一件事你要做的
不是要堅持過去無可能的想法，而是要打開你的門
子，相信有這個可能……

當事人 ： 但是他們真的很忙啊！

治療師 ： 忙，每一個人都忙的了，尤其是在以前的年代，
四五十年代，個個都要為生活，但是他們忙並不代表

他們不愛你啊，就是因為他們忙，所以才代表他們愛你，因為他們都好想下一代，有一個更加好的生活，食得好，可以供書教學，因為在那個年代的確是很不容易的，而且在那個年代，大多數父母沒得到甚麼教育，不知道如何與子女溝通，如何去愛他們的子女，他們只不過用了一些他們上一代教他們的方法，去與他們的子女溝通，好努力地生活，好努力地賺錢，生存，他們的內心是很單純，他們知道這樣是對子女最好的……他們的上一代，即是你祖父祖母是嗎？

當事人： （點頭）

治療師： 他們都生活得很辛苦，是嗎？

當事人： 不知道。

治療師： 不知道，沒關係。現在我想你做一個很重要的工作，我想你現在向上飄浮，一直飄浮，望住下面的爸爸媽媽，之後進入去其中一人的身體內，你會選擇爸爸還是媽媽？

當事人： 爸爸。

治療師： 爸爸，好．進入你爸爸的身體，你現在角色是爸爸，望一望在箕上的 BB 女，BB 女覺得無人理會她，她覺得好可憐，現在望住你的女兒，你其實知道是好忙，你正在做生意，要生活而忙得很，但是這個箕上BB 女，你的女兒，她覺得無人理她，她覺得好不開心，甚至這份情緒一直影響着她的人生，她覺得好孤獨，永遠剩自己一個人，好不開心。你現在望着箕上的 BB 女，有些甚麼想向她說，又或者你可以做些甚麼？

當事人： （想着）

治療師： 你有些甚麼感受？當你望着她的時候……

當事人 ： （想着）

治療師 ： 你叫甚麼名字？

當事人 ： （想着）

治療師 ： 願意講你的名字給我聽嗎？

當事人 ： （想着）

治療師 ： 你告訴我你的名字會讓我更容易處理這件事，可不可以講你的名給我聽？

當事人 ： （欲言又止）

治療師 ： 是甚麼名，這名字你可不可以講？

當事人 ： （想着）

治療師 ： 告訴我你裏面發生着甚麼事，what happen in your side，come on，太久了，告訴我你叫甚麼名字。如果你想講就講，如果你不想講就告訴我你不想講。太久了，不可以再做下去了，因為拖了好久時間。你叫甚麼名字？告訴我，你想不想講？

當事人 ： 阿鐵。

治療師 ： 阿鐵，好。你現在望着你的女，在箕上，剛出世的BB女，你覺得怎樣？

當事人 ： 她好懂性，好乖。

治療師 ： 她好懂性，好乖……你愛不愛你的女兒？

當事人 ： （想着）

治療師 ： 阿鐵，你愛不愛你的女兒？

當事人 ： （點頭）

治療師 ： Mary 我想你用抽離位置望着阿鐵和BB女，做到嗎？

當事人 ： （點頭）

治療師 ： Good，very good。阿鐵，即是你爸爸，他需要甚麼資源，以致他可以重新理會他的女兒呢？他需要甚麼？

當事人 ： 時間。

治療師 ： 時間。其實她不理 BB 女的正面動機是甚麼？

當事人 ： 他要賺錢，大家生活就會好些。

（找出重要人物的正面動機。）

治療師 ： 對，生活就會好些。

當事人 ： 至少不用令 BB 女躺在個箕那兒……

治療師 ： 不用躺在個箕那兒那麼慘呀，是嗎？

當事人 ： （點頭）

治療師 ： 在街市裏環境不是十分好的……其實他的正面動機都
是為家人好的，是嗎？

當事人 ： （點頭）

治療師 ： 那麼阿鐵，你需要甚麼資源？是否需要時間？

當事人 ： （點頭）

治療師 ： 你需要時間給你女兒，是嗎？除了時間之外，你還需
要其他的資源？你可以做些甚麼令 BB 女，可以重新
感受到你對她的關心？因為她現在好可憐呀，她在個
箕裏面，沒有人理會她呀，你知道 BB 女，她們不像
大人般懂得思想，她們不懂得思想，她真的需要爸爸
去關心她的，所以阿鐵，你可以怎樣做呢？ BB 女她
真是好想你關心她，但你又好忙，忙着做生意，那你
會怎樣做？

當事人 ： 但我小時候都是這樣的啊……

治療師 ： 是，你小時候都是這樣的。

治療師 ： 阿鐵，你小時候都是這樣的？

當事人 ： （點頭）

治療師 ： 是，你小時候是怎樣的？……爸爸都沒理會你的，是
嗎？

當事人 ： 好天真，同小朋友玩……

治療師：　你同小朋友玩，但你爸爸都沒理你的，是嗎？

當事人：　我要甚麼他就給我甚麼。

治療師：　要甚麼只要問他，他都會給你的，是嗎？

當事人：　（點頭）

治療師：　即使爸爸平時都比較少和阿鐵一齊玩，對嗎？

當事人：　（點頭）

治療師：　你的內心的感覺如何？對這段關係，喜不喜歡這樣的
　　　　　關係？

當事人：　不緊要。

治療師：　不緊要。你不喜歡爸爸理你？

當事人：　（想着）

治療師：　你不喜歡你爸爸？你不愛他？

當事人：　不是⋯⋯孝順他就行⋯⋯

治療師：　即是你孝順他，是嗎？

當事人：　（點頭）

治療師：　你有否試過病？

當事人：　（搖頭）

治療師：　你沒有試過病？⋯⋯有否試過爸爸很久沒有在你身邊
　　　　　出現？

當事人：　他只懂賭博⋯⋯大部份時間只見媽媽。

治療師：　大部份時間只見媽媽，與爸爸的關係較疏離，是嗎？

當事人：　（點頭）

治療師：　你的內心其實喜歡這樣嗎？

當事人：　無問題。

治療師：　無問題。但是你的女兒有問題啊！你知道沒有兩個人
　　　　　是一樣，每個人追求的價值不一樣，對於你來說，爸
　　　　　爸不理你可能不是問題，但是你現在把這個想法繼續
　　　　　帶去下一代⋯⋯

當事人 ： 我賺錢才可以給予我女兒所要求的，我不賺錢又如何做到呢！

治療師 ： 對，賺錢都是很重要，沒有錢我們又如何生活呢？所以你的正面動機是好的。你目的都是想你的女兒生活得好，是嗎？

當事人 ： （點頭）

治療師 ： 這裏正是阻礙的地方，就是這裏令你和你的女兒關係拉遠的地方。因為你仍然執着了你自己的看法。你認為只要賺錢，只要給予你女兒生活上的需要，就代表你愛她，這個是你的價值觀，你的信念。但是沒有兩個人是一樣的，對於你女兒來説，更加需要的就是你對她的一份安心，她很需要你去理會她，不是把她放在那箕內。BB 女尤其是那麼年幼，她們不會因物質豐富而覺得開心，BB 女會因為她們的爸爸或媽媽親親她們，或對她們笑着，一個眼神，一個接觸，就已經令 BB 女覺得好幸福，比很多的物質，比一切都更加之重要。因為 BB 女是很純真的，好純，好純，所以為甚麼 BB 出生的時候會哭？原因就是她們想透過哭聲……因為護士把她和母體分開，因此 BB 女是想媽媽重新抱起她。當 BB 女返回母親身邊的時候，她就即時停止哭了，因為她重新感覺到她和她母親重新連結。BB 最需要的就是這種生命的連結。你明白我所講的一切嗎？

當事人 ： （點頭）

治療師 ： 你願意放下你的想法嗎？

當事人 ： （想着）

治療師 ： 我知道你很愛你的女兒。這份愛足夠令你放棄一些你過去的想法嗎？

當事人：　（想着）

治療師：　好，現在請你用抽離的位置，Mary 請你站在抽離的位置，問一問你爸爸阿鐵，會否願意放下他的想法……可否暫時放下他的想法？

當事人：　這個事實始終是事實……

治療師：　事實的意思是甚麼？

當事人：　不賺錢，整個家庭都不可以維持下去，我怎可以為了一個或半個兒女而停下來，不工作呢？

治療師：　你的意思是去理會你的兒女就代表你要放下工作，賺不到錢，對嗎？

當事人：　而且我還有那麼多兒女，無可能全部都照顧到！

治療師：　（這個明顯地是一個 generalization 相等式的信念）

治療師：　那麼多兒女，無可能全部都照顧到，是嗎？

當事人：　（點頭）

治療師：　對的，那麼多人要照顧，作為一家之主，確實不容易，對嗎？好辛苦阿鐵，是嗎？好不容易的工作，是嗎？

當事人：　（點頭）

治療師：　是好辛苦，做一家之主，在當時的環境是很不容易，好不容易……但是問題是否我們真的沒有辦法呢？……最重要是你一定愛你的子女，這個是最重要的，若果沒有愛的話，就甚麼都不用說了，有愛就甚麼都有可能。我在想，如果有可能的話，阿鐵，你所認識的甚麼人，他們有子女，而他們同時可以照顧到他們的子女？你所認識的甚麼人，他們都是有很多家人要養活，然而那個爸爸是有時間與他的子女在一起呢？

（在這裏，治療師透過另一個擁有資源的人，把資源送給重要人物，另外，治療師的目的是要當事人舉出一些相反例證 counter example，使當事人相信改變是有可能的。）

當事人： 我姐姐。

治療師： 你姐姐。她有很多子女的？

當事人： （點頭）

治療師： 她需要出來工作嗎？

當事人： 不需要。

治療師： 她不需要出來工作。

當事人： 她們一家好融洽。

治療師： 好融洽。她先生需要出來工作嗎？

當事人： （點頭）

治療師： 都要賺錢，都很忙的，是嗎？

當事人： （點頭）

治療師： 但是她先生與他的子女都很融洽的，是嗎？

當事人： （點頭）

治療師： 好……有些甚麼分別呢？她先生其實與阿鐵之間有甚麼分別以致到……有算是那麼忙，但是與家人都好融洽，她先生有甚麼資源呢？她先生有甚麼特質會令到關係好？

當事人： 他們兩夫婦很少吵架，我姐姐好支持他，好支持先生……

治療師： 好支持她先生……那先生有甚麼令到家人及妻子支持他？

當事人： （想着）

治療師： 那先生有甚麼表現令到妻子好支持他？

當事人： 因為我姐姐性格隨和……

治療師　：　隨和，便令家庭融洽，是否這樣？

當事人　：　（想着）

治療師　：　阿鐵呢？阿鐵的性格隨和嗎？

當事人　：　（點頭）

治療師　：　阿鐵都隨和的，是嗎？

當事人　：　（點頭）

治療師　：　但是你姐姐的先生都很忙的，沒有時間照顧他的子女
　　　　　　的啊……

（治療師刻意講一些相反的話，目的是要挑戰對方的信念。）

當事人　：　他有我姐姐幫忙……

治療師　：　別管你的姐姐先，那麼你姐姐的先生平時回到家，有
　　　　　　否理會他的子女的呢？

當事人　：　（點頭）

治療師　：　有的……即使他那麼忙，都有時間理會他的子女的，
　　　　　　是嗎？

當事人　：　（點頭）

治療師　：　不是不可以的啊！是嗎？

當事人　：　（點頭）

治療師　：　那麼你姐姐的先生有甚麼特質及資源可以送給阿鐵，
　　　　　　以致阿鐵收到這些特質及資源後，可以好像他一樣，
　　　　　　忙的同時都可以理會到子女的呢？

當事人　：　他比較開放……

治療師　：　他比較開放……

當事人　：　他肯溝通……

治療師　：　所以這個就是問題所在，問題不在於無時間，而是個人的性格。是否開放，對嗎？最重要那個人性格是開放，心是很想與小朋友在一起的時候，時間多有限都可以抽取時間出來的。環境那麼艱難都好，他總有時間理會小朋友。因此開放的心是非常重要。所以不是時間夠不夠，而是有沒有一顆開放的心，對嗎？

當事人　：　……（點頭）

治療師　：　既然你同意，現在我們就把這個心送給阿鐵，看一看阿鐵反應有甚麼不同……現在請你進入你姐姐的先生的身體，扮演先生的角色。想像你和那些小朋友玩得很開心，好開放，雖然很忙，但是同時間都可以很開放，很有心地，與子女很融洽地，很開心地玩，家庭氣氛很好，你很開放的，而小朋友亦很接受你，整個家庭都很開心。現在注意這個開放的心在你身體的那部份最明顯？試下用你的手，如果你願意的話，貼着這個部份。

當事人　：　（用手貼着這個部份）

（透過接觸身體感覺，把感覺加強。）

治療師　：　想像這部份變成一些光，想像它變暖，變得很溫暖，而那些變得很美。想像透過每一下的吸氣，把這些光，這些溫暖，充上你的頭部，擴散到你的肩膀，透過每一下的吸氣充滿你整個身體，你的細胞，每條神經，每條血管……對了，做得很好。現在我想你把這團開放，開心的光源源不絕地送給阿鐵，注射入阿鐵的身體內，想像這團能量，這團開放的能量，源源不絕地注射入阿鐵的身體內，每條神經，每條血管，每個細胞充上阿鐵的頭部，充上阿鐵的中脈，充上阿鐵的脊骨。由脊骨擴散到阿鐵身體的其他部份。阿鐵的

頭部，肩膀，四肢，兩隻手，使阿鐵的身體，阿鐵的內心充滿這團光，這團能量。充滿了開放，我想你同時留意反應有甚麼不同。尤其是對那個 BB 女，他的反應，他的行為表現，有甚麼不同了？留意他的面部表情，他的眼神，他說話的語氣，有甚麼不同了。容許你的潛意識去做改變的工作。亦都容許你自己好好去享受阿鐵改變之後，BB 女的感受。對了……

當事人： （很投入地做）

治療師： 現在，我想你做 BB 女的角色，你現在就是 BB 女，充份地去體驗一下你爸爸阿鐵，他開放了，他重新關懷你，重新理會你，重新去感受被關懷，被愛的一份美好感覺。你不再孤獨了，你不再一個人，因為你爸爸願意重新去理會你，去關心你，去愛你，而他這樣做，是發自內心的，因你爸爸其實好想愛你，好想給你家庭好好的生活，只不過他過去不明白，但現在已不同了，他是可以重新關心他的家人，不一定要好努力地去賺錢，而是一個眼神，一個接觸，一句關心的說話就已足夠了，所以從現在開始，你已經改變，你不是一個人，在你的身邊，有你的家庭，有你的爸媽，有人關心你，由現在開始，你爸爸會在你的內心關心你，支持你，愛護你，這份力量會一直陪伴你走人生的道路，所以你不再寂寞。不再是一個人，你的內心充滿了力量，充滿了資源，充滿了關心，充滿了愛，充滿了安全的感覺……對了，沒錯……。

當事人： （很投入地做）

治療師： 感覺好嗎？

當事人： （點頭）

治療師： 告訴我，你現在相信了些甚麼？你現在有些甚麼新的信念？

當事人： 其實他就在我身邊。

治療師： 其實他就在你身邊。還有呢？

當事人： 他關心我只不過他和我的方式不同。

治療師： 他關心你只不過他和你的方式不同。他始終都關心你的，是嗎？

當事人： （點頭）

治療師： 非常好。還有呢？還有甚麼信念是關於你自己的？……因為今次的經歷你相信了甚麼？有些甚麼新的信念是關於你自己？……

當事人： （想着）

治療師： 好，在這裏似乎我們需要多些資源。請去抽離位置，做回 Mary 的角色，看着爸媽和 BB 女，我想你問一問 BB 女，她其實需些甚麼資源以致可以使她爸爸理會她？她需要些甚麼資源？她需要些甚麼資源以致身邊的人能夠愛她和關心她？

當事人： 她要有勇氣去叫她爸爸。

治療師： 她要有勇氣去叫她爸爸。

當事人： 告訴他，她很需要他。

治療師： 告訴他她很需要他。非常之好……現在我們要做一個好重要的工作。這個工作是可以改變你的一生的。就是我想你現在在你的過去一直飄浮，一直飄浮至找到一次的經驗，就是你充份感受到你的勇氣，因為你的勇氣，你是能夠令其他人與你溝通的，所以在你過去人生，發生了那麼多大大小小各種的事，你之所以生存到今日，即是證明你一定有勇氣去克服困難，所以我現在邀請你的潛意識讓你見到，浮現出過去最有勇氣的一次，令到周圍的人改變，甚至乎可以令周圍的人和你溝通的。返回那次的經驗……去到了嗎？

（尋回當事人欠缺的資源）

當事人：（搖頭）

治療師：不用急，你有很多時間……

治療師：返回那次你充份感受到勇氣的一次經驗……在那次你有勇氣或者你有力量做好一些事情。在那次你很有勇氣把事情做好，而其他人好欣賞你……在過去發生了那麼多的事情，我們每一個人都好需要勇氣，去走人生的道路，因為人生裏面有好多的挑戰與阻礙、困難，是嗎？所以能生存至今日，亦即是說我們是已經克服了好多人生的挑戰阻礙，每克服一次挑戰阻礙，都是一次勇氣的表現。所以我正在想着過去 Mary 最有勇氣的一次經驗是甚麼時候，在哪兒，與甚麼人有關係呢？……有沒有？

當事人：（搖頭）

治療師：一次都沒有？在你人生裏面一次有力量的經驗都沒有？……一次都沒有？

當事人：（想着）

治療師：如果沒有的話，我想你飄浮去到剛剛出生的時候，剛剛由你的母胎，剛剛出世的時候。當你剛由你媽媽的母胎中出世的時候，你哭得很厲害，你用盡你身體的每寸肌肉神經去哭，因為護士醫生剪斷了臍帶，把你和媽媽分開了，你哭得好厲害，你哭是因為你好想返回你媽媽的身邊，哭本身就是勇氣的表現，周圍的環境很陌生，周圍的人除了你媽媽之外，就是你不認識的醫生，你不認識的護士，和其他不認識的醫護人員，你之所以哭得那麼厲害，完全是你內在一份勇氣的表現，你是一個很小的 BB 女，但是你卻用盡你全身的力量哭出來，用盡你的聲音哭出來。這個本身就一次好有勇氣的一次表現。是嗎？

（催眠治療師肯定當事人的潛意識已經擁有一切成功快樂的資源，就算當事人想不起一次勇敢的經驗，治療師亦可以引導他回想一些人生中必定出現的，有關勇氣的經驗，例如出世的一刻，這亦是催眠治療大師 Milton Erickson 經常使用的方法。）

當事人：　（點頭）

治療師：　他們聽到你的叫聲，就算是大人都好，都因為你的叫聲，重新把你交到你媽媽身邊，你又重新返回你媽媽的身邊。覺得好安全，整個過程裏面完全都是因為你的勇氣令其他人去改變，令你的媽媽把你重新抱入懷內。所以這份就是你好大好大的勇氣，現在你用另外一隻手貼着這份勇氣，大力吸氣，把這份勇氣加強三倍，對了，留意這份勇氣在你身體的那個部份。如果你願意的話，你可以用另外一隻手貼着它。大力吸氣，把這份勇氣加強三倍，對了，再來一次，想像這團勇氣變成一團能量，成為一團光，它有顏色，看看是甚麼顏色？大力吸氣，把這團光的顏色變光一些，對了，變暖一些，對了，繼續吸氣，繼續加強這團能量。對了，做得很好，現在把這團能量源源不絕地送到在市場內箕上的 BB 女，源源不絕地送給她，想像 BB 女收到這團能量的時候，她變得很有勇氣，她叫得很大聲，她叫並非因市場的環境，而是她很想透過她的勇氣去告訴她爸爸阿鐵，告訴他她很想他關心她，理會她，源源不絕地把這團能量送給 BB 女。同時留意當 BB 女接收到這份能量的時候，叫出來，亦都留意開放了的阿鐵有些甚麼不同的行為，有些甚麼不同的反應，容許你的潛意識去完成這個過程，一個很重要的過程，留意整個過程有些甚麼發生，有些甚麼改變出現……可以告訴我，看到些甚麼嗎？

當事人： BB 女望着爸爸的時候，爸爸對着她笑，爸爸摸了她的頭一下，BB 女很開心。

治療師： BB 女很開心。非常之好，BB 女有沒有笑？

當事人： （點頭）

治療師： 非常之好，所以 BB 女是可以亦都有這能力透過她自己的勇氣，去要求其他的人為她做一些事情，BB 女她是無需一個人默默承受，她是可以有這份能力，她亦都決定了，有需要的時候，她亦都會很有勇氣地向其他人説出來，説出她的需要，她亦都很為自己自豪地説出來，你是可以做到……所以我想再問一問 Mary 你在這次事件中，你學習到甚麼新的信念是有關你自己？

（在這裏當事人的心已經打開了窗口，治療師抓緊機會進一步輸入催眠指令。）

當事人： 應該尊重自己，表達自己，勇敢地表達自己。

治療師： 非常之好，應該尊重自己，勇敢地表達自己……還有沒有其他的信念和 learning（學習），你在這次經驗你學到，對你未來，未來人生是重要？

當事人： 有甚麼感覺的時候，應該表達給對方聽。

治療師： 有甚麼感覺的時候，應該表達給對方聽。

當事人： 因為如果我開心，他知我開心，他會表達對我的開心，我不可以不語地等。

治療師： 對，你是可以表達的。你亦都有這能力的，可以表達出來的。在剛才的過程中，你的潛意識能夠讓你看到這改變，亦即證明你的潛意識已經決定了幫助你去改變了。所以你只需把這工作交給你的潛意識。還有其他的 learning 或 belief 你學到的，還是就這麼多？

（在這裏治療師利用了當事人剛才的經歷（先跟後帶），進一步是當事人相信改變已經發生了，而且潛意識會為他帶來改變。）

當事人：　（點頭）

治療師：　好。現在我想你完成最後一個好重要的過程，就是帶着這些正面的信念，帶着所有這些美好的感覺，開心，帶着所有這些正面的信念，想像把這些資源，化為一團能量球，把你包圍，你就在這能量球內，在這能量球內，你剛才所有一切的 learning，你是可以表達自己的感覺，你是很有勇氣，你是可以表達出來的，你應該尊重自己的感覺，你是可以向別人要求的，你有這個能力，這個能量球的光是甚麼顏色？

當事人：　七彩。

治療師：　七彩。有沒有那種顏色是特別光？

當事人：　紅色。

治療師：　紅色，是嗎？

當事人：　（點頭）

治療師：　非常之好……帶着這個能量球，我想你飄浮到你的時間線上，然後往下望，望着下面的事件……望到嗎？……再試一試飄浮高些，你望到前面有一條線的，那條線就是你的過去了。望着下面那條線，大概幾吋長的，現在把你原來的能量球飄浮下降少少，使到你到時間線的剛好上面。即是你看到下面的事件。看到嗎？

當事人：　看到甚麼事？

治療師：　即是看到你過去的事件。你不須要全部看足，你只須有個意識，下面就是我的時間線。有我過去的事件的了，就可以了，可以嗎？

當事人： （點頭）

治療師： 好，現在請你沿着你的時間線帶着這能量球，一直飄浮回來現在。在回來現在這過程裏，你有一個很重要的工作要做，就是 Mary 在你過去人生的經驗裏，發現過去 Mary 是不夠能量球裏的資源，不夠勇氣，欠缺正面的信念，剛才的信念的話，你就把能量球的能量輸送到下面 Mary 的身體，同時留意潛意識如何幫助你改變過去那次的經驗。你明白我的意思嗎？

當事人： （點頭）

治療師： 好。整個過程是由你自己一個去完成的。我會給予你很多時間去完成，你可以慢慢做。你現在開始完成這個過程，一直改變你每次的事件，一直返回現在。當你返回現在這一刻，你就動一動你左手的大拇指，給我信號。你現在可以開始……記住你是在時間線上，是抽離的，沿着時間線，把能量球內所有正面的能量，送去過去欠缺資源的 Mary 的身體內，同時留意你的潛意識如何改寫每次的事件的結果，all the way 一直 travel along your time，along your timeline。對了，不用急，你有很多的時間去完成這個過程，一直去改寫過去的事件，對了，做得很好……想像每次的啟示充滿了勇氣，充滿了力量，充滿了一份好自豪的感覺，因為 Mary 你已經學習了你是能夠向其他人表達她的感受，她亦都學習到，她是能夠好有勇氣地確認自己的要求，亦都明白到她不再孤獨，不再是一個人，因為在她內心是有着她爸爸繼續支持她去愛她，所以 Mary 已經明白她內心已經擁有力量，她是可以好成功……她內心擁有很多的資源，在 Mary 的潛意識內，是相信從現在開始是可以幫助她在未來

的人生變得愈來愈成功，生活得愈來愈開心……所以 Mary 你會對你的未來愈來愈有信心，她對她自己亦都愈來愈有信心，在每一天，在每一方面她都會變得愈來愈好，對了，做得非常之好……整個過程順利嗎？

（輸入後催眠暗示）

當事人：（點頭）

治療師：順利……非常之好……現在嘗試在未來找一個時間，可能是某一天，可能是明天，可能是後天，或者是某一個時間，你看一看某一個情景，你可能需要在某一些人的面前講一些你內心的要求，或者去表達你的感受，想像一下，看一看你的表現……

當事人：（想像中）

治療師：覺得怎樣？

當事人：（想像中）

治療師：看到嗎？

當事人：（點頭）

治療師：看到你自己怎樣？

當事人：很有自信地講我想講的說話。

治療師：很有自信地講你想講的說話。

當事人：彼此之間是有回應的。

治療師：有回應的……非常好……好既然是這樣的話，現在請你返回來這間房，這張椅子，我現在會由一數到十，每數一下你就會清醒十分之一，當我數到5的時候，你就會清醒一半，當我數到十的時候，就可以返回來，打開雙眼，回復清醒的狀態，預備一，二，三，四，開始回復清醒了，五，現在你已經清醒一半了，

六，七，八，你繼續清醒下去，開始留意到這間房周圍的環境，留意到你坐的椅子，留意到你的講義，還有兩下你就可以打開雙眼，回復清醒的狀態，九，十，現在可以返回來，打開雙眼……回復清醒的狀態……

（引出催眠狀態）

當事人：（醒來，打開雙眼）

治療師：Mary，你似乎幾喜歡紅色的，你現在穿的又是紅色……紅色帶給你甚麼感覺？

當事人：開心……

治療師：好……我正在想，每當你穿紅色衫的時候，你內心的那份勇氣，力量好快地可以出來……

當事人：但是紅色衫顯得我很肥胖……（笑着）

治療師：那麼你可以穿有條紋的紅色衫呢……（笑着）都可以穿得很好看的……謝謝你 Mary……

問答

問：是否第一次做這練習時，最好有人引導比較好呢？

答：對，第一次做的話，最好有人引導比較好。當你做得熟練便可以自己做了。

問：因為她的感受是有關她的父母，爸爸那邊已處理了，那麼是否需要再做另一部份關於她媽媽呢？

答：我是沒有一個既定的 rules（規則）的，因我從來都不相信規則的，最重要是甚麼呢？是效果。有效果比有道理更重要，因為我剛才見到她處理了她爸爸的部份時，她已經是 ok 了，所以不用花

時間去處理她媽媽。

問：為何選她爸爸呢？

答：因為我剛才是問她如果爸媽這兩人，你會選那個去處理，她自己選了爸爸。那我便從她爸爸那邊去做。隨着她的潛意識去做。其實剛才我是用了很多技巧是在課程內未教授的，那若你能夠觀察到的話，你已非常好了。因為太多，所以我只可回答你所問的而已。

問：有沒有可能她根本是感受不到她爸爸的感受的呢？

答：有可能的……但剛才的個案是感受到的。在甚麼情況會感受不到呢？就是：她的 BVR（信念價值及規條）就根本不想去處理這件事，或者對爸爸有 anger（怨恨），那她便會感受不到了，你可能會聽到當事人對你說：「沒有甚麼感覺。」你再問他：「那麼你愛不愛你的女兒？」，他可能會想了想才答：「都愛的……」那就可能有一些東西 hidden（隱藏）了在內了。

問：那可怎樣做？

答：你可以 challenge（挑戰）他，就正如我剛才用了一些叫做「Response Set」的技巧，「每一個父母都是愛他們的子女的，子女是由父母的生命傳過來的，所以每一個父母都是愛他們的子女」。你可以對他說：「你說你都愛你的子女，但我卻完全感受不到你的潛意識，你的語氣那麼愛你的子女，其實你是否真的不愛你的子女？」因為我之前已經設了一個「Response Set」就是「每一個父母都是愛他們的子女」，答案一定是「Yes」的，對嗎？即是對他來說是 Yes Set」，對嗎？那麼在後面 challenge 他的問題時，他便無法不告訴我真相了。所以在做這些治療時，就首先一定要 Set（設預）一個 Frame（框）給他，那麼他在這個 Frame（框）內走來走去都走不掉。正如剛才我亦都 Set（預設）了一個 Frame（框），我先問他：「你是否真的愛你的女兒？」我的目的便是先 Set（預設）一個 Frame（框），如果他真的愛他的女兒的時候，找

到他的 Positive Intention（正面動機），那便易辦了，我便可以在那個 Frame（框）內處理他的問題了。

問：如果他選擇不回答呢？

答：如果他選擇不回答，往往他背後有大量的事情未處理了，例如：可能他的爺爺對他是很差，感覺上他很憎恨和很怪責他爺爺，那你就要再問了，往往你愈問就會發現愈多的事情。

問：但若果當事人最後都選擇不回答呢？原因可能他不是一個很開放的人。

答：若果當事人最後都選擇不回答，這證明可能當事人與治療師的 Rapport（親和感）不夠了。因為在治療室內，只有治療師與當事人二人在場，如果他都是不回答的話，證明三件事，（1）Rapport（親和感）不夠了，（2）是可能治療室不安全了。（3）可能他當日狀態不好，是他意識強迫他來做的，那其實就不適合做的，所以他不回答。我之前都有提及過做治療有五個問題：（1）你有沒有能力去做，你必須要先肯定；（2）他是否願意讓你做；（3）地點是否適合做；（4）你是否想為他做；（5）有否親和感。若這五點，有其中一點不符合的話，這個治療的效果便很差。甚至無效果。

問：剛才是用了「感知位置」，要求當事人進入她爸爸的身體，對女兒說出他的想法和態度，這方式怎樣理解？

答：其實往往在對方的角度來看自己，你的感覺已不同了，因為你是從 Second Position（第二位置）去看你自己，過去的我是永遠站在自己的角度，人與人之間那麼多矛盾，那麼多衝突，國與國之間那麼多的戰爭都是這個道理而已。因此「感知位置」是讓我們看清這段關係的實相，但若果你去到對方的角度，都好像沒有甚麼分別時，可能是「Significant Others」（重要人物）上還有很多事件未曾處理，或者當事人仍然很怨恨那個「Significant Others」（重要人物），所以他就沒有感覺了。那便要開始全面去處理他們了。

你可以問他：「你是否怨恨他？」若果他回答沒有，你就可以再問那個「Significant Others」（重要人物），「你是不愛你的女兒，是嗎？」目的是 challenge（挑戰）他，好多時我們都要 challenge（挑戰）他，因為 challenge（挑戰）很重要的，可以迫他說出真說話。challenge（挑戰）有效果最重要是先要有 Rapport（親和感），若果沒有 Rapport（親和感）的話，他可能會罵回你，所以 Rapport（親和感）是非常重要。

問：你說要找她 BB 女之前的時間，是否每個人都會去到事件發生最初的時間，才去處理之後的事件呢？

答：會的。很多時，尤其是一些經常出現的行為問題，經常處理不到的，一般都是在 0-11 歲發生的，0-11 歲是會比較多一些事情抑壓着，因為這段時間，小朋友是不懂分真假的，但是這個世界有那麼多負面的事，那麼多負面的人，可能會種了一些負面的東西在我們的心內，可能我們都未必知的，所以剛才的過程便是掀起地氈底，再掃除氈下的餅乾屑。

問：剛才的過程，去到愈來愈深層，至到她與爸爸對話，似乎變得好寸步難行，而你就對她說：「做了太久了，你是否想幫自己……」你的用意是甚麼？

答：我是想迫她。其實我亦都給予她選擇的，如果她不想講的話，她都可以不講。但她都是沒有反應。或許是她入催眠狀態，入得很深，已經很模糊……

當事人回應：可能是入得很深，當你大聲催谷我時，我便醒了！那一刻真是有點兒害怕，莫非真的會不幫我做治療？

答：所以當你做治療時，你看見當事人入得很深，沒有甚麼反應時，證明他已經入到潛意識很深層的地方了，那就沒有效果的，因為你和他溝通不到，那我便會做一些工作，例如故意地講一些說話嚇一嚇她，「你再不說話，就要停止了，我不做了，你自己做好了」，或者突然大聲地說話嚇一嚇她，大聲地說：「他叫甚麼名

字？」那她的潛意識便會稍為返回意識的層次。

問：那與潛意識溝通是否愈深層愈好？

答：不是，與潛意識溝通不一定是愈深層愈好。這個是一般的錯覺。學催眠的人一般以為是愈深層愈好，這是錯的。沒有兩個人是一樣。對於 Mary 來說，可能深層催眠是有效果，但對於你來說，可能中度催眠已經有效果了。最重要你要清楚過程內你是和當事人是能溝通到的。尤其是做 BRT（信念重整治療），你需要問他的內心世界，若果他可以回答你，同時又入了催眠狀態，那就好了。

問：剛才 Mary 由於找不到她勇氣的資源，於是你要求她回想她是 BB 女在醫院剛出世時，哭得好厲害的經驗作為她的資源，但若果她不覺得這是資源呢？

答：這個無可能不是資源的了。因為去到這麼幼小的時間裏，她完全是潛意識的世界。但若果她仍不覺得這是資源的話，那便證明她根本上就不想去解決這問題。她有一個「Secondary Gain」（隱藏得益）了。例如：有一個當事人，她很恨她的媽媽的，可能她的媽媽曾經做了一些對她好有傷害性的事，她根本上就不想去處理這件事。當我們做治療師時，你可以把你看到的，觀察到告訴她。「我觀察到你好像不是太想處理？其實你背後有些甚麼隱藏得益呢？」「What stop you？」，「是甚麼阻礙了你」，問一問她，叫她把真相告訴你。

問：我見你處理她爸爸時，在資源方面是用了借力法。而當事人就要她回憶過去的經驗作資源，但若果沒有，是否都一樣可以用借力法呢？

答：可以，有效果便行了。

問：若果有些人的信念是很固執的，在抽離位置都仍然是帶着他本身的感覺，那怎處理呢？

答：你是指，那個人是在那個位置？

問：例如他爸爸或他本人的抽離位置，可能是他本身的信念太

根深柢固了，他就算是站在爸爸的角色，他都認為是這樣，就算抽離的角色都是一樣，那怎麼辦？

答：即是說，就算是抽離或他站在對方角色，都仍然堅持自己的想法，信念，是嗎？

問：是。

答：如果有這情況的話，我們通常都會挑戰他的了。你可以告訴他：「其實我觀察到你在對方角色上，你依然不肯放下你的一些想法。」目的是看一看他有甚麼反應。「這個執著對你這個治療是沒有甚麼好處的。」如果恰當的話，你可以對他說：「好抱歉我今天真的幫不到你了，但錢我都會照樣收的。」這只是說笑而已，但方向是這樣的。有這樣的當事人就可以用這方式去挑戰他。另外一個方法就是用 Metaphor（隱諭）了。

以下是 Mary 在課程完結後的得著：

「現在的我感到輕鬆了，我知道我不再是自己一個人，我身邊有很多疼愛我的人，另外我的感受和想法是值得尊重，並且可以敢於表達自己的需要。我十分感謝 Resource Person 的鼓勵及 Raymond sir 的幫助令我完成這個練習，使我尋回失去的安全感，令我可以重新學習活在當下，不再讓以往的陰影阻礙我的前途。我深深體會到潛意識的無限力量。」

信念重整治療步驟

1. 先與當事人建立關係，了解他的問題，向當事人解釋整個過程，使他放心。
2. 把當事人帶入放鬆狀態。
3. 情緒搭橋技巧：
   1）「現在，我想你把注意力放在這個問題上面。回想最近出現這份情緒的一次經驗。注意這份感覺⋯⋯好好。」

2）告訴當事人：「把這些感覺放大一些，這些感覺能夠把你帶返過去最早出現這種感覺的事情。」

3）「現在，這種感覺沿住過去的時間線一直把你帶返過去，我想你返回最早出現這種感覺的事件上面，當你已經返到那件事情上面，給我一個信號。」

4）把事件穩固：

「在室內抑或室外？」

「在白天抑或晚上？」

「你是獨自一個抑或有其他人？」

「他們是誰？」

5）檢視這是否第一次事件：

「現在，我想你飄浮到更早的時間，看看過去還是否有這種感覺？」

6）引導當事人從第一身講出在這次事件之中產生的信念。

7）運用感知位置引導當事人把內心的感受向重要人物講出來（此時治療師可以幫助當事人把情緒發洩出來）。在對話之中尋找彼此接納的空間。

8）引導當事人在抽離（中立）的位置講出各人的正面動機以及欠缺的資源（現在狀態）。

9）引導當事人返去擁有各種資源的經驗，支取這些資源，化成為光，「傳送」給每一人，並注意每人以及該段關係的變化。（可以配合重塑內心小孩使用。）

10）從每個身份重新經驗這次事件。

11）引導當事人從第一身講出新的信念。

12）引導當事人帶着新的信念、學習、資源沿着時間線重新經驗每一次事件，然後返回現在。

信念重整治療附加技巧

在搭橋的時候，治療師可以注意當時人的生理反應，例如，呼吸變得急促、眉心開始緊閉、面部變紅……等。治療師可以利用這些觀察放大當事人的感覺。例如，治療師可以講以下的說話：

1. 「那個被傷害的感覺開始出現，你的眉心開始緊閉，那個感覺繼續增大，你愈來愈感受到那份被傷害的感覺。」

2. 如果當事人喊了出來，不要緊，讓他把情緒宣洩出來，告訴當事人當情緒宣洩了出來的時候她會舒服一些。

3. 當你發現當事人已經和那份感覺連結的時候，告訴當事人這份感覺能夠把它帶回第一次出現這份感覺的事情。

4. 記住進行時間回溯的時候，永遠由十倒數去一，當把當事人帶返現在的時候，永遠由一數到十。

5. 回塑的時候可以講類似的說話：

   「當我由十倒數去到一的時候，這份感覺能夠把你帶返去第一次出現這份感覺的時候。十，你現在注意這份感覺，九，帶同這份感覺你開始飄浮去更早的時間，八，好像時光倒流一樣，七，一直飛去第一次出現這份感覺的時候，六，愈來愈早的時間，五，你愈來愈接近第一次出現這份感覺的時候，四，你的年紀變得愈來愈小，越來越細個，三，你很快便會到達那個時間，二，還有兩下你便會到達，一，你已經到達。」

6. 把事件穩固：

   現在請你立即回答我：

   「在室內抑或室外？」

   「在白天抑或晚上？」

   「你是獨自一個抑或有其他人？」

   「他們是誰？」

在這裏你要注意的是，要當時立即回答，原因是要當事人潛意識的反應，而不是他的意識。

7. 在回溯狀態中（Regression State），治療師可以幫助當事人用不同的感官描述當時的情景，例如看見甚麼、聽見甚麼、和有甚麼感覺。這些感官經驗（Sensory Experience）愈用得多，當事人便會進入愈集中的催眠狀態。

8. 治療師是同時與當事人的意識（成人）及潛意識（內心小孩）溝通，所以治療師可以問當事人那個小孩叫甚麼名字。

9. 在任何情況之下，不要問當事人「為甚麼」，因為這樣會把當事人帶回意識的狀態，他會去分析那件事情，催眠狀態便會被打破。

10. 透過接觸身體的感覺，把正面的感覺加強，作為一種資源：

「現在注意這份 _____ 的感覺在你身體的那部份最明顯？嘗試用你的手，如果你願意的話，貼着這個部份。好好去感受一下這份 _____ 的感覺。」

11. 呼氣和吸氣

可以在適當時候（通常是當事人進入了資源狀態〔resourceful state〕），引導探索者大力吸氣，以加強該份力量感覺。引導者可以參考以下的說話：

「大力吸一口氣，感受這份力量（或這團光）在身體內膨脹……對了。

再大力吸一口氣，想像這份力量（或這團光）充上你的頭部……對了。

再大力吸一口氣，感受這份力量（或這團光）繼續膨脹，充滿全身由頭到腳尖每一個細胞，每一條神經，每一條血管……對了。」

12. 治療師可以對內心小孩講以下的說話：

「（內心小孩的名稱），我想告訴你一個很重要的信息，就

是你可以學習去成長，現在（當事人的名稱）正在你的身邊，他生活得很好，他以後會在你身邊保護你，無論你遇到甚麼困難你都可以克服。」

「現在，內心小孩正在你的旁邊，告訴小孩你愛他……，你在這裏與他永遠在一起，他永遠不會感到寂寞，因為他知道你將會永遠愛他。」

13. 告訴內心小孩：

「（內心小孩的名稱），我想您已經感受到（當事人）對你的愛，他幫助了你很多，他亦需要你去幫助他，你願意這樣做嗎？……告訴（當事人的名稱），我永遠會和你在一起，我不會令你失望，我愛你，我已經長大了，我已經變得堅強。」

14. 記得在最後完成催眠後暗示，因為信念從整治療會把當事人帶入一個非常良好的催眠狀態，這是治療師輸入建議的最好機會。

家庭系統問題的處理

生命需要流動及發展，個案的問題往往反映了他們的生命能量被某些不可見的原因卡住了，因而他們的生命停留在某一種固定的負面模式而不斷承受痛苦。這些原因包括成長過程經歷過的創傷，以及家族一代又一代的業力糾纏（Karma Entanglement），這樣個案的生命便凝結在某一個時空，被這個時空的負面能量捆綁，以致無法全然地活出生命的能量，或者無法對當下發生的事情正確地運作。治療師的工作是幫助個案看清真相，透過各種心理治療技巧幫助個案把卡着了的能量得到釋放，讓生命重新流動。家族業力往往涉及比較複雜的隱藏動力，這裏只教授一些基本及常見的處理方法，可配合催眠回溯一起做。

關於心理治療，有一個非常重要的部份，我想在這裏與大家分享。當事人的任何問題，都是與父親及母親的關係失去了連結而衍生出來的。父母是每一個人生命的根源，如果與這個根源很好地連結，我們便會感覺到源源不絕的生命能量，生命便能夠順暢地發展下去而達致人生的成功快樂。否則，如果與父母之間的關係存在任何問題，例如：怨恨或否定他們，或者感到與他們的關係疏離，生命便會失去其力量而產生各種問題，子女惟有以完全沒有保留的態度接受他們的父母，這樣子女才能夠與整體生命達至和諧，因此，治療師一件很重要的工作，就是幫助當事人更好地與父母連結，讓當事人生命的能量更好地流通。要當事人能夠這樣做，在某些情況催眠回溯首先幫助釋放壓抑的情緒會很有幫助。另外，協助個案理解父母的難處以及家族業力牽連也是同樣重要的，例如引導個案想像自己是父母，去親身經歷他們曾受過的痛苦。

在處理與父母以及其他長者的關係問題上，以下是一些有可能發生的情況以及處理方法：

1. 父母對小孩做出一些不恰當的行為，例如打罵等。

這些行為往往來自上一代施加於父母的壓力，亦即是家庭系統的包袱。這些包袱往往要由小孩承擔。治療師可以引導小孩講出以下的說話，使小孩放下家族的包袱：

「爸／媽，生命經由你們傳給我，你們已經把最好的送給了我，請接受我不能夠代你們承擔你們的問題，我的責任是生活得更好。現在，我把所有不屬於我的一切交還給你們（引導小孩想像把不屬於他的所有一切從身體上傳送返回父母）。我不再生活於過去，我會生活得成功快樂來報答你們。我祝福你們有一個幸福愉快的人生，亦請你們祝福我有一個幸福愉快的人生。」

2. 當事人把父母對人生的責任放在自己身上（例如很擔心他們），使自己生活得很大壓力。

「爸／媽，我沒有資格照顧你的人生，現在我把責任交還給你，請你容許我用不同的方式愛你，爸／媽，我的責任是活得更好，我必須把你的人生交還給你，爸／媽，無論你的命運是怎樣，我都完全接受。我答應你，我會生活得很好，現在我把不屬於我的一切交還給你，我會充份成長，請你容許我用這種方式來表示我對你的愛，我知道我惟有這樣做，你們才會放心，你們才會生活得好。我祝福你有一個幸福愉快的人生，亦請你祝福我有一個幸福愉快的人生。」

3. 當事人生活在父母的不合理期望之下，生活得很辛苦。

「我不再生活在你的期望之下，我有我的人生，我可以選擇嚮往喜歡的生活，我會生活得很好，我知道我惟有尊重自己內心的感覺，我才會生活得很好，請你容許我這樣做。」

4. 認同了父母之間的關係模式

「爸／媽，感謝你們賜給我寶貴的生命，我的責任是生活得比你們更幸福和快樂，請容許我放下對你們關係問題的認同，我要發展出一段帶來幸福快樂的關係，這是對你們最好的報答也是作為你們兒女的本份，謝謝你們的諒解。」

5. 有親人過身而無法釋懷的處理方法

一般來説，這種情況涉及個案的內疚感孤獨感，例如曾經疏忽照顧對方，或者自小欠缺愛而突然失去愛的支柱。另外，有些情況是個案實在無法接受命運殘酷的打擊，奪走自己最深愛的親人，

例如親生的孩子。無論是屬於何者，處理的方向都是要個案看清真相，釋放因無明而導致到的執着。

治療師在這方面可以提供很重要的協助，特別是超凡過人的催眠治療師，因為他了解業力法則的運作，可以向個案解釋這方面的道理。然而，治療師能夠從這方面把案主帶出來，必須要自己首先悟透相關的道理，他説的話才有力量，否則只不過是理論上的空話，是沒有任何力量的。在治療過程中，治療師可以陪伴案主，透過同理心製造一個充滿愛的療癒空間，讓案主能夠透過訴説這段關係，自由地釋放內心的痛苦，這本身已經是一個很好的治療過程。然後，治療師可以運用完形對話（Gestalt Dialogue）的方式，引導案主想像與離世親人作出對話，把內心沒有機會説的話向對方全部説出來，亦引導個案進入對方的角色，讓個案也明白離去親人的內心感受及對在世親人的期望。至於有關業力法則的應用方面，治療師可以引導個案説出以下類似的話：

「我接受你的離去，這是你的命運，我接受你的命運。我會為你做很多善事，幫助很多生活在痛苦中的人，把所有功德迴向給你，讓你的離去變得有價值。我衷心祝福你生活得幸福快樂，我會把你放在我心裏面一個重要的位置，永遠記念你，亦請你祝福我生活得幸福快樂，多謝你！」

對於一些較為執着的個案，治療師可以用對質的方法，指出個案需要學習成長，不能夠停留在內心小孩的階段，否則你離去的親人也不會得到安息，他的離去也會失去意義。治療師在這裏也可以幫助個案看清親人離去是命運的安排，個案需要去成長的必經階段，也是每一個人需要經歷的事情，好讓個案明白人生無常，好好珍惜生命，做有意義的事情。

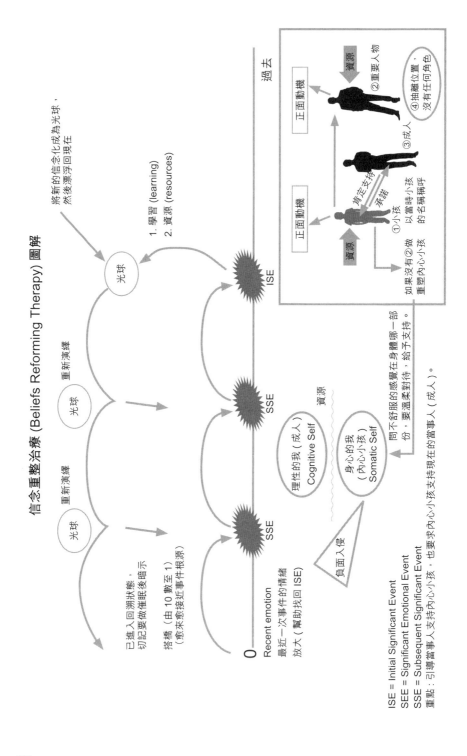

信念重整治療 (Beliefs Reforming Therapy) 圖解

將新的信念化成為光球，然後漂浮回現在

1. 學習 (learning)
2. 資源 (resources)

光球

重新演繹

光球

重新演繹

光球

已進入回溯狀態，切記要做催眠後暗示

搭橋（由 10 數至 1）
（愈來愈接近事件根源）

正面動機

正面動機

資源

②重要人物

①小孩 以當時的名稱呼
的名稱呼

肯定支持
來諭

③成人

④抽離位置，沒有任何角色

如果沒有②做
重塑內心小孩

資源

過去

ISE

SSE

SSE

理性的我（成人）
Cognitive Self

身心的我
（內心小孩）
Somatic Self

資源

問不舒服的感覺在身體哪一部份，要溫柔對待，給予支持。

重點：引導當事人支持內心小孩，也要求內心小孩支持現在的當事人（成人）。

負面入侵

0
Recent emotion

最近一次事件的情緒

放大（幫助找回 ISE）

ISE = Initial Significant Event
SEE = Significant Emotional Event
SSE = Subsequent Significant Event

重點：引導當事人支持內心小孩，也要求內心小孩支持現在的當事人（成人）。

320

自我催眠
（Self Hypnosis）

作為一位優秀的催眠治療師，他必須能夠體會過催眠治療對自己的幫助，讓生命能夠得到改變和成長，他才能夠產生對催眠治療的信心，這份信心能夠使他更好地幫助個案。進行自我催眠幫助自己的人生變得更好，也是優秀催眠治療師不可欠缺的過程。一來他可以體會催眠的效用，二來他會更加相信潛意識的力量。自我催眠其實並不難做，只要對自己的情況（亦即是現在狀態 Present state）以及想自己有甚麼改變（亦即是理想狀態 Desired state）有一個清晰的了解，然後對應地設計一些合適的催眠指令就可以了。在輸入建議的同時，最好配合想像自己已經改變，達到理想狀態的狀況，使自己感覺良好。做自我催眠最重要的就是要去享受過程，與自己的潛意識巨人建立深層的連結。

步驟：

1）找一個沒有受到干擾的地方，安靜地用一個舒服的姿勢坐下來。
2）閉上雙眼，做幾個深呼吸，呼氣的時候稍為長一些，呼氣的時候盡量放鬆自己。
3）想像頭頂上方有一團美麗的光芒，你可以選擇光的顏色，想像光下降穿透你的頭部，進入你的身體，想像光接觸到身體哪個地方，那裏就會變得非常放鬆（漸進式導入法），讓光流通全身，由頭頂到腳趾。想像這團光充滿你的身體，就像你的身體被一個美麗的大光圈能量包裹着。
4）跟着在心裏面告訴自己：

「現在我會慢慢從十（或者二十都可以）到數到一，每數一次，我就會進入更深的催眠狀態，整個人會變得愈來愈寧靜，當我數到一的時候，我就會進入最深的催眠狀態，身心都感到非常安詳、寧靜和舒服……」

5）輸入建議

例如：

「今晚我會睡得好好，整個晚上都睡得很舒服，睡得很深，而且會在明天 ___ 時 ___ 分自動醒來，當我醒來之後，整個人感到精神奕奕，活力充沛。

「我明天演講的時候充滿信心，口齒伶俐，說話流暢，輕鬆自在，發揮得非常好。現場參加者都非常滿意我的表現，我也非常享受整個過程。

「雖然我現在面對一些困難，但我相信這些困難始終都會過去，我擁有強大的毅力、意志和力量去克服它們，每一天我都感到身心自在，輕鬆愉快，我前面的道路會愈來愈順暢，愈來愈成功，一切都會愈來愈好。

「我的身體擁有非常深的智慧，我的內分泌系統開始把身體的脂肪重新調整和分配，達到最理想的狀態。大部份多餘的脂肪正在被燃燒，有些會被轉化成其他有用的成份，有些會運送到其他身體需要的部份，我完全信任身體的智慧，幫助我達到理想的體重。我開始愈來愈喜歡運動，我在運動中得到開心、喜悅和快樂。每次運動後我都對自己更滿意和更有自信。運動可以加速燃燒身體多餘的脂肪。從現在開始，我會討厭吃垃圾食物，因為那些食物已嚴重破壞我的身體健康，我拒絕吃油膩、煎炸、糖份和鹽份高的食物，這些食物對我來說很難吃，這些垃圾食物給了我很多壞處，擁有了肥腫的體型，很壞的健康，不好看的容顏，我已經無法忍受它們了，這些垃圾食物對我的生命健康一點好處也沒有，我再也不想吃它們了，看到哪些食物我就會感到抗拒，根本不想吃，連手都不願意去碰他們一下，我的身心完全拒絕這些垃圾食物。從現在開始，我只喜歡低熱量的食物，我喜歡吃新鮮的水果、蔬菜，因為它們非常好吃，充滿大自然的正能量，亦使我心情暢快，當我吃到七、八成飽

的時候，我就會立即停止，我會聽到一聲『STOP！』，我不會貪吃，不會再執着那些味道，對我來說最重要的就是身體健康和擁有理想的體重，我愛自己的身體，也愛自己，我的身材愈來愈好，身體愈來愈健康……」

6）引出

「稍後我會由一數到十，我每數一下我就會清醒十分之一，當我數到十的時候我就會完全清醒，感覺到很舒服，一、二、三、四、五、六、七、八、九、十，現在完全清醒，可以打開雙眼，感覺到舒服。」

超個人心理學
（Transpersonal Psychology）
介紹

世界在全球一體化之下，整體人類面對各種各樣的生存壓力和重擔，普遍感到焦慮、空虛、苦悶、迷惘、困惑……我們需要對生命有一終極意義的認知與解決方法，好讓我們在精神的廢墟中重拾希望之星光，超個人心理學屬於西方心理學發展史上最新的階段，已發展了近五十年，被認為能夠為人類的存在帶來最全面及終極的意義。超個人心理學結合了東方靈性體系的高層心理學和西方的深度心理學，整合成為了真正完整的心理學。今天，全世界已有愈來愈多人開始關注到超個人心理學對人類身心靈健康的重要性，開始走上超個人心理學的成長之路。

心理學的最新發展趨勢

西方心理學在歐美各國自從成為一種學問之後，其實沒有停止地不斷發展和演變，已經歷了四個不同的重要階段，每一階段主要是對人類的不同理解所導致的，可以說每一階段的理解都比之前更貼近人類存在的實相，亦更能滿足人類生命的全面需要。這些階段包括：

1）佛洛依德的精神分析心理學
（Psychoanalytic Psychology）

佛洛依德（Freud, 1856-1939）是心理學的始祖，他的理論對西方心理學影響深遠，甚至衝擊西方社會文化的所有層面。Freud破天方地提出人類的行為暗中受潛意識影響，當時的人們才醒覺自己並非如想像中那麼理性及自由。可是其理論充滿了對人類心理極為扭曲的詮釋，他認為人類的潛意識充滿暴力和性慾，甚至把人類看成為病態的生物，在他眼中甚麼都是病態，連藝術、音樂、宗教等人類高尚心理活動都不過是性驅動力的昇華。他對人的理解只停

留在動物的層次，認為人類只單純地追求快樂和逃避痛苦，他所看到的人生目的，只不過是減低焦慮以求平安的低等層次而已。Freud 對人類較高等的抱負及價值例如博愛、仁慈等，常由動物性或悲觀的角度解釋，人類在這階段被扭曲和矮化成為極其負面和低等的物種。可幸的是，他後代的心理學家例如容格（Carl G. Jung）、馬斯洛（Maslow）、羅傑斯（Carl Roger）及偉克·凡高（Victor Frankl）等都一致看到人類還有較高的存在意識，潛藏追求光明、積極和偉大的生命，下面會再提及。

2）行為主義心理學（Behavioristic Psychology）

行為心理學是 20 世紀初起源於美國的一個心理學流派，它的創建人為美國心理學家華生（Watson, 1878-1958）。行為主義觀點認為，心理學不應該研究意識，只應該研究行為。行為心理學家研究人類就像經典物理學家企圖控制並操縱自然現象一般地操縱人類的反應，他們的工作便是預測並控制人的行為表現。俄國生理學家巴甫洛夫（Pavlov, 1849-1936）就以狗做實驗，如果隨同食物反覆給一個中性刺激，例如搖響鈴子，即一個並不自動引起唾液分泌的刺激，這狗就會逐漸「學會」在只有鈴響但沒有食物的情況下分泌唾液，這個過程稱為「條件反射」。Watson 相信他也可以用同樣方式操控一個人，他曾說：「你給我一個健康的嬰兒，我可以隨意把他培養成為小偷、藝術家、文學家、科學家，我就是根據後天所給的條件來培養他了。」然而，行為心理學後來亦受到了嚴厲的抨擊，因其極端理論視人為只會被動反應的有機體，每個生命只不過是機器人而已，對加諸在身上的影響力毫無反抗餘地，生命的存在只是神經反應作用，對人類本有之靈性徹底忽略，有些先見的學者指出了心理學發展到此階段，只是一種「空殼」般的學問，認為人類只是低級地受慾望的推動（Freud）及被動地受外在環境塑造（Watson）而成，在此前提假設之下，難怪很多人都無法體會生命

的尊嚴。後來有更多心理學家不斷指正其不合邏輯及自相矛盾，造成行為學派內部分裂。

3）人本主義心理學（Humanistic Psychology）

　　過去心理學家強調科學的客觀性，而採用了為沒有生命的事物而設計的科學典範，漠視了人類的靈性、存在意義、自由意志等課題，結果反而把人「非人化」。可幸的是，後來有一群卓越的心理學家，把焦點重新放在活生生的人上，在當時心理學界以 Freud 思想為歸依的背景下，可以說是以極大的勇氣為人類的尊嚴挺身而出。其中一位領軍人物是馬斯洛（Maslow, 1908-1970），他是人本心理學之父。這個學派興起於 20 世紀五、六十年代的美國，他指出這是「心理學第三勢力」。當時馬斯洛及很多心理治療師，都認為佛洛依德的精神分析學派過度專注病態的行為而缺乏心理正面價值的探索，對人類發展有很大的局限性，因此創立一個全新的心理學取向，強調正向的心理發展和個人成長的價值。人本心理學加入了當時存在主義的哲學思想，把個人的自由和活出人生的意義放在很重要的位置，馬斯洛提出需求層次理論（Hierarchy of Needs Theory），認為人類有五種心理上的需求，包括最基本的生理需求、安全需求、愛與隸屬需求、尊重需求、自我實現需求：

1. 生理需求（physiological needs）：
   對食物、水、空氣、性等需求都是生理需求，這類需求的級別屬於最低的類別。

2. 安全需求（safety needs）：
   包括對自身安全、穩定的生活以及免遭痛苦、威脅或病痛等的需求。

3. 愛與隸屬需求（belongingness and love needs）：
   避免孤獨、寂寞、疏離，渴望個人能與他人建立親密的關係。

4. 尊重需求（self-esteem needs）：
   這個層次涉及自尊感（Self Esteem），包括渴望有自信、成就，以及受別人尊重，例如有聲望、受人注意及受人賞識等。

5. 自我實現需求（self-actualization needs）：
   指能夠實現自己的理想和抱負，把個人的潛能充份發揮出來，達致所謂顛峰體驗（peak performance）的狀態。

　　需求層次指出，每一個較低層次被滿足後，便會出現較高層次的需求。人本主義心理學與前兩階段最不同之處，是強調人的尊嚴，反對 Freud 對人的悲觀論調，以及反對 Watson 把人看作純機械反應的低等層次，相信人有其獨有的尊嚴，強調自我意識、自由意志、活着的意義、自愛、自我肯定、自我潛能開發等課題，因為人本主義心理學頗為把焦點放在自我上，故有時也被稱為「自我心理學」。由於人本主義心理學強調人的潛能及健康，使美國在 1950 及 1960 年間形成了「人類潛能運動」。

4）超個人心理學（Transpersonal Psychology）

　　超個人心理學又稱為第四勢力心理學。不同於以往的階段，超個人心理學將人提高到宇宙的地位，強調人的靈性與自我超越需求，並以之作為人的終極關懷。人本心理學以「人」為本，強調以人為研究對象，但是由於其主張「自我實現需求」層面，造成了自我本位、自我崇拜、自私心態及只一味追求出名成功等弊病，導

致人性走向極端，世界過度競爭，互相爭奪，耗盡資源的問題。到了 1960 年代前後，許多人本心理學家，包括了 Sutich 及 Maslow 本人，逐漸醒覺「自我實現」並不能成為人的終極目標。因此，Maslow 在晚年提出「靈性或超越性需求」的層面，成為超個人心理學的基本架構，他在 1968 年再版的《存在心理學探索》的序言中寫道：「我認為，人本主義的、第三種力量的心理學是過渡性的，是向更高的第四種心理學發展的準備階段。第四種心理學是超越個人的、超越人類的，它超越了人性、自我同一性和自我實現等概念，是以宇宙為中心，而不是以人的需要和興趣為中心……我們需要某種『大於我們的東西』作為我們敬畏和獻身的對象。」

超個人心理學強調人類靈性的發展，這與我們中國的思想——人類是萬物之靈（出自周武王）是一致的。事實上，我們的世界在西方自我主義、功利主義和效益主義的鼓吹下已變得非人化，為了生活，人們互相控制，彼此利用，證明自己勝過別人或用盡一切違反人性和自然的方法要達到名利目標，人與人之間普遍失去了真誠的信任和連結，大部份人在這種生存壓力下，都感到極大的焦慮不安而產生各種身心問題，這種低檔的生存狀態，是完全與人作為萬物之靈背道而馳的，最終的結果必然會把世界推向毀滅的邊緣。因此，超個人心理學的出現，能夠為人類世界恢復光明與盼望，以及締造出以人類靈性為本的全新高層次文明，帶來極具意義的貢獻。另外，意義治療心理學家弗蘭克（Frankl）亦為超個人心理學帶來深刻的貢獻，他認為人具有三種層面：身體、心理、及靈性的層次，我們不能忽略任何一層次，其中以靈性或精神層次是人類存在的最高向度。他說：「我們不能忽略靈性的層面，因為那是人之所以為人之處……唯賴靈性的中樞，才能確保及完成人的一體及整合性。所謂整體，是指身體、心理及靈性各方面的整合，我們應不厭其煩地強調，全憑這三層次的整合才能使人完整。」Maslow 發覺以「自我」為中心的人本心理學狹隘人觀的限度，轉而強調以「人在宇宙中的地位」、「以宇宙為中心」的大我人觀。

東方文化的新發現

　　超個人心理學興起的重要原因之一，是東方文化及靈性傳統的再現；超個人心理學家整合東方的宇宙觀，強調人應與宇宙合一的「人觀」，可以說超個人心理學就是東方的文藝復興。中國和印度都屬於八大文明古國，他們都以其獨有的文明而在古代發展出超群的國力。就以中國為例，中華文明在唐宋時代，確實無論在思想水平、經濟發展、科學技術發明、軍事實力都處於輝煌的階段，可以說當時的西方國家並不能與之相比。東方古代文明無論是中國的天人合一，或印度「梵我一如」之哲學思想注重人的謙卑品格，高度重視人與大自然之間的關係，對兩者應如何和諧相處有精闢的見解。西方國家已經有無數先知先覺的人，包括很多高級知識分子都看見東方古代文明對恢復世界秩序的重要價值，並已一早改變人生的方向，向着這些文明指示的方向修煉心性，甚至發展出以這些文明為基礎的事業及全新經濟體系。阿諾諾德・約瑟夫・湯因比教授（Arnold Joseph Toynbee, 1889-1975）是英國著名歷史學家，他被譽為「近世以來最偉大的歷史學家」。湯因此認為以中華文化為主的東方文化和西方文化相結合的產物，將是人類未來最美好和永恆的新文化。

　　Maslow 從研究東方的經典中發現東方文化十分強調「大我」和「整體」，這使他深深地意識到過去西方心理學只是一味強調自我的問題，完全忽視了個人與大我的重要關係，為人類世界帶來極大問題。另一位極欣賞中國文化的心理學大師 Carl Rogers 在其後期的思想亦轉向重視人的宇宙性。他在 *A Way of Being* 一書中體驗到：「人與宇宙一體的感覺」。

新物理學的發現

　　過去人們的存在意識一直停留在以牛頓力學（Newtonian

Mechanics）為基礎的宇宙觀，它產生於 16 世紀的英國，特點就是把時間和空間看成為絕對不變，並研究物體在固定的時空模型中的運動情況，根據這種觀念，宇宙就像一部冰冷生硬的機器，事物之間互相獨立，彼此並沒有眼不能見的關連。而現代新物理學的世界觀，已一早不再視宇宙為一堆零件組成的機器，而是由能量（Energy）和信息（Information）組成的有機存在體，宇宙就好像一張巨大的能量信息網，任何細微的部份都不是獨立分開的，而是在很深的次元連結在一起，一切都是同體的，我們中國的老子一早就說出這樣的意思：「天地與我同根，萬物與我一體」。愛因斯坦亦有類似的見解「人是我們所謂宇宙整體的一部份，受時空所限的一部份，他所經驗到的自己及自己的思想感受常是與其他部份分開的，這是他的意識之眼所產生的錯覺，這種錯覺為我們構成了一種監獄，我們將囚禁於個人的慾望中，只關心身邊少數的幾個人。我們的使命便是拓展我們的慈悲範圍，接納所有的有情生命及美麗的自然整體，如此才能將自己由這監獄中解放出來。」我們要恢復人類作為萬物之靈的本來面目，就必須超越自我的狹小個體，達到超個人的大我及宇宙性的層面。這樣我們不僅享有自由，與在物質世界彰顯奇蹟的力量（亦即是愛因斯坦所說人類還未開啟的 99% 潛能）重新接軌，而且會生出我們本來已具足的大愛、慈悲心重新開發出來，這樣人類不單止能夠創造出高品質的成功人生，更加能夠幫助世界變得更美好，這就是超個人心理學提倡的新人類的方向。

人類進化的必然趨勢

縱觀人類的歷史可以得知，人類很多文明都是不同板塊的智慧互相交會和結合而產生的。例如當佛法傳入新的國家，就會受到本土文化的影響而演變出更適合該時空的新文明。我們中國的禪宗就是印度佛法與道家思想的結合，密宗就是佛法與西藏文化的結合。這種結合會產生非常不同的修煉方式。到了 21 世紀的今天，有一種

不同文化結合的進程，正在浩浩蕩蕩進行中，這是人類歷史進程的必然趨勢。這次結合的層面非常廣闊，對世界起着深遠的影響，那就是東方各靈性系統與西方一直以來的獨特內在修行方法——心理治療（Psychotherapy），以及外在方法——科學（Science）的大結合，亦即是東西方文明精華的結合，這次產生的全新文明就是超個人心理學。

　　我們很多人在成長過程都曾經受過各種傷害或打擊，大部份相關的情緒都被壓抑了下來，可是它們卻仍在潛意識每天控制着我們的行為、情緒和態度，因此，為甚麼很多做靜坐、禪修、默想、祈禱等各種靈修的人會發覺這些方法的確能夠提升他們的心性，但又未能全面地解決問題。也許在靜坐的過程感到很平靜，但一旦離開座位後，別人一句無心的快語便使自己的情緒失控，也許在讀某些經文的時候感到充滿聖靈，可是轉過頭來便挑剔批判別人⋯⋯這些日常生活常見的現象，就是因為那些人的心靈存在久遠及未療癒的傷口，適當的心理治療可以更快幫助這些傷口癒合，縱使這個過程不能幫助我們靈性成長，但它們可以為我們打下基礎，為我們準備好美好的土壤，讓靈性的種子發芽生長。我不是說靈修不能療癒傷口，事實上，靈修與心理治療的雙向結合，是最快速有效幫助心靈回歸完整的方法，對於要應付複雜人事環境壓力的繁忙都市人來說，能夠顯著地改善他們的生活品質。向種子每天澆水施肥，就是不可欠缺的靈性修行過程，參考有關種植的最新科學研究和方法，會對你建立更強大的信心，幫助你了解生命是怎樣運作的，亦增添了種植的樂趣，當你按着這個方向不斷的努力，你就會看見它美妙的成長，最終你會看見全世界最美麗，最健康，充滿靈性的花朵出現在你眼前，祂就是你的本來面目，有人把祂叫做本體（Universe）、自性（True Nature）、佛性（Buddha Nature）、聖靈（Holy Spirit）、純意識場（Pure Consciousness Field）、神之心（God Mind）、神性精神體（Divine Spirit）⋯⋯無論祂被稱作甚麼也不重要，因為這些都只是名和相，重要的是我們終於能夠

脫離自我的虛妄，不再為自己及世界帶來傷害和痛苦，回歸我們最純真善良的本來面目，並為世界帶來愛、和平與盼望。

　　超個人心理學整合人類不同時空板塊的智慧，並能夠互補各個領域的不足，提供人類把生活和世界變得更美好一個更全面及更有效的方向及修煉方法。

整合靈性心理學 （Integral Spiritual Psychology）介紹

　　21 世紀是一個急劇轉變的時代，光是人類過去一百年的科技成就便遠遠超過了過去所有世紀的總和。在全球一體化之下，世界的急速發展、改變及無休止的競爭，亦為每一個人帶來沉重的壓力，商業世界的急劇變化亦使工作愈來愈沒有保障。根據 2001 年世界衛生組織的報告結果指出，全球約四分一人患上不同程度的精神或情緒病，世衛及哈佛大學的調查「疾病所帶來的全球的損失」〈The Global Burden of Disease〉發現，到 2020 年抑鬱症甚致將成為全球排名第二的嚴重疾病。在沒有顧及對自然環境的影響下，經濟的急速發展亦導致全球暖化問題：極端氣候、冰川融化、珊瑚礁死亡、海平面上升、致命熱浪等。這些災難不再是荷里活電影的橋段，全球人類無一倖免地正在受到全球暖化的威脅和傷害。另一方面，全球經濟亦面臨嚴重衰退，歐美國家到了現在似乎仍然未能找到令人安心的解決方法，再加上全球恐怖襲擊無日無之……人類世界愈來愈複雜，人與人之間比過去更容易產生更多的衝突和問題。在當代目前這種充滿不確定與混亂的環境中，很多人都感到無所適從，難以找到依靠的心靈，始終感到莫名的空虛和迷失。當代人類究竟怎樣才可以生活得安心和有意義？哪裏才可以找到讓生命安頓的樂土？如何活出自然之道，讓身心恢復健康？

許多傳統的靈性教導均指出，人類的苦難皆源自認同了虛妄不實的自我（Ego）和相對世界作為其存在之真相及依靠，結果一生被如夢似幻的謊言弄得死去活來。自我亦破壞了宇宙本來自然和諧的秩序，不單止讓自己受苦，也同時為整體帶來苦難。超越生命各種痛苦的徹底方法，只有回歸宇宙本體（True Nature），亦即是每一個人在人形外相背後的靈性本來面目。這就是那個永恆寂靜、能生萬法、不生不滅的純意識。本體就像母親一樣帶給我們安詳、寧靜、自在、喜悅和愛，那裏就是讓萬事萬物得以自然和諧地運行的無量智慧，我們的心就是通往這無量智慧的窗口。當我們回歸本體，相對世界一切看似不可能的事情都能夠成為可能，而且會以最自然的方式呈現出來。

　　整合靈性心理學（Integral Spiritual Psychology, ISP）屬於超個人心理學（Transpersonal Psychology），由賴柏諭博士經過多年研究及修持發展出來，內容糅合了世界最久遠的印度吠檀多（Vedanta）、奧義書（Unpanisads）哲學思想、禪宗（Zen）、道家（Taoism）、容格心理學（Jung Psychology）、催眠（Hypnosis）、量子物理學（Quantum Physics）等不同系統，是一套東西方潛能及靈性開發的精華組合。吠檀多及奧義書哲學在印度已有至少三千多年歷史，是描述本體與個人之間關係運作的甚深智慧，對生命的種種現象有很究竟的啟示，其內容剛好與現代量子物理學及容格心理學不謀而合，配合禪宗、道家等落實的修持，東西方不同時空領域智慧的結合，幫助人類回歸本體，完整地釋放個人深藏已久的智慧、慈悲以及心靈的無限潛能，從而成就高品質的身、心、靈以及物質層次的生活質素。當個人回歸本體，便會找到生命的終極意義，他的意識便會成為愛與慈悲的能量場，影響我們生活的環境（家庭、機構、社會、世界），變得更加祥和、人性化以及讓愛得以重新流動。

超個人催眠治療
（Transpersonal Hypnotherapy）介紹

1. 超個人心理治療的取向

A. 尋回自己的靈性本質

　　人類貴為萬物之靈，內在有一種回歸本體，亦即是找回自己靈性本來面目的需求，這即是人本心理學家代表人物馬斯洛（Maslow）在他晚年對他的需求層次理論，提出附加上的超越性需求（Meta Need）。超個人心理學把所有傳統的心理治療看作幫助人類解除情緒上的衝突，從而幫助回歸本體的重要歷程。但如果只是透過心理治療解除心理上的某些問題，對於超個人心理學來說，仍然未能夠徹底幫助個案解除他的痛苦，因為超個人心理學認為人類的一切痛苦最終的原因，就是因為脫離了本體，而傳統心理學則認為人類的痛苦只是限於來自情緒上的衝突，而漠視了人之所以存在背後更深刻原因，甚至在美國，很多心理學入門書都把心理學定義為「人數行為的研究」。因此，作為超個人心理治療師，必須要有一個清晰的了解，關於自己所做的工作，除了幫助個案透過自己內在本體的力量處理各種糾纏之外，亦幫助個案尋回自己的靈性本質，讓個案覺察到自己所承受的各種痛苦，並不是一些隨機的安排，而是宇宙要透過這些痛苦，讓案主覺醒自己的靈性本來面目，看見自己的意識的真相，是連接浩瀚無邊的本體，從而使案主的意識向這個更高及更大的維度發展移動。

　　很多人在他們的人生中，只是停留在生理或更好的心理層面的發展，而全盤忽略了靈性的發展。因此，大部份人都會感受到生命的空虛、失落、壓抑和沒有意義。他們並沒有看見自己的症狀，是本體安排去提升生命的層次，擴闊自己的胸襟和眼界，使人走向

更高層次的自我實現，這是將人轉化到與更高意識，亦即是本體相遇的境界，使人能夠超越小我，消融自我中心，意識進入更廣闊、寬容、慈悲、大愛、自在喜悅的境界。作為超個人心理治療師，自己本身必須要經歷過這些階段，意識提升到這個境界，他才能夠幫助個案看到症狀背後的意義。否則，治療師會把狹窄的目光放在個案的症狀上，而把它標籤化，這樣便不能夠幫助個案全盤地成長。治療師本身的超個人意識充滿着本體深刻的智慧、慈悲和大愛，這種更高層次的心靈能量，能夠提供個案一個非常良好的能量震動環境，一個充滿愛的療癒場，幫助個案的問題得到轉化。

B. 整合性的提升方法

心理治療發展到現在為止，已經有過百年的歷史，它基本上是在西方的思維下產生出來的方法。然而，經過很多年的經驗，很多西方的治療師、心理學家均發現他們的方法並不能夠徹底幫助病患者解除他們的問題，似乎在他們的方法中，欠缺了一些很重要的部份。當時一些東方大師亦巧合也向西方傳法，於是他們開始向我們東方的智慧學習，他們逐漸整合了東方的靈修方法，例如：靜坐、瑜伽、氣功等。超個人心理學始祖容格（Carl G.Jung）亦在其治療及著作中引用了許多道家的思想，包括呂洞賓所著內丹靜坐要旨《太乙金華宗旨》。作為一位超個人心理治療師也需要學習這些東方的智慧，甚至教授他的個案每天去練習這些方法，這對於治療過程會很有幫助。

2. 主要由本體決定治療的方向

治療師在進行治療過程會順着求助者的能量場，在每個當下的呈現和流動而進行處理，亦即是進入了一種與道同行的狀態。治療的過程主要以本體引導的方向為主，治療師只是從旁加以協助。當

然傳統式的催眠治療，即是導入催眠狀態之後，再輸入相關的催眠指令也是很重要的，但如果治療師能夠做到與道同行，透過本體的帶領和引導而進行治療，這樣效果是會出現得更快和明顯的。這就是無為中有為，有為中無為，與本體共同創造的方向。治療師的任務是幫助個案的生命變得更好，這裏有些事情必須深入地了解。傳統西方心理治療的方向是，案主呈現出一個生命中的問題，治療師就着這個問題，透過種種方法去解決它，就像修理一部機器一樣，這本無不可，但對於生命中的各種各樣問題，都以這種機械式的取向去處理的話，對於很多個案並不能夠真正幫助他們，反而會帶來更多的障礙，超個人催眠治療帶出更高層次的治療取向，就是治療師會讓那個問題呈現，然後讓本體自然地移動或工作，治療師的工作是提供一個安全合適的空間，讓本體在工作罷了。至於結果如何，並不是由治療師來決定，而是由本體來決定。有時候對個案做了一些治療之後，個案未必能夠即時體會到問題已經解決，而是過了一段時間之後，他會發覺事情出現了微妙的轉變，有時轉變更會以相反的期待出現，這就是本體工作的結果。

3. 處理家族業力的糾纏

由於很多求助者的問題都涉及家族業力的糾纏（Karma Entanglement），因此超個人催眠治療師會透過處理家族業力糾纏的問題，找出求助者受牽連的隱藏動力，讓求助者覺醒，藉以釋放這些業力，讓當事人的身心得到更徹底的療癒。

4. 運用身體作體感治療

很多求助者的心理問題，都是與成長過程的創傷事件有關。超個人催眠治療在處理過去創傷的時候。會特別運用身體的智慧，引導求助者釋放所有壓抑在神經系統內多年的情緒，讓身心恢復正常

健康，這是屬於超個人領域的體感治療（Somatic Healing）。

5. 前世治療

　　遙遠的前世事件仍然影響今生的各方面，生命中發生的重大事件並非隨機的結果，人生是每一個靈魂謹慎編寫的劇本，用來提升學習與進化，探究前世發生的事情可以治療今生的很多的傷痛，解開心結，調和人際關係甚至療癒身體。透過前世回溯，亦能夠看清生命的真相，恢復充滿愛的靈性品質，把意識提升至更高的層次，脫離今生所承受的痛苦。

修讀 ISP/
催眠治療的途徑

整合靈性心理學培訓學院（Integral Spiritual Psychology Training Institute）提供專業的催眠治療訓練課程，結合心理學的最新發展超個人心理學，致力訓練出能夠有效處理當代人類身心問題的超個人催眠治療師。

超個人心理學層次的治療師突破了傳統心理學的框架，主張治療師是透過意識、本體的愛、感應、直覺等去治療他人。因此，除了對相關治療方法理論技巧要熟習之外，治療師的靈性修行亦是非常重要的。因為這些修行能夠打開內在本體，亦即是自己本來面目充滿智慧及大愛慈悲的更高維度面向。治療師的意識層次愈高就愈能夠幫助個案，因此，要做一個有能力的超個人催眠治療師，需要不斷進行自我探索、自我了解及自我成長，需要不斷地穿越自己內在的陰影，讓自己的生命回歸道。因此，走這條路也是一條修行之道路。內在的議題沒有處理好，容易影響為他人做的治療效果。本學院的進修途徑已全面包括這些內容，幫助有心想在這方面發展的人士，更有效成為一位出色的治療師。

進修途徑方面，最基本是先修讀 ISP 執行師課程開始，跟着是 ISP 高級執行師課程。然後你可以再修讀超個人催眠治療師課程，最後是臨床超個人催眠治療師課程。如果你想成為一位 ISP 超個人心理學培訓師，你也可以再修讀培訓師課程。

本學院已經獲美國催眠醫師考試局（American Council of Hypnotist Examiners, A.C.H.E.）認可及授權成為認證催眠治療師訓練學院，負責訓練具有專業質素的催眠治療師／臨床催眠治療師，以及頒授該局之證書。賴柏諭博士是美國催眠醫師考試局認可之催眠治療培訓導師及評考官。根據 A.C.H.E. 的規定，要成為一位專業的催眠治療師必須要經過最少 200 小時的專業訓練，至於臨床催眠治療師則必須經過最少 300 小時的專業訓練。催眠治療是一種非常專業的行業，必須循序漸進地接受相關的訓練。如果閣下對於成為一位專業的助人工作者感到興趣的話，歡迎你加入我們的行列。

進修途徑

本學院共頒發五種專業證書：

1）ISP 執行師證書
2）ISP 高級執行師證書
3）超個人催眠治療師證書
4）臨床超個人催眠治療師證書
5）ISP 超個人心理學培訓師證書

如果你想免費得到有關 ISP、催眠治療或超個人心理學的最新資料、eNewsletter 或者本學院舉辦的講座、課程資料等，請直接到我們的網址登記你的電郵：

網址：www.ispti.com

本學院亦提供個人心理行為治療，治療範圍包括：

抑鬱、恐懼、焦慮、人際關係或感情問題、事業發展問題、童年創傷、失眠、提升自信、各種行為問題等，歡迎查詢預約。

參考書目

註一：《武藝中的禪》，漢喬伊著，鄭振煌譯，慧炬出版社，頁 152。

註二：《禪》，奧修著，陳明堯譯，生命潛能文化事業出版，頁 67。

註三：《唯色思想入門》，橫山紘一著，許洋生譯，東大圖書公司，頁 72。

註四：《催眠之聲伴隨你》，米爾頓‧艾克森、史德奈‧羅森著，蕭德蘭譯，生命潛能文化事業出版，頁 227。

註五：《催眠之聲伴隨你》，米爾頓‧艾克森、史德奈‧羅森著，蕭德蘭譯，生命潛能文化事業出版，頁 220。

註六：《催眠術》，邰啟揚著，社會科學文獻出版社，頁 15。

註七：《催眠之聲伴隨你》，米爾頓‧艾克森、史德奈‧羅森著，蕭德蘭譯，生命潛能文化事業出版，頁 176。

註八：《喜悅》，奧修著，生命潛能文化事業出版。

Bruce Lipton, Ph.D. (2005a), *The Biology of Belief*, Mountain of Love/ Elite Books, pp.139.

Bruce Lipton, Ph.D. (2005b), *The Biology of Belief*, Mountain of Love/ Elite Books, pp.140.

Colgan, S.M., Faragher, E.B. & Whorwell, P.J.(1988), *Controlled Trail of Hypnotherapy in Relapse Prevention of Duodenal Ulceration*, Lancet, 1299-1300.

Crawford, H.J., Clarke, S. N., Kitner-Triolo, M., & Olesko, B.(1989), EEG correlates of emotions: Moderated by hypnosis and hypnotic level. Paper presented at the annual meeting of the American Psychological Association. New Orleans.

Daniel G. Amen, M.D. (1998), *Change your brain change your life*, Three Rivers Press, pp.57.

David Gordan & Maribeth Meyers-Anderson (1981a), *Phoenix Therapeutic Patterns of Milton H. Erickson*, Meta Publications, pp.48.

De Pascalis, V., Silveri, A., & Palumbo, G. (1988), *EEG asymmetry during covert mental activity and its relationship with hypnotizability*, International Journal of Clinical and Experimental Hypnosis, 36, 38-52.

Dixon,M., & Laurence, J-R(1992), Two hundred years of hypnosis research: Questions resolved? Questions unanswered! In E. Fromm & M.Nash (Eds.), Contemporary hypnosis research, pp. 34-66.

Domangue, B.B., Margolis, C.G. Lieberman, D. & Kaji, H. (1985), *Biochemical Correlates of Hypnoanalgesia in Arthritic Pain Patients,* Journal of Clinical Psychiatry, 46, 235-238.

Erickson, M.H., & Rossi, E.L. (1979), *Hypnotherapy: An exploratory casebook*, New York: John Wiley& Sons.

Erickson, M.H.(1980), An introduction to the study and application of hypnosis for pain control., The collected papers of Milton H. Erickson on hypnosis, Vol. IV (pp. 237-245), New York: Irvington.

Gilligan, S.G. (1987), Therapeutic Trances: The cooperation principle in Ericksonian hypnotherapy, New York: Brunner/Mazel, pp.18.

Grzelier, J. (1988), A working model of the neurophysiology of hypnotic relaxation. Presented at 5th Internet World Congress on Biomedical Sciences at McMaster University, Canada, Dec. 7-16th. Invited symposium. www.mcmaster. ca/inabis98/woody/gruzelier0814/index.html.

Janice Kiecolt Glaserl, Journal of Consulting and Clinical Psychology. www.scs. ohio-state.edu/researchnews/archive/hypnosisa.html.

Jay Haley (1973), Uncommon Therapy W.W.Norton & Company Inc., New York

John H. Edgette and Janet Sasson Edgette (1995), The handbook of hypnotic phenomena in psychotherapy.

Joseph LeDoux (1996), The Emotional Brain, Touchstone Rockefeller Centre, New York 10020, pp.83.

LaBriola , F., Karlin, R., & Goldstei, L. (1987), EEG laterality changes from prehypnotic to hypnotic periods. Advances in biological psychiatry: Vol 16, Neurophysiological correlates of relaxation and psychnopathology, pp.1-5 .

MaceLeod-Morgan, C. (1982), EEG lateralization in hypnosis: A preliminary report. Australian Journal of Clinical and Experimental Hypnosis, 10, 99-102.

Maher-Loughnan, G.. P., MacDonald, N., Mason, A.A. & Fry, L. (1962), *Controlled Trial of Hypnosis in the Symptomatic Treatment of Asthma*, British Medical Journal, 2, 371-376.

Michael G. Hoyt, Ph.D. (2004), The Present is a gift, iUniverse, Inc. P.74.

Olness, MacDonald, and Uden (1987), Comparison of Self-hypnosis and propranolol in the treatment of juvenile class migraine. Pediatrics, 593-597.

Ernest L. Rossi (1986), *The Psychobiology of Mind-Body Healing*, Norton New York.

Spanos, N.P., Williams, V., & Gwynn, M.I. (1990), Effects of hypnotic, placebo, and salicylic acid treatments on wart regression, Psychosomatic Medicine, 52, 109-114.

Spiegel, D. & Bloom, J.R. (1983), *Group therapy and Hypnosis Reduce Metastatic Breast Carcinoma Pain*, Psychosomatic Medicine, 45, 333-339.

Stanton , H.E. (1989), Hypnotic relaxation and the reduction of sleep onset insomnia, International Journal of Psychosomatics, 36(1-4), 64-68.

Yapko, M.D.(2003), Trance Work.

Zeig. J.K. (1978), Symbolic hypnotherapy (Video).

Zeig, J.K. ,(1985), The clinical use of amnesia: Ericksonian methods. In J.Zeig(Ed.), Ericksonian psychotherapy, Volume I: Structures, New York: Brunner/Mazel.

Zeig, J.K. (1990c), Seeding. In J.K.Zeig & S. G. Gilligan, Brief therapy: Myths, methods, and metaphors, New York: Brunner/Mazel.

Zeig, J.K. (2001), The Handbook of Ericksonian Psychotherapy, The Milton H.Erickson Foundation Press, pp. 257.

Zeig, J.K. (2006), Confluence: The Selected Papers of Jeffrey K. Zeig Volume one Zeig, Tucker, & Theisen, Inc. Phoenix.

O'Hanlon (1990), An Uncommon Casebook The Complete Clinical Work of Milton H. Erickson, M.D.

www.cosmosbooks.com.hk

書　　名　催眠的藝術（第三版）

作　　者　賴柏諭

出　　版　天地圖書有限公司
　　　　　香港黃竹坑道46號新興工業大廈11樓（總寫字樓）
　　　　　電話：2528 3671　傳真：2865 2609
　　　　　香港灣仔莊士敦道30號地庫（門市部）
　　　　　電話：2865 0708　傳真：2861 1541

印　　刷　美雅印刷製本有限公司
　　　　　九龍觀塘榮業街6號海濱工業大廈4字樓A座
　　　　　電話：2342 0109　傳真：2790 3614

發　　行　聯合新零售（香港）有限公司
　　　　　香港新界荃灣德士古道220-248號荃灣工業中心16樓
　　　　　電話：2150 2100　傳真：2407 3062

出版日期　2022年10月